Kleine Bibliothek 76
Politik Wissenschaft Zukunft

prv

Walter Simon

Macht und Herrschaft
der Unternehmerverbände

BDI, BDA und DIHT
im ökonomischen
und politischen System
der BRD

Pahl-Rugenstein

Gedruckt mit freundlicher Unterstützung
der Stiftung Mitbestimmung
© 1976 by Pahl-Rugenstein Verlag, Köln
Alle Rechte vorbehalten
Umschlagentwurf: Wolfgang Freitag, Düsseldorf
Foto: Scholz
Gesamtherstellung: Plambeck & Co, Neuss/Rhein
ISBN 3-7609-0230-8

Inhalt

I. Einleitung 7

II. Geschichte des unternehmerischen Organisationswesens 13

1. Von der industriellen zur politischen Revolution (1800 bis 1848) 14
2. Vom Zollverein zum Deutschen Handelstag (1848 bis 1871) 17
3. Von der Reichsgründung bis zum imperialistischen Weltkrieg (1871 bis 1918) 19
   Centralverband Deutscher Industrieller 19
   Bund der Industriellen 22
   Arbeitgeberverbände 23
   Kriegsrolle der Unternehmerverbände 27
4. Von Weimar bis Hitler — Unternehmerverbände als profaschistische Kampftruppen (1918 bis 1933) 31
   Reichsverband der Deutschen Industrie 32
   Einfluß auf Parteien und Staat 35
   Frontalangriff gegen die Republik 37
5. Die Reichsgruppen der Wirtschaft als organischer Bestandteil des faschistischen Staates (1933 bis 1945) 42
   Reichsstand der Deutschen Industrie 42
   Die Reichsgruppen der Deutschen Wirtschaft 44
6. Unternehmerverbände als Restaurationsinstrumente (1945 bis 1950) 47
   Industrie- und Handelskammern als erste Keimzellen 47
   Wiedergeburt der Arbeitgeberverbände 48
   Von der Arbeitsgemeinschaft Eisen und Metall zum monopolistischen Hauptverband der Industrie 49
   Wiederbelebungsversuche der Arbeitsgemeinschaftspolitik von 1918 52

Anmerkungen 53

III. Organisationsstrukturelle Aspekte der Macht von Unternehmerverbänden 56

1. Klassifikation der Unternehmerverbände 56
   Verbandssäulen des Unternehmertums 57
2. Monopolistischer Kollektivismus 59

Hoechst und Flick als Beispiel	59
Kollektivismus als imperialistisches Prinzip	61
3. Organisatorischer Gigantismus	62
Personelle Ausstattung	62
Finanzielle Ausstattung	64
Vergleich mit den Gewerkschaften	66
4. Interverbandliche Verflechtungen	68
Institutionelle Verflechtungen	69
Personelle Verflechtungen	72
Beziehungen zwischen Unternehmerverbänden und CDU-Wirtschaftsrat	76
Verbandsfusionen	79
5. Innerverbandliche »Demokratie«	80
Antidemokratische Managementmentalität	80
Unternehmensgröße als Konfliktgegenstand	81
Führungsprinzip statt demokratischer Willensbildung	82
Das Recht des Stärkeren	83
Monopolistischer Zentralismus als Satzungsprinzip	85
Mitgliederversammlung als Alibiveranstaltung	86
Anmerkungen	87

IV. Zur Anatomie von BDI, BDA und DIHT 90

1. Der Bundesverband der Deutschen Industrie (BDI)	90
Die Mitglieder des BDI	90
Verbandsaufgaben	92
Der BDI als monopolistischer Kommandostand	104
Vom Wehrwirtschaftsführer zum BDI-Präsidenten: Hans Günther Sohl	107
Verbandsapparat und Ausschüsse	108
2. Die Bundesvereinigung der Deutschen Arbeitgeberverbände (BDA)	110
Der Begriff ,Arbeit'geber' — apologetisches Kauderwelsch	110
Arbeitgeberverbände als Träger von 'Ordnungsaufgaben'	110
Organisationsgrad und -dichte	111
Antigewerkschaftliche Kampfaufgaben	113
Vom SS-Untersturmführer zum BDA-Präsidenten: Hanns Martin Schleyer	115
Die BDA — sozialpolitisches Sprachrohr der Großkonzerne	116
Verbandsapparat und Ausschüsse	119
Internationale Mitgliedschaften	121

3. Der Deutsche Industrie- und Handelstag (DIHT) und
die Industrie- und Handelskammern (IHK'n) — 122
   Die Kammern als Träger staatlicher
   Verwaltungsaufgaben — 122
   Zum Prinzip der Pflichtmitgliedschaft — 125
   Der DIHT als Instrument der Monopole — 126
   Verbandsapparat, Ausschüsse und internationale
   Mitgliedschaften — 129
Anmerkungen — 131

V. Öffentlichkeitsarbeit der Unternehmerverbände — 134

1. Öffentlichkeitsarbeit unter Anpassungszwang — 134
   Die Neuorientierung des Jahres 1972 — 136
2. Die politisch-ideologische Leitstelle: Das Institut der deutschen Wirtschaft — 139
3. Einzelverbandliche Öffentlichkeitsarbeit — 145
   Öffentlichkeitsarbeit der BDA — 145
   Öffentlichkeitsarbeit des BDI — 148
   Öffentlichkeitsarbeit des DIHT und der IHK'n — 150
4. Arbeitsteilung und Kooperation der verbandlichen Öffentlichkeitsarbeit — 153
5. Quantitative Ausmaße der verbandlichen Öffentlichkeitsarbeit — 155
Anmerkungen — 156

VI. Einbettung der Unternehmerverbände in das politische Herrschaftsgefüge der BRD — 159

1. Zur 'Notwendigkeit' staatsmonopolistischer Verflechtungen — Probleme der Kapitalverwertung — 159
2. Rechtliche Grundlagen der Zusammenarbeit von Staat und Unternehmerverbänden — 163
3. Personelle Verflechtungen zwischen Unternehmerverbänden und Staat — 167
   Repräsentanz der Unternehmerverbände im ministeriellen Spitzenbereich — 168
   Wirtschaftsloyale Ministerialbürokratie — 171

Volksvertreter oder Verbandsvertrauter? Personelle Verflechtungen zwischen Kapitalverbänden und Bundestag	174
Funktionsträger in Unternehmerverbänden (nach offiziellen Angaben im Handbuch des Deutschen Bundestages)	179
Verflechtungen zwischen Wirtschaftsausschuß und Unternehmertum	187
4. Institutioneller Einbau der Unternehmerverbände in das Staatsgefüge	191
Mitarbeit der Kapitalverbände in Beiräten und Sachverständigenausschüssen des Staatsapparats	192
Institutionell legalisierte Mitarbeit in Bundestagsausschüssen (Hearings)	195
Übertragung staatlicher Vollmachten auf die Kapitalverbände	198
5. Formen der funktionellen Beziehungen zwischen Unternehmerverbänden, Parteien und Staat	201
System der Eingaben, Stellungnahmen und Gutachten	201
System der persönlichen Unterredungen und direkten Absprachen	203
Klassischer Lobbyismus	206
Finanzielle Beziehungen zwischen Bundestagsparteien und Kapitalverbänden	207
Anmerkungen	212
Organisationsschema des BDI	217
Personenregister	220
Sachregister	225

I. Einleitung

Relevanz und Notwendigkeit einer sozialwissenschaftlichen Behandlung des Themas »Verbände« erweisen sich täglich aufs neue durch das vielfältige und vielseitige Wirken diverser gesellschaftlicher Interessenorganisationen, die Teil- oder Gesamtbedürfnisse bestimmter Gruppen, Schichten oder Klassen artikulieren und politisch durchzusetzen versuchen. Existenz und Tätigkeit von Verbandsorganisationen bringen immer wieder soviel neues Material zum Vorschein, daß dessen Fülle nur noch schwer zu verarbeiten ist. Darin begründet sich u. a. die Notwendigkeit, einzelne Verbandsbereiche zu thematisieren, womit zugleich ein Grund für diese Veröffentlichung benannt ist.

In den meisten der bisher erschienenen Arbeiten zur Verbändetheorie wurden vorwiegend Fragen der Stellung und Funktion von Verbänden in der Gesellschaft diskutiert. Der größte Teil der relevanten Veröffentlichungen besteht aus staatsrechtlichen Betrachtungen, in denen Bedenken gegen das auf den Staat gerichtete Verbandswirken geäußert werden. Dieser verbandstheoretische Ansatz steht in der Tradition der klassischen *deutschen Staatslehre*, die im staatsbezogenen Verbandshandeln die Zerstörung der staatlichen Autorität und Souveränität erblickt. Nach dieser Meinung stellt der von den Verbänden ausgehende Druck eine Art Fremdkörper im bürgerlich-parlamentarischen System dar, der den Staat zum Spielball der »pluralistischen Kräfte« mediatisieren könnte. Entsprechend der neutralistischen Staatsfiktion dieses verbandskritischen Ansatzes entstanden insbesondere in den fünfziger Jahren Begriffe, wie »Verbändegesellschaft«, »Herrschaft der Verbände«, »Verbändestaat« und ähnliches mehr.

So sehr diese Kritik vom Ansatz her zu begrüßen wäre, so sehr ist ihr aber ihre klassenmäßige Beschränktheit vorzuwerfen. Bei genauerem Hinsehen wird man nämlich feststellen, daß genau jener Verbandskomplex, der sich von der Kritik eigentlich angesprochen fühlen müßte, nämlich die Unternehmerverbände, weitestgehend ausgeklammert wurden. Dagegen wird insbesondere vor der Gefahr eines »illiberalen Wohlwollens gegenüber dem Monopolismus der Gewerkschaften« gewarnt.¹ Den antigewerkschaftlichen Höhepunkt formuliert ein maßgeblicher Vertreter dieses verbandstheoretischen Ansatzes, Eric Voegelin, in einer BDA-offiziösen Schrift mit folgender Bemerkung: »Die Gewerkschaften ... sind auf dem besten Wege, sich ... in die Rolle einer Organisation parasitärer Existenzen zu manövrieren, die sich unsittliche Profitanteile auf Kosten ihrer Gesellschaftspartner appropriieren wollen. Während das Bild des ausbeuterischen Unternehmertums des 19. Jahrhunderts verblaßt, gewinnt das Bild des ausbeuterischen Arbeiters des 20. Jahrhunderts an Farbstärke«.² Mit dem Begriff »Gewerkschaftsstaat« wurde etwa ab 1973 eine ideologische Neuauflage dieses Diskussionsansatzes über Rolle und Funktion außerstaatlicher Interessengruppen besorgt.

Mit der *pluralistischen Verbändetheorie* begann sich im Gefolge der politischen und ökonomischen Rekonsolidierung des monopolistischen Kapitalismus in den sechziger Jahren ein ideologischer Legitimationsansatz durchzusetzen, der das Verbandswirken als notwendigen Bestandteil einer freiheitlichen Gesellschaft bezeichnete. Die theoretischen Repräsentanten dieses Ansatzes sind der Meinung, daß das einzelne Individuum durch die Mitgliedschaft in Gruppen und Verbänden Einfluß auf den politischen Willensbildungs- und Entscheidungsprozeß erlangt. Zu starke Partikularinteressen werden durch den Staat absorbiert, der dank seiner sozialökonomischen Neutralität immer wieder das gesellschaftliche Gleichgewicht herstellt.

Mit diesem verbändetheoretischen Ansatz sollte zugleich einem objektiven Bedürfnis der gesellschaftlich total entfalteten Produktion entsprochen werden, die ökonomische Regulierungsmechanismen unter Einbeziehung der unternehmerischen Spitzen- und Dachverbände notwendig machte. Als Antipode zum »östlichen Totalitarismus« sollte diese Theorie auch eine politisch-integrative Funktion erfüllen.

Der ideologische Zweck dieser Theorie liegt in der Verschleierung der tatsächlichen ökonomischen und gesellschaftlichen Machtverhältnisse, die durch Produktionsmittelbesitz und -verfügungsgewalt in den Händen einer kapitalbesitzenden Minderheit gekennzeichnet sind. Das wird besonders darin deutlich, daß in der von diesem pluralistischen Ansatz ausgehenden Literatur die verschiedensten Organisationen, wie z. B. Unternehmerverbände, Sportvereine, Gewerkschaften, Hausfrauenklubs usw., unter der Bezeichnung »Interessenverbände« gleichrangig nebeneinander subsumiert werden.

Natürlich kann in diesem oder jenem Fall auch von einem Sportverein oder dessen Dachverband ein politischer Druck auf Öffentlichkeit und Staatsbehörden ausgehen, doch stellt sich die Frage, ob dieser Druck das Maß an Intensität erlangt, den der durch ökonomische Macht vermittelte Druck zu erreichen vermag. Insofern ist das Klassifikationsschema des polnischen Verbandsforschers Stanislaw Ehrlich, der »grundlegende« Verbände (Arbeitgeber- und Arbeitnehmerorganisationen) von »nichtgrundlegenden« (Freie Berufe, Verbraucher u. ä.) unterscheidet, geeignet, die verschiedenartigen Verbandsgebilde in ihrer unterschiedlichen ökonomischen, politischen und sozialen Gewichtung voneinander abzugrenzen.[3] Doch verbietet sich selbst eine horizontale Gleichstellung von Unternehmerverbänden und Gewerkschaften, da die erstgenannten als Transmissionsriemen der Produktionsmittel besitzenden Kapitale über wesentlich mehr Machtmittel verfügen als umgekehrt die ökonomischen Interessenorganisationen der Arbeiterklasse. Man kann nicht in Abrede stellen, daß die Unternehmerverbände, insbesondere aber die Spitzen- und Dachverbände, über Mitgliedsfirmen die Investitions- und Preispolitik in wesentlichen Zügen mitbestimmen, womit sie zugleich die gewerkschaftlichen Handlungsspielräume abstecken. Im Gegensatz zu den Gewerkschaften verfügen sie mit den beiden Instrumenten Investition und Preis über zwei Aktionsparameter, die es ihnen immer wieder möglich machen, Lohnerhöhungen abzuwälzen und über rezessive Investitionszurückhaltungen bestimmte wirtschaftspolitische Maßnahmen herbeizuführen (z. B. Subventionen) oder zu verhindern (z. B. Steuererhöhungen). Insbesondere in den Bereichen, in denen es um grundsätzliche Fragen der kapitalistischen Wirtschafts- und Gesellschaftsordnung geht, zeigt sich immer wieder ein Übergewicht der unternehmerischen Organisationen, so gegenwärtig bei dem Beschluß zur Mitbestimmung und der Reform der Berufsbildung.

Die pluralistische Verbandstheorie muß sich den Vorwurf gefallen lassen, daß sie aus apologetischer Zweckbestimmtheit den Widerspruch zwischen den Organisationen der gesellschaftlichen Hauptklassen, nämlich Arbeit und Kapital, schlichtweg übergeht. Ein genauer Vergleich des sozialen Einflusses der verschiedenen »pluralistischen

Kräfte« würde zeigen, daß die »pluralistische Gesellschaft« ein unpluralistisch proportioniertes Machtsystem darstellt, in dem die Interessen der verschiedenartigen sozialen Gruppen und Klassen je nach der Menge sowie der Qualität ökonomischer und politischer Machtmittel unterschiedliche Durchsetzungschancen haben. Insofern würde auch der Begriff »Gewerkschaftsstaat« keiner sozialwissenschaftlichen Analyse standhalten können. Statt dessen ist eine immer besser funktionierende interessensidentische Verklammerung von Unternehmerverbänden, Parteien, Staatsorganen und -verwaltung festzustellen. Sogar der Deutsche Industrie- und Handelstag (DIHT) konzediert diesen Sachverhalt mit folgenden Worten: »Die vielzitierte 'enge Verflochtenheit von Wirtschaft und Politik' ist durchaus kein hohles Schlagwort, sondern in unserem industriellen Zeitalter eine Realität, die sich der Gesetzgeber bei seiner Arbeit immer erneut vergegenwärtigen sollte, wenn die politischen Entscheidungen auch bei Einzelproblemen gesamtwirtschaftlich vernünftig gefällt werden sollen«.[4]

Anfang der siebziger Jahre begann sich mehr und mehr eine materialistisch orientierte Gesellschaftstheorie zu entwickeln, die mit der umstrittenen *Theorie des staatsmonopolistischen Kapitalismus* ihren Höhepunkt erlangt hat. Die vorliegende Arbeit knüpft an den Grundgedanken dieser Theorie an, wonach die Macht der Monopole mit der des Staates sukzessiv immer mehr verschmilzt. Am Beispiel der Unternehmerverbände soll der staatsmonopolistische Funktionsmechanismus anhand von Einzelbeispielen deutlich gemacht werden. Insofern versteht sich dieses Buch auch als verbandssoziologische Argumentationshilfe zur vorwiegend ökonomischen Argumentationsweise der staatsmonopolistischen Theorie.

Mit dieser Veröffentlichung soll zugleich dem zunehmenden Informationsbedürfnis zu Fragen von Stellung, Funktion und Rolle der Unternehmerverbände in der kapitalistischen Gesellschaft der BRD entsprochen werden. So viel über Verbände im allgemeinen und über die Gewerkschaften im besonderen publiziert wurde, so wenig war bisher über das unternehmerische Organisationswesen zu erfahren. Dazu ein Verbandsgeschäftsführer: »Es liegt in der Natur und Tradition der (deutschen) Industrieverbände, auf eine Selbstdarstellung in der Öffentlichkeit grundsätzlich zu verzichten«.[5] Dieses Buch ist daher auch ein bescheidener Versuch, Licht in den unternehmerischen

Verbandsdschungel zu bringen. Insofern soll es nicht nur einen theoretischen, sondern in erster Linie einen praktischen Zweck für den politisch interessierten Arbeitnehmer erfüllen. Eine genaue Kenntnis des unternehmerischen Verbandswesens ist nämlich wichtiger Bestandteil einer Strategie und Taktik der demokratischen Erneuerung der durch die Monopole antidemokratisch deformierten BRD-Gesellschaft.

Was den Begriff »Unternehmerverbände« angeht, so ist darauf hinzuweisen, daß dieses Wort genau so wenig den Verbandscharakter von unternehmerischen Organisationen kennzeichnet, wie der Begriff »Arbeitgeberverbände«. So wenig die Arbeitgeber Arbeit geben, sondern sie nehmen, genau so sind es nicht »die Unternehmer«, die in den Unternehmerverbänden, von denen im Buch die Rede sein wird, Mitglied sind. Natürlich finden sich Einzelunternehmer z. B. im Verband der Lebensmittelhändler. Doch bei den wirtschaftspolitisch relevanten und einflußreichen Unternehmerverbänden wird man »den Unternehmer« vergeblich suchen. Insbesondere bei den Spitzenverbänden (z. B. Verband der Chemischen Industrie) und den Dachverbänden (z. B. BDI) handelt es sich um Verbände von Kapitalien. In diesen Verbänden dominiert das aus dem Industrie- und Bankkapital verschmolzene monopolistische Finanzkapital. Darum wäre der Begriff »Monopolverbände« die adäquateste Bezeichnung für diese Art von Verbänden. In den nachfolgenden Ausführungen werden die Begriffe Unternehmerverbände, Kapitalverbände und Monopolverbände zumeist synonym gebraucht. Die Mehrverwendung der Bezeichnung Unternehmerverbände erklärt sich dabei lediglich aus der sprachlichen Einbürgerung dieses Begriffs.

Abschließend wäre zu erwähnen, daß der Schwerpunkt des Buches auf den Bundesverband der Deutschen Industrie (BDI), die Bundesvereinigung der Deutschen Arbeitgeberverbände (BDA) und den Deutschen Industrie- und Handelstag (DIHT) gelegt wurde. Der Grund liegt darin, daß es sich bei diesen drei Dachverbänden unbestrittenermaßen um die Kristallisationszentren der unternehmerischen Verbandsmacht handelt. Sie wirken als Dachorganisationen der wirtschaftspolitischen Spitzenverbände der Industrie (BDI), der sozialpolitischen Spitzenverbände der Gesamtwirtschaft (BDA) und der öffentlich-rechtlichen Industrie - und Handelskammern (DIHT).

Anmerkungen:

1) Briefs, Goetz: Laissez-faire-Pluralismus, Westberlin 1966, S. 80.

2) Voegelin, Eric: Demokratie und Industriegesellschaft, in: Die unternehmerische Verantwortung in unserer Gesellschaftsordnung. Tatbestand und Forderung, Köln und Opladen 1964, Veröffentlichung der Walter-Raymond-Stiftung (BDA), Band 4, S. 102.

3) Ehrlich, Stanislaw: Die Macht der Minderheit. Einflußgruppen in der politischen Struktur des Kapitalismus, Wien, Frankfurt a. M. und Zürich 1962, S. 40.

4) DIHT (Hg): Koblenzer Straße 148. Der DIHT, Bonn 1966, S. 31.

5) Huppert, Walter: Industrieverbände, Westberlin 1973, S. 15.

II. Geschichte des unternehmerischen Organisationswesens

1. Von der industriellen zur politischen Revolution (1800 bis 1848)

Erwerbsständische Vereinigungen bestanden in Form handwerklicher Zünfte und kaufmännischer Gilden bereits in vorkapitalistischen Gesellschaftsordnungen. Zu Zeiten des Feudalismus war es insbesondere das Handelskapital, das es ausgezeichnet verstand, seinen wirtschaftlichen Interessen in organisierter Form Ausdruck zu verleihen. Davon zeugt das Beispiel der Hanse, die als Vereinigung norddeutscher Kaufleute einige Jahrhunderte lang bestanden hat.

Die Geschichte des heutigen Typs der Unternehmerverbände ist engstens mit den Entwicklungsphasen des Kapitalismus verbunden. In Deutschland beginnt sie Anfang des 19. Jahrhunderts mit der Einrichtung von *Handelskammern*, die erstmals in dem von Frankreich besetzten Rheinland (Köln 1803, Krefeld 1804 usw.) entstanden. Schon in den folgenden drei Jahren kam es infolge der einsetzenden Industrialisierung zur schnellen Verbreitung des Kammerwesens in allen deutschen Einzelstaaten. Um eine wirkungsvolle Vertretung der noch jungen deutschen Bourgeoisie zu erreichen, wurde 1831 der Unterschied zwischen Kammern für den Handel und Kammern für die Industrie aufgehoben, so daß beide Kapitalgruppen nun einheitlich auftreten konnten. Das im deutschen Vormärz 1848 erlassene Preußische Kammerrecht festigte die Position der Handelskammern, indem ihnen das Recht auf weitestgehendste Selbstverwaltung zuerkannt wurde. Die Bezeichnung Handelskammer wurde trotz der späteren industriellen Dominanz bis 1917 beibehalten.

Auch auf nationaler Ebene fanden die ersten Bemühungen der Bourgeoisie, sich zu vereinigen, ihren organisatorischen Niederschlag. Unter der Führung von Friedrich List wurde 1819 der *Deutsche Handels- und Gewerbeverein* am Rande der Frankfurter Messe gegründet. Binnen kürzester Zeit traten ihm weit über 1000 Kaufleute und sonstige Gewerbetreibende bei. Jedoch konnte er sein Ziel, nämlich die wirtschaftliche und politische Zersplitterung Deutschlands zu überwinden, nicht erreichen. Schon nach zwei Jahren wurde diese Organisation wieder aufgelöst.

Ein ähnliches Schicksal erlitt der 1829 gegründete *Industrieverein für das Königreich Sachsen.* Obwohl die industrielle Entwicklung dort am weitesten fortgeschritten war, vermochte sich die noch zu schwache Bourgeoisie gegenüber der entwicklungshemmenden Feudalstruktur nicht durchzusetzen. So bestand dieser Verein nur bis zum Jahre 1846.

Ähnlich kurzlebig waren auch der 1821 in Berlin gegründete Verein zur Förderung des Gewerbefleißes in Preußen und die 1836 gebildete Vereinigung Sächsischer Spinnereibesitzer. Nur der 1825 gegründete Börsenverein der Deutschen Buchhändler konnte fortbestehen.

Die wenigen Versuche, eine über die regionalen Grenzen hinausreichende Vertretung unternehmerischer Interessen zu schaffen, scheiterten u. a. auch an der geopolitischen Zersplitterung Deutschlands in über 350 Einzelstaaten und souveräne Städte. Aus diesem Grunde hielten die meisten Unternehmer lokal begrenzte Interessensorganisationen für adäquater.

Obwohl die Handelskammern bemerkenswerte wirtschaftspolitische Aktivitäten entwickelten, die bis in die erste deutsche Nationalversammlung von 1848 hineinreichten,[1] entfaltete sich das Verbandswesen spezieller Wirtschaftszweige nur sehr langsam. Der Grund dafür lag in der noch niedrigen Entwicklungsstufe der deutschen Industrie. Hinzu kommt, daß die deutsche Arbeiterklasse aufgrund ihrer quantitativen, ideologischen und organisatorischen Schwäche (Geheimbündelei) noch keine unternehmerischen Gegenorganisationen notwendig machte.

2. Vom Zollverein zum Deutschen Handelstag (1848 bis 1871)

Einen größeren Aufschwung erlebte das unternehmerische Verbandswesen in der zweiten Hälfte des 19. Jahrhunderts, und zwar vor allem in den Produktionsbereichen, in denen sich die industriekapitalistische Produktionsweise durchgesetzt hatte. Das zeigte sich insbesondere im Rheinland und in Westfalen, wo es zur Gründung zahlreicher Montanverbände kam. Viele dieser Verbände wurden im Zusammenhang mit der Entwicklung des Deutschen Zollvereins als kurzlebige Zweckvereine gegründet. Ihre Aufgabe bestand darin, bei den Zollvereinsregierungen bestimmte Branchenwünsche in den Zolltarifregelungen durchzusetzen.

Auch im Zusammenhang mit den häufiger werdenden zyklischen Krisen entstanden ähnliche ad hoc-Verbände, die sich gegenüber den Staatsbehörden bemühten, die den eigenen Wirtschaftszweig drückenden Folgen der Krise abzuwenden. So wurde beispielsweise der 1858 gegründete Zentralverein zur Wahrung der gemeinsamen Interessen der Aktiengesellschaften in Rheinland-Westfalen nach Erreichen seines Hauptziels, der Beseitigung der Aktiensteuer, im Jahre 1861 wieder aufgelöst.

Der erste Höhepunkt der sich organisierenden Bourgeoisie war die 1861 in Heidelberg vollzogene Gründung des *Deutschen Handelstages* (DHT). Dieser Handelstag — die Bezeichnung Tag steht hier an Stelle der Bezeichnung Verband, die sich damals noch nicht eingebürgert hatte — war die erste Spitzenorganisation der damals in Deutschland und Österreich bestehenden Handelskammern, kaufmännischen Kooperationen, Handelsvorstände und ähnlichen Vereinigungen.

Obwohl wirtschaftliche Fragen im Vordergrund der Gründungsversammlung stehen sollten, wurde in erster Linie ein politischer Zweck, nämlich die Bildung eines deutschen Nationalstaates, verfolgt. Das wurde unter anderem in der Begründung deutlich, mit der der Badische Handelstag als Initiator der Gründung die Aufgaben des Deutschen Handelstages beschrieb, nämlich »... im Einklang mit den Staatsregierungen das große merkantile und soziale Gebäude Deutschlands zu vollenden«.[2]

Mit dieser Gründung hatte die deutsche Bourgeoisie bereits zehn Jahre vor der Reichsgründung eine gesamtdeutsche Vertretung ihrer Interessen institutionalisiert. Schon in den folgenden Jahren wurde deutlich, daß der Handelstag eine den Zollverein, den Deutschen Bund und die deutschen Kleinstaaten überspannende Plattform darstellte, womit er nicht nur den Bedürfnissen des Bürgertums, sondern auch denen der preußischen Politik in mancherlei Hinsicht entsprach. Das war auch der Grund dafür, daß der Vorstand des DHT häufig mit Bismarck und dem preußischen König zusammentraf.

Im Verlauf der sich ausweitenden technischen, industriellen und ökonomischen Differenzierungen erwiesen sich die Handelskammern als nicht mehr fähig, ihre Aufgabe der Harmonisierung unterschiedlicher Unternehmerinteressen zu erfüllen. Nach einer später vorgenommenen Einschätzung des Generalsekretärs des DHT, Soetbeer, vertrat etwa ein Drittel der Handelskammern vornehmlich die Interessen des Handels (Hamburg, Bremen, Lübeck usw.), ein Drittel Industrieinteressen (z. B. Bochum) und das restliche Drittel vertrat Kleinhandelsinteressen.

Angesichts dieser Diskrepanzen war es den Handelskammern nur schwer möglich, innerhalb ihres Kammerbezirkes den ihnen vom Gesetz vorgeschriebenen Interessenausgleich zwischen den verschiedenen Unternehmerzweigen und unterschiedlichen Kapitalgruppen herbeizuführen. In allen Teilen Deutschlands kam es daher zur Gründung von Zweckverbänden der industriellen Unternehmer, die sich vornehmlich im Montanbereich bildeten. Bereits 1852 war der Zollvereinsländische Eisenhüttenverein für den Bereich Rheinland-Westfalen ins Leben gerufen worden, dem 1858 der Verein für die bergbaulichen Interessen im Oberbergamtsbezirk Dortmund folgte. Dieser Verein schaffte es,durchzusetzen, daß sich der Handelsminister von der Heydt 1861 dazu bereit erklärte, alle polizeilichen Verordnungen, die den Bergbau betrafen, vor ihrem Inkrafttreten dem Verein zur Prüfung vorzulegen. Zur gleichen Zeit kam es auch im sächsischen und oberschlesischen Industrierevier zur Gründung einflußreicher Industrievereine, die vornehmlich wirtschaftspolitische Aufgaben wahrzunehmen hatten.

Neben den Kammern und den wirtschaftspolitischen Zweckverbänden entstanden auch erste sogenannte *Arbeitgeberverbände*, deren spezielle Aufgabe die Bekämpfung der sich organisierenden Abeiterklasse war. Schon 1840 hatte sich die im Bereich des Hamburger Hafens wirkende Kaufmannschaft in der »Blockade«, einer Organisation zur Verhinderung und Niederschlagung von Streiks der Hafenarbeiter, zusammengeschlossen. Ein weiterer Arbeitgeberverband, der Verein zum Schutz gegen die Ansprüche von verlotterten Gehilfen, entstand 1850 in Oschersleben. Jedoch bestand für diesen Verbandstyp noch keine große Notwendigkeit, da die Bekämpfung der organisierten Arbeiterklasse durch den preußischen Feudalstaat — der Kölner Kommunistenprozeß von 1852 beweist es — besorgt wurde. Die spätere Aufgabe der Arbeitgeberverbände, nämlich die Regelung von Lohn- und Arbeitsfragen, wurde zu dieser Zeit, infolge der absoluten

Vormachtstellung der Unternehmer, von diesen selbst wahrgenommen, so daß auch von dieser Seite her keine Notwendigkeit für die Schaffung von Kampfverbänden gegen die Arbeiterklasse bestand.

Das Vordringen und der zunehmende Einfluß kaufmännischer und industrieller Verbände bewirkte entsprechende Reaktionen im agrarischen Bereich. Die um ihren Einfluß besorgten Großgrundbesitzer organisierten sich in verschiedenen Vereinen, von denen der 1868 gegründete Kongreß der norddeutschen Landwirte der politisch bedeutungsvollste wurde. Im Gegensatz zu früheren landwirtschaftlichen Verbänden, die sich vornehmlich um die Weiterbildung ihrer Mitglieder bemüht hatten, war nun eine den gesamten Norddeutschen Zollverein umfassende politische Interessenvertretung entstanden. In Anbetracht dieser Gründungsaktivitäten kommt Fischer in seiner Untersuchung über die Beziehungen von Staatsverwaltung und Interessenverbänden zu dem Ergebnis, daß das 1871 proklamierte Deutsche Reich eine ausgebildete Interessen- und Selbstverwaltungsorganisation der Wirtschaft vorfand, mit der die Staatsregierungen seit Jahrzehnten zu arbeiten gelernt hatten.[3]

3. Von der Reichsgründung bis zum imperialistischen Weltkrieg (1871 bis 1918)

Nach der Reichsgründung 1871 setzte ein wahrer Boom von Verbandsgründungen ein. Hierfür waren mehrere sich wechselseitig beeinflussende Faktoren ursächlich. Durch die Bildung eines deutschen Nationalstaates war erstmals eine gesamtdeutsche Wirtschaftspolitik ohne innerdeutsche Zollschranken möglich geworden. Das deutsche Wirtschaftspotential war durch die Fünf-Milliarden-Goldfranc-Kontribution, die Frankreich als Kriegsverlierer zahlen mußte, sowie durch die Annexion des industriell hochentwickelten Elsaß-Lothringen gestärkt worden. In der Hochkonjunktur von 1871 bis 1873, den sogenannten Gründerjahren, entstanden Tausende neuer Unternehmen; zugleich begannen die Banken, ihre ökonomische Schlüsselrolle einzunehmen. Wie Lenin schrieb: » . . . tauchte ein neuer Räuber auf, 1871 entstand eine neue kapitalistische Großmacht, die sich unermeßlich schneller entwickelte als England«.[4] Dem Boom folgte die Krise von 1874, die ein weiteres Verbands-Gründungsfieber verursachte. Sie bestimmte den hauptsächlichen Gründungszweck der neuen Verbände, nämlich die Wiedereinführung des Schutzzolls auf Eisen und Stahl, der sozusagen als Schlußpunkt der Freihandelsdiskussion im Oktober 1873 abgeschafft worden war. Von 1871 bis 1880 wurden mindestens viermal so viele Unternehmerverbände gegründet wie in den vorausgegangenen Jahrzehnten zusammengenommen. Diese Phase der verbandlichen Organisationsentwicklung wurde bestimmt von einer neuen Stufe der betrieblichen Organisationsentwicklung, die durch Kartell-, Trust- und Monopolbildung gekennzeichnet war. Immer deutlicher wurde, daß Gründung und Entwicklung von Unternehmerverbänden organisatorische Reflexe der jeweiligen Entwicklungsstufe der kapitalistischen Wirtschaftsweise waren.

Bereits im Reichsgründungsjahr entstand als Folge des akuten Kohlemangels der *Verein zur Wahrung der gemeinsamen wirtschaftlichen Interessen in Rheinland und Westfalen*, der wegen seines langen Namens unter der Bezeichnung 'Langnamverein' in die Verbandsgeschichte einging. In dieser Organisation fand sich ein breites Aufgabenspektrum, das von Forderungen zum Ausbau des nationalen Marktes und zur Einführung von Schutzzöllen bis zur Bekämpfung der Sozialdemokratie reichte. Mit der Parole »durch Schutzzölle der Sozialdemokratie ein Ende machen« versuchte der Vorsitzende des Vereins, der Eisenindustrielle Mulvany, auch die mehr freihändlerisch orientierten Unternehmenszweige den wirtschaftspolitischen Interessen der im Verein dominierenden Eisenindustrie unterzuordnen.

Bereits ein Jahr später entstand unter maßgeblicher Führung des ostelbischen Junkertums der *Deutsche Landwirtschaftsrat*, der als erste Gesamtvertretung der deutschen Landwirtschaft viel für den Landadel, aber nur wenig für die Kleinagrarier erreichte. Zusammen mit dem Langnamverein bildete er aufgrund des gemeinsamen Schutzzoll-Interesses die Basis für das Jahrzehnte andauernde Bündnis von Junkertum und Großbourgeoisie.

Die mächtigsten Organisationen entstanden in den Industriezweigen, die den Übergang zum Monopolkapitalismus eingeleitet hatten, namentlich in der Montanindustrie. Sie differenzierten sich entsprechend der Unterschiedlichkeit der Fertigungsprogamme, wurden vertikal und horizontal mit Geschäftsstellen, Bezirksunterverbänden und einem zumeist in Berlin ansässigen Zentralbüro organisiert.

Centralverband Deutscher Industrieller

Die Gründung des Centralverbandes Deutscher Industrieller zur Beförderung und Wahrung nationaler Arbeit leitete 1876 eine neue Epoche des industriellen Verbandswesens ein, die über den späteren Reichsverband der Deutschen Industrie bis hin zum Bundesverband der Deutschen Industrie reicht. Erstmals war ein Spitzenverband geboren, der als *Verband von Verbänden* bereits zehn verschiedene Industriesparten, vornehmlich der Schwer- und Grundstoff- sowie der Textilindustrie in sich vereinigte. Aber auch Einzelpersonen, Firmen und Handelskammern gehörten dem Centralverband an.

Als ein von den Monopolen beherrschter Verband — eine Tatsache, die die Bezeichnung Monopolverband statt Unternehmerverband zur Charakterisierung dieser Organisation adäquater erscheinen läßt — entwickelte er die dem Monopol eigentümlichen Merkmale, die Lenin in seiner Analyse des Imperialismus folgendermaßen charakterisierte: »Ist das Monopol einmal zustandegekommen und schaltet und waltet es mit Milliarden, so durchdringt es mit absoluter Unvermeidlichkeit alle Gebiete des öffentlichen Lebens«.[5]

Dies wurde auch an der Aufgabenstellung des Verbandes deutlich, die von der Wirtschafts- und Sozialpolitik bis hin zu den allgemeinsten Dingen des politischen Lebens reichte. Dazu gehörte insbesondere die imperialistische Außenpolitik, in der wichtige Impulse und Energien des Centralverbandes wirksam wurden; nicht zuletzt aufgrund der finanzkräftigen Förderung imperialistischer Propagandaorganisationen, deren wichtigste der Alldeutsche Verband, der Deutsche Flottenverein und die Deutsche Kolonialgesellschaft waren. Gerhard Schulz meint in seiner Arbeit über Entstehung und Formen von Interessengruppen in Deutschland, daß auch die antidemokratische Einstellung und die den parlamentarischen Institutionen gegenüber zumeist indolente Haltung der Großindustrie sich schon in den politischen Aspekten der Geschichte dieses Spitzenverbandes fassen läßt.[6]

Der Centralverband war die erste Gesamtvertretung der Industrie gegenüber dem Staat. Obwohl die Handelskammern und der Handelstag im Alltagsgeschäft der Staatsverwaltung ständig gehört und in zahlreiche wirtschaftliche, soziale und politische Gesetzgebungsakte und Verwaltungsmaßnahmen eingeschaltet worden waren, begann sich nun erst jene enge und komplexe Verflechtung zwischen Monopolverbänden, Parteien und Staat zu entwickeln, die zur bis in die Gegenwart hineinreichenden Voraussetzung für das Überleben des kapitalistischen Systems wurde.

Erstmals bei den Reichstagswahlen 1878 versuchte der Centralverband, dort Kandidaten aufzustellen, wo die Wahlen maßgeblich von der Großindustrie beeinflußt werden konnten. Zugleich wurde durch seine Anregung und Unterstützung die *Freie Wirtschaftliche Vereinigung* geschaffen, der sich 204 Abgeordnete des neugewählten Reichstages anschlossen. Als interfraktionelle Vereinigung der Großbourgeoisie und des Landadels gelang es ihr, die vom Centralverband geforderte Schutzzollpolitik und die Sozialistengesetze durchzusetzen. Unter der Regie des Centralverbandes entstanden später auch *industrielle Wahlfonds*, die sich unter anderer Bezeichnung bis heute, aber zum gleichen Zweck erhalten haben. So wurden beispielsweise die dem Centralverband angehörenden Betriebe 1909 aufgefordert, ein halbes Promille der im gleichen Jahr ausgezahlten Lohnsumme an den Wahlfonds abzuführen.

Die Verbindung zwischen den Parteien und Unternehmerverbänden bekam nunmehr auch ihre besondere persönliche Note, die Lenin einmal folgendermaßen beschrieben hat: »Heute Minister — morgen Bankier; heute Bankier — morgen Minister«.[7] Als Beispiel sei hier der Mitbegründer des Langnamvereins und des Centralverbandes, der Bielefelder Fabrikant Theodor Adolf Möller, genannt, der 1901 zum preußischen Minister für Handel und Gewerbe berufen wurde. Der Vorsitzende des Handelstages, Johannes Kaempf, zugleich Vorstandsmitglied der Dresdner Bank, wurde mit dem Amt des Reichtagspräsidenten betraut. Umgekehrt wurden hohe Staatsbeamte wegen ihres Reichtums an Verbindungen und Beziehungen von der Großindustrie eingekauft. So stammten beispielsweise die Chefs des Krupp-Direktoriums Jencke, Roetger und Hugenberg nicht aus der Industrie, sondern aus dem höheren Staatsdienst, was der Grund dafür war, daß sie als Krupp-Vertreter in den Unternehmerverbänden mit führenden Aufgaben betraut wurden. Den Kontakt nach ganz oben besorgte der

Krupp-Sprößling, Diplomat a. D., Gustav Krupp von Bohlen und Halbach. Auch Bleichröder und Ballin gehörten später zu denjenigen, die über solche persönliche Beziehungen zum Reichskanzler und zum Kaiser verfügten.

Der Einfluß auf die Verwaltungstätigkeit der Kommunen, Kreisverwaltungen und Regierungspräsidien wurde von nun ab für die Industrie ebenso selbstverständlich, wie er es für den Landadel schon seit Jahrhunderten war. Mit der Zeit gewöhnten sich die Verwaltungsorgane daran, die Industrievereinigungen als 'Sachverständige' zu betrachten, sie zu Rate zu ziehen und ihnen einen erheblichen Einfluß auf die Entscheidungen von Verwaltung und Politik einzuräumen. Der Kontakt wurde nicht mehr nur von der Unternehmensseite, sondern ebenso von staatlicher Seite gesucht. Wie der Historiker Fischer in seiner schon erwähnten Analyse schreibt, waren die Unternehmerverbände, angeführt vom Centralverband, sowohl in der öffentlichen Meinung als auch im Parlament sowie in der Regierung selbst aktiv, und zwar auf allen drei Ebenen gleichzeitig und mit gleicher Intensität. Bis 1914 entsprach die Organisation, Funktion und Wirkungsweise der unternehmerischen Interessenverbände bereits den Verhältnissen einer bürgerlich-demokratischen Republik, ohne daß diese Staatsform selbst schon vorhanden war.[8] Die innenpolitische Arbeit des Centralverbandes liefert — so G. Schulz — den überzeugendsten Beweis für die Existenz eines nach idealtypischen Vorstellungen geführten Klassenkampfes seitens des Unternehmertums.[9]

Neben der Verflechtung zwischen Unternehmerverbänden, Parteien und Staat begann sich nunmehr auch die bis heute typisch gebliebene interverbandliche Verflechtung zu entwickeln. Beispielsweise war der Generalsekretär des Centralverbandes, der Reichstagsabgeordnete H. A. Bueck, zugleich Geschäftsführer des Langnamvereins sowie der Nordwestlichen Gruppe des Vereins der Eisen- und Stahlindustriellen. Solche persönlichen Verflechtungen wurden durch institutionelle Beziehungen ergänzt. So war es selbstverständlich, daß die industriellen Verbände dem Handelstag angehörten, wie umgekehrt die Handelskammern dem Centralverband beitraten.

Bund der Industriellen

In der Periode von 1871 bis 1914 wandelte sich der Charakter der Unternehmerverbände in dem Maße, wie sich der Kapitalismus vom Industriekapitalismus zum Monopolkapitalismus bis hinein in sein imperialistisches Stadium wandelte. Mit dem Vordringen des Bankkapitals und dessen allmählicher Verschmelzung mit dem Industriekapital wurde — vorerst — der Centralverband zum hauptsächlichen Sprachrohr des monopolistischen Finanzkapitals.

Dieser Prozeß führte zur Verschärfung des Verhältnisses zwischen den verschiedenen Kapitalgruppen, was sich besonders im Handelstag bemerkbar machte. Das wurde erstmals 1876 deutlich, als sich das schwarz-blaue Bündnis von Eisen und Roggen gegen das freihändlerisch orientierte Handelskapital im Sinne der Schutzzollpolitik durchsetzte. Bis 1902 hatte die Industrie im Handelstag absolute Oberhand gewonnen. Von den Vollversammlungsmitgliedern gehörten 1712 der Industrie und nur noch 1354 dem Handel an.

Die monopolistische Vormachtstellung einzelner Industriezweige führte nun auch im Centralverband zunehmend zur *Oppositionsbildung* durch die nichtmonopolistischen, zumeist exportorientierten Fertigwarenfabrikanten. Die Ursache für diese Divergenzen ergab sich aus dem rasch voranschreitenden Monopolisierungsprozeß, der den Monopolen in Krisenzeiten die Abwälzung von Verlusten auf die nichtmonopolistische Leichtindustrie ermöglichte. Das war einer der Gründe dafür, daß der 1877 geschaffene Verein zur Wahrung der Interessen der chemischen Industrie Deutschlands 1899 aus dem Centralverband austrat.

Auch die in Opposition zum Centralverband stehenden kleinen und mittleren Betriebe verließen diese Organisation und schlossen sich 1895 im *Bund der Industriellen* zusammen. Ähnlich dem Centralverband trachtete auch diese Vereinigung danach, Vertreter in die gesetzgebenden Körperschaften zu entsenden, um dort im Sinne dieser Industriegruppen Einfluß zu nehmen. Es war *Gustav Stresemann*, der spätere Reichsaußenminister, der als Geschäftsführer des Bundes Mittel und Methoden einer bis dahin unbekannten Praxis der Einflußnahme entwickelte, so daß man bald von den 'halbpolitischen Landesverbänden' der deutschen Industrie sprach. Schon als junger Geschäftsführer des größten Landesverbandes des Bundes der Industriellen, nämlich Sachsen, konnte er es als seinen Erfolg verbuchen, daß von den 82 Abgeordneten des sächsischen Landtages im Jahre 1909 31 aus Industrie und Handel kamen, von denen 27 Mitglieder des von ihm angeführten Landesverbandes waren. In Anbetracht seiner Erfolge und der dazu notwendigen Strategie und Taktik schlußfolgern verschiedene Autoren, daß die heutigen Methoden der Einflußnahme durch die Wirtschaftsverbände weder neu entwickelt noch von den USA übernommen worden sind, sondern auf die Tätigkeit Gustav Stresemanns zurückgehen.[10]

Während der Bund der Industriellen einerseits wegen der Streikempfindlichkeit der Fertigwarenindustrie eine differenziert vorsichtige Linie gegenüber den Gewerkschaften und der Sozialdemokratie verfolgte, unterstützte er andererseits vorbehaltlos die Rüstungs- und Kolonialpolitik des deutschen Imperialismus. Man versprach sich davon eine Sicherung und Erweiterung der Exportmöglichkeiten sowie eine Paralysierung der revolutionären Sozialdemokratie. Diese ließ es auch den partiell rivalisierenden Unternehmerverbänden ratsam erscheinen, in grundsätzlichen Fragen zusammenzuarbeiten. Zu diesem Zweck wurde eine Fülle interverbandlicher Kommissionen geschaffen. Das gemeinsame Klasseninteresse der gesamten Bourgeoisie hatte schon 1886 zu einer Minimierung der Spannungen im Deutschen Handelstag geführt. In einer offiziellen Verbandsbiographie heißt es, man habe erkannt, daß vom »andrängenden Sozialismus weit größere Gefahren drohten als von ungünstigen Zolltarifen ... In der Abwehr gegen äußere Gegner fanden sich nun die inneren Gegner zusammen«.[11]

Arbeitgeberverbände
Dieser äußere Gegner ließ auch der Bourgeoisie Anfang der neunziger Jahre die Schaffung eines speziellen Typs der Unternehmerverbände ratsam erscheinen. Unter der Bezeichnung Arbeitgeberverbände wurden Unternehmerorganisationen geschaffen, deren hauptsächliche Aufgabe in der Bekämpfung der organisierten Arbeiterklasse lag. Nachdem es der revolutionären Sozialdemokratie unter dem Einfluß der Strategie und Taktik des wissenschaftlichen Sozialismus gelungen war, eine weitere Verlängerung des Sozialistengesetzes 1890 zu verhindern, wollte sich die deutsche Bourgeoisie nicht mehr nur allein

auf die preußische Justiz, auf Militär und Polizei im Kampf gegen die Arbeiterklasse verlassen.

Die neugeschaffenen Arbeitgeberverbände sollten als unmittelbare Repressionsinstrumente des Unternehmertums eine neue Offensive gegen die Sozialdemokratie und die Gewerkschaften einleiten. Sie waren keinesfalls ausschließlich aus einer Defensivposition der industriellen Unternehmer heraus entstanden. Vielmehr glaubte man, durch eine entsprechende Arbeitsteilung zwischen allgemein wirtschaftlichen und speziellen antigewerkschaftlichen Kampfverbänden eine Effektivierung des Kampfes gegen den Sozialismus zu erreichen. Hierzu schienen die wirtschaftlichen Aufschwungjahre um 1890 recht günstig.

Die Hauptmittel, mit denen die Arbeitgeberverbände den Klassenkampf führten, waren Aussperrungen, schwarze Listen und ein besonderes Arbeitsnachweissystem, das dafür sorgte, daß nur 'einwandfreie' Arbeiter eingestellt wurden. Zugleich wurden Unterstützungskassen für bestreikte Unternehmen geschaffen. Es folgte die Gründung von Streikversicherungsgesellschaften.

Eine der damaligen Hauptaufgaben der neugeschaffenen Arbeitgeberverbände war die Verhinderung des Beschlusses der II. Internationale, wonach der 1. Mai alljährlich als Kampftag der Arbeiterklasse begangen werden sollte. So wurde beispielsweise der Arbeitgeberverband Hamburg-Altona 1889 zu dem Zweck geschaffen, die erste große deutsche Maifeier in Hamburg zu verhindern. Der Verband Berliner Metallindustrieller ließ 3000 Mark an das Königliche Polizeipräsidium mit der Bitte überweisen, dieses Geld jenen Polizeibeamten zukommen zu lassen, die am 1. Mai 1890 mit brachialer Gewalt gegen die demonstrierende Berliner Arbeiterklasse vorgegangen waren. Noch intensiver gestalteten sich die Beziehungen zwischen Arbeitgeberverbänden und Staat bei der Erstellung und dem Austausch schwarzer Listen, sogenannter Agitatorenverzeichnisse. Damit sollte ein konzertiertes Berufsverbot gegen alle aus Anlaß des 1. Mai 1890 entlassenen Arbeiter erreicht werden.

Als ein weiteres Kampfziel wurde die Spaltung der organisierten Arbeiterklasse angestrebt. Zu diesem Zweck wurde unter gewaltigem finanziellem Aufwand die Gründung sogenannter *gelber Gewerkschaften* betrieben, die unter anderem in den Augsburger MAN-Werken, bei der Krupp AG Grusonwerke Magdeburg und auf der Kieler Howaldtwerft entstanden. Wie wichtig den Unternehmerverbänden die Schaffung gelber Gewerkschaften erschien, ist einer öffentlichen Äußerung des damaligen MAN-Direktors Buz zu entnehmen: »Wenn es uns Millionen kostet, wir werden doch gelbe Gewerkschaften gründen«.[12] Größtenteils scheiterten aber entsprechende Versuche an der ideologischen Reife der deutschen Arbeiterklasse, die den Zweck dieser Organisationen schnell durchschaute. Nur der Allgemeine Eisenbahnerverein erreichte eine Mitgliederzahl von über 400 000, mehr als die übrigen Gelben je auf sich vereinten.

Mit rasanter Geschwindigkeit entwickelten sich von nun ab die Arbeitgeberverbände, die wegen ihrer Aufgaben im Rahmen der staatlichen Sozialversicherung auch als sogenannte *sozialpolitische Verbände* bezeichnet wurden. In den Jahren 1889 und 1890 entstanden 43 Arbeitgeberverbände. In der Zeit von 1869 bis 1900 erfolgten sogar 138 Neugründungen. Während bei den wirtschaftspolitischen Verbänden unter anderem zyklische Krisen verbandsbildend wirkten, sind es nun die konjunkturellen Aufschwungphasen, in denen die Arbeitgeberverbände entstehen. Damit sollte von vornherein jedwede auf Umverteilung des Profits zielende Politik der Gewerkschaften verhindert werden. Um dieses Ziel zu erreichen, wurde der Centralverband etwa ab 1890 nicht müde, immer wieder die Gründung eines Centralverbandes der Arbeitgeberverbände vorzuschlagen.

Diesem Ziel kam man erst im Verlaufe der zyklischen Krise von 1900 bis 1902 näher, die zu einer erheblichen Verschärfung des Klassenkampfes geführt hatte. Infolge dieser verschärften Auseinandersetzungen zwischen der Arbeiter- und der Kapitalistenklasse kam es 1903 zum großen *Crimmitschauer Streik* der 8000 Textilarbeiter, die eine Verkürzung der täglichen Arbeitszeit auf zehn Stunden und eine Anhebung der Akkordlöhne um zehn Prozent forderten. Trotz Aussperrung und des Einsatzes von Polizei und Militär war es den Unternehmern nicht gelungen, den Kampfwillen der Textilarbeiter zu brechen. Als der Streik von August bis Dezember fortdauerte und sich der sächsische Textilarbeitgeberverband nicht mehr in der Lage sah, die finanzielle Solidarität mit den betroffenen Textilfabrikanten aufrechtzuerhalten, schaltete sich der Centralverband ein. Aus Furcht vor der beispielgebenden Wirkung dieses Arbeitskampfes sammelte Generalsekretär Bueck in allen Teilen Deutschlands Spenden für eine Fortsetzung der Aussperrung. Zugleich startete er einen intensiven Propagandafeldzug, in dessen Mittelpunkt die verstärkte Forderung nach einer zentralen Organisation der Arbeitgeberverbände stand. Als man auf gewerkschaftlicher Seite erkannte, daß eine Fortdauer des Streiks als Druckmittel des Centralverbandes zur schnelleren und umfassenderen Organisierung aller Unternehmer benutzt würde, wurde der Streik Mitte Januar 1904 abgebrochen. Die Kampfziele waren nicht erreicht worden.

Dieser als strategischer Schachzug gedachte Streik-Abbruch vermochte aber nicht zu verhindern, daß es schließlich im April 1904 auf Initiative und unter maßgeblicher Förderung des Centralverbandes zur Gründung der *Hauptstelle der Deutschen Arbeitgeberverbände* als der ersten Spitzenorganisation der deutschen Arbeitgeber kam. Nur zwei Monate später schufen auch die im Bund der Industriellen zusammengeschlossenen Unternehmen einen Arbeitgeber-Spitzenverband, der unter der Bezeichnung *Verein der Deutschen Arbeitgeberverbände* firmierte.

Beide Spitzenorganisationen der Arbeitgeberverbände forderten sofort nach ihrer Bildung alle Unternehmenszweige zur Gründung von Arbeitgeberverbänden auf. Solche Vereinigungsappelle blieben nicht ohne Erfolg: bis 1913 hatten sich über 2000 Arbeitgeberverbände konstituiert. Zusammen mit den Kammern und den wirtschaftspolitischen Unternehmerverbänden wuchs diese Zahl nach Angaben der amtlichen Statistik des Reichsamtes des Inneren auf über 3000.[13] H. F. Krüger gibt sie aufgrund seiner Untersuchungen sogar mit 5200 an.[14] Trotz solcher zahlenmäßigen Differenzen steht fest, daß sich bis zu diesem Zeitpunkt in jedem Unternehmenszweig ein Arbeitgeberverband gegründet hatte. Damit war ein derart hohes Maß an Komplexität des unternehmerischen Klassenkampfes gegen die Arbeiter erreicht, daß nur das adäquate Maß an Intensität fehlte. Trotz der früheren partiellen Rivalität der beiden wirtschaftspolitischen Spitzenverbände und der ihnen beigeordneten Arbeitgeber-Spitzenverbände wurden die Stimmen immer lauter, die eine gemeinsame Vertretung der Klasseninteressen aller Kapitalisten forderten. Insbesondere war es Stresemann, der sich für einen einheitlichen und zentralen Arbeitgeberverband einsetzte.

Sämtliche Unternehmerverbände, 1909 bis 1915[15]

Jahr	Verbände	Beschäftigte Arbeitnehmer
1909	2592	3647147
1910	2613	3854680
1911	2928	4027440
1912	3085	4378275
1913	3431	4641361
1914	3670	4841217
1915	3683	4281477

Bereits im Gründungsjahr hatten sich beide sozialpolitischen Spitzenverbände zu einem Kartell zusammengeschlossen, in dem Fragen des gemeinsamen Vorgehens bei Streiks und Aussperrungen behandelt wurden. Nachdem dieser Kartellvertrag wiederholt ergänzt worden war und häufiger gemeinsame Konferenzen beider Spitzenverbände stattgefunden hatten, schien die Zeit endlich reif, beide Organisationen zu vereinigen. Am 4. April 1913 wurde die *Vereinigung der Deutschen Arbeitgeberverbände* (VDA) gegründet, deren erster Vorsitzender der Krupp-Direktor Landrat a. D. Max Roetger wurde.

Kriegsrolle der Unternehmerverbände

Mit dieser Verbändezentralisation hatte die Bourgeoisie ein Höchstmaß an Organisiertheit erreicht, das es ihr ermöglichte, von nun ab relativ geschlossen gegen die Gewerkschaften und gegen die Sozialdemokratie vorzugehen. Diese Zentralisation von Macht war zugleich Ausdruck der forcierten Kriegsvorbereitungen des deutschen Imperialismus. Denn ein weiteres Betätigungsfeld des neugegründeten Spitzenverbandes und seiner Unterverbände erstreckte sich auf das Ziel, den Widerstand gegen den geplanten Krieg zu brechen und das Denken und Fühlen der Menschen so zu beeinflussen, daß sie sich zu 'patriotischen' Befürwortern und Teilnehmern des bevorstehenden

Weltkrieges entwickelten. Der Wille, dieses Ziel zu erreichen, gestaltete die Politik der Unternehmerverbände in einigen Punkten etwas elastischer. So wurden beispielsweise durch Stresemann Begriffe wie 'Sozialpartnerschaft' und 'Industriebürger' statt Arbeiter in die politische Umgangssprache eingeführt: eine für damalige Verhältnisse relativ neue Wortwahl.

Unter den Bedingungen des Imperialismus und der damit im Zusammenhang stehenden Verschärfung des Klassenkampfes hatte sich etwa seit der Jahrhundertwende zunehmend der Revisionismus entwickelt, der als kleinbürgerlich-antimarxistische Strömung zunehmend an Einfluß innerhalb der organisierten Arbeiterklasse gewann. Die parlamentarischen Vertreter dieser Strömung waren es, die im Namen der Sozialdemokratie im August 1914 dem Antrag auf Bewilligung der Kredite für den geplanten Krieg ihre Zustimmung gaben. Zehn Tage zuvor hatte der sozialdemokratische Sprecher Hugo Haase den Burgfrieden mit den Unternehmern verkündet. Gewerkschaften und Sozialdemokratie waren damit — von wenigen rühmlichen Ausnahmen abgesehen — zu Erfüllungsgehilfen der imperialistischen Eroberungsfeldzüge geworden.

Für die Unternehmerverbände war dank der Haltung der Sozialdemokratie die Gefahr eines Zweifrontenkrieges — nämlich einer ausländischen und inländischen Front — gebannt. Sie konnten sich nun ganz den Aufgaben des Krieges widmen. Zu diesem Zweck kam es unter den ehemals rivalisierenden wirtschaftspolitischen Spitzenverbänden schon bald zu einer engen Zusammenarbeit, deren organisatorische Basis der *Kriegsausschuß der Deutschen Industrie* wurde. Diese Institution mündete 1916 in eine gemeinsame Interessenvertretung, dem *Deutschen Industrierat*, dem auch der vorher abtrünnige Chemieverband beitrat.

Das bisher erfolgreich praktizierte Prinzip der *Arbeitsteilung* unter den verschiedenen Verbandsarten wurde beibehalten. Die wirtschaftspolitischen Verbände kümmerten sich um den Bereich 'Wirtschaft und Kriegsführung', während sich die Arbeitgeberverbände dem Gebiet 'Kriegsführung und Arbeiterschaft' widmeten. So war beispielsweise die Ausarbeitung der berüchtigten, an den Reichskanzler gerichteten Denkschrift des Centralverbandes und des Bundes der Industriellen vom 10. März 1915 unter der Federführung von Hjalmar Schacht (Dresdner

Bank), Walther Rathenau (AEG) und Hugenberg (Krupp) entstanden. In ihr wurde die Realisierung eines umfassenden Konzepts zur ökonomischen Ausplünderung Belgiens und Frankreichs verlangt. Anderen Inhalts war dagegen eine Denkschrift der VDA vom März 1918, in der angesichts des bevorstehenden Kriegsendes die Rücknahme einiger im Verlauf des Krieges notwendig gewordener Kompromisse gegenüber den Gewerkschaften gefordert wurde. So wurde unter anderem die Abschaffung aller Institutionen verlangt, in denen sich während des Krieges Gewerkschaftsvertreter und Kapitalrepräsentanten auf paritätischer und sozusagen 'gleichberechtigter' Ebene getroffen und beraten hatten.

Der Krieg brachte den Kapitalverbänden eine weitere Machtzunahme. Sie ergab sich daraus, daß die Verbände mit den wesentlichsten Aufgaben der Kriegsbewirtschaftung beauftragt wurden. Nur mit dieser Hilfe war die während des Krieges notwendige Übersicht und Einflußnahme bis in die letzte Verästelung der Wirtschaft hinein möglich. Das 1916 erlassene *Gesetz über die Kriegsrohstoffbewirtschaftung* potenzierte die Macht der Kapitalverbände dadurch, daß die Zwangsorganisierung aller deutschen Unternehmer in Unternehmerverbänden verfügt wurde. Das im gleichen Jahr verkündete *Gesetz über den vaterländischen Hilfsdienst* schrieb vor, daß das Recht zum Abschluß von Tarifverträgen von nun ab allein bei den Arbeitgeberverbänden und nicht mehr bei einzelnen Unternehmern liegen sollte. Immer mehr wurden die unternehmerischen Organisationen als Instrumente der gesellschaftlichen Leitung der Produktion notwendig. Damit wurde auf spezifisch kapitalistische Art und Weise den Anforderungen entsprochen, die sich aus dem gesellschaftlichen Charakter der Produktion und den daraus resultierenden Widersprüchen ergeben hatten.

Die durch die Kriegsbewirtschaftung notwendig gewordene engere Zusammenarbeit von Industrie und Staat beschleunigte den Prozeß der Verschmelzung von Monopolorganisationen und Staatsapparat, der eine neue Stufe der Entwicklung des Kapitalismus, den *staatsmonopolistischen Kapitalismus,* einleitete. Einer der wenigen, der diese neue Entwicklungsstufe des Kapitalismus auch hinsichtlich des Charakters und der Rolle der Unternehmerverbände erkannte, war Lenin. In Exzerpten und Randnotizen, die ihm als Vorarbeiten für seine Werke

'Die drohende Katastrophe und wie man sie bekämpfen soll' und 'Staat und Revolution' dienten, schrieb er: »Die Bildung von Unternehmerverbänden, Trusts, Syndikaten usw. und ihre Wechselbeziehungen mittels kombinierter Unternehmen und Großbanken haben die früheren Formen (des Kapitalismus, A.d.V.) vollständig verändert. Und wenn für die vorimperialistische Epoche das individuelle kapitalistische Eigentum charakteristisch war, so ist für die heutige finanzkapitalistische Wirtschaft das Kollektiveigentum der untereinander organisatorisch zusammengeschlossenen Kapitalisten charakteristisch ... Das ist heute die neueste Etappe der Entwicklung, die sich in der Zeit des Krieges besonders deutlich zeigte. Am wichtigsten ist die Verschmelzung der bourgeoisen staatlichen Organisationen mit den ökonomischen Organisationen«.[16]

Der Krieg hatte auch den Deutschen Handelstag und die ihm angeschlossenen Kammern vor neue Aufgaben gestellt. Eine Folge dieser völlig neuen Anforderungen an das Kammerwesen war, daß die seit vielen Jahren in der deutschen Wirtschaft geführte Diskussion um eine Reform des Handelstages aktualisiert wurde. In der Vergangenheit hatten Kammern und Handelstag den gesetzlichen Auftrag zum Interessensausgleich zwischen Handel und Industrie, zwischen kleinen, mittleren und großen Unternehmen nicht erfüllen können. Deswegen war der Handelstag auch nicht in der Lage, mit der gleichen Geschlossenheit wie die Industrieverbände aufzutreten oder deren Maß an politischem Einfluß zu erlangen. Um eine eventuelle Entwicklung des Handelstages zur wirtschaftlichen Bedeutungslosigkeit zu verhindern, wurden bis 1918 einige Reformen vorgenommen, die der Verbesserung der Zusammenarbeit zwischen Handelstag und Behörden sowie der Verbesserung der Öffentlichkeitsarbeit dienen sollten. Zugleich sollte mit ihnen den sich in den Kriegsjahren abzeichnenden Änderungen der wirtschafts- und sozialpolitischen Verhältnisse der Nachkriegszeit schon im Vorgriff entsprochen werden. Dies geht aus der offiziösen Biographie des Deutschen Industrie- und Handelstages hervor, die deren Hauptgeschäftsführer Gerhard Frentzel 1967 mitverfaßte.[17]

In Verbindung mit diesem Reformwerk wurde die Mitgliedschaft zum Handelstag fortan nur noch den Handelskammern gewährt, für die seit 1917 die Bezeichnung *Industrie- und Handelskammer* eingeführt worden war. Der industriellen Dominanz im Handelstag wurde nun auch dort vom Namen her Rechnung getragen: Er wurde 1918 in *Deutscher Industrie- und Handelstag* umbenannt.

4. Von Weimar bis Hitler — Unternehmerverbände als profaschistische Kampftruppen (1918 bis 1933)

Die totale militärische Niederlage des deutschen Imperialismus im Jahre 1918, aber auch der erfolgreiche Verlauf der Großen Sozialistischen Oktoberrevolution in Rußland 1917, deren Beispiel als Impuls auch auf die Deutsche Novemberrevolution 1918 wirkte, führten zu einer schweren Erschütterung des gesamten imperialistischen Systems. Der historische Moment zur sozialistischen Revolution war gekommen. Doch der Niederlage an der militärischen Front sollte bald ein Sieg an der inneren folgen. Im Verlauf der Novemberrevolution gelang es den Unternehmerverbänden unter der Führung von Hugo Stinnes, die rechten Gewerkschaftsführer mit Carl Legien und Gustav Bauer an der Spitze zur Bildung einer gemeinsamen konterrevolutionären Organisation zu bewegen. Am 15. November wurde sie unter der Bezeichnung *Arbeitsgemeinschaft der industriellen und gewerblichen Arbeitgeber und Arbeitnehmer Deutschlands* aus der Taufe gehoben. Die Monopolkapitalisten hatten richtig erkannt, daß dieses Zusammengehen mit den rechten Führern von SPD und Allgemeiner Deutscher Gewerkschaftsbund die einzige Chance war, den Kapitalismus am Leben zu erhalten. Die wenigen Gegenleistungen, die sie dafür erbringen mußten, waren die Anerkennung der Gewerkschaften als Vertretung der Arbeitnehmer und die Einführung des Achtstundentages. Über die Zusammenarbeit zwischen dem Monopolisten Hugo Stinnes und dem Gewerkschafter Carl Legien schrieb ein damals maßgeblicher Verbandsrepräsentant: »Es war ein glückliches Zwiegespann zwischen diesen beiden Männern . . . Es bildete sofort ein unbedingtes Vertrauensverhältnis«.[18]

In einer 1932 verfaßten Analyse zur Arbeitsgemeinschaftspolitik von 1918, die in den 'Deutschen Führerbriefen', einer höchst vertraulichen Korrespondenz der Industrieverbände, erschien, wurde der Zweck der Koalition von Industrie- und Arbeitnehmerverbänden offen und ohne ideologische Winkelzüge beschrieben: »Das Problem der Konsolidierung des bürgerlichen Regimes im Nachkriegsdeutschland ist allgemein durch die Tatsache bestimmt, daß das führende, nämlich über die Wirtschaft verfügende Bürgertum zu schmal geworden ist, um eine Herrschaft alleine zu tragen. Es bedarf für diese Herrschaft, falls es sich nicht der höchst gefährlichen Waffe der rein militärischen Gewaltausübung anvertrauen will, der Bindung von Schichten an sich, die sozial nicht zu ihm gehören, die ihm aber den unentbehrlichen Dienst leisten, seine Herrschaft im Volk zu verankern und dadurch deren eigentlicher oder letzter Träger zu sein. Dieser letzte oder 'Grenzträger' der bürgerlichen Herrschaft war in der ersten Periode der Nachkriegskonsolidierung die Sozialdemokratie«. Und weiter: » ... da die sozialdemokratische Ummünzung der Revolution in Sozialpolitik zusammenfiel mit der Verlagerung des Kampfes aus den Betrieben und von der Straße in das Parlament, die Ministerien und Kanzleien, d. h. mit der Verwaltung des Kampfes 'von unten' in die Sicherung 'von oben', waren fortan Sozialdemokratie und Gewerkschaftsbürokratie, mithin der gesamte von ihnen geführte Teil der Arbeiterschaft mit Haut und Haaren an den bürgerlichen Staat und ihre Machtbeteiligung an ihm gekettet«.[19] Hier wird mit wirklich bemerkenswerter Offenheit aus einer der monopolistischen Kommandozentralen die der SPD und dem ADGB zugedachte konterrevolutionäre Nachkriegsrolle beschrieben. Den Unternehmerverbänden war damit ein schweres Stück Arbeit, an der sie bei einer einheitlichen Arbeiterklasse gescheitert wären, abgenommen. Sie konnten sich voll und ganz auf die von Scheidemann und Noske unter der Losung 'Aufrechterhaltung der inneren Ruhe und Ordnung' betriebene Politik der Liquidierung antiimperialistisch-demokratischer Bestrebungen verlassen.

Reichsverband der Deutschen Industrie
In Anbetracht der sich dennoch immer mehr verbreitenden revolutionären Mentalität sowie der politisch instabilen Lage erschien es den Kapitalisten ratsam, vorerst noch eine elastische, abwartende und punktuell kompromißbereite Politik zu betreiben, um ein plötzliches Entzünden des revolutionären Funkens zu verhindern. Gleichzeitig gingen sie daran, den schon durch den Deutschen Industrierat

eingeleiteten Prozeß der organisatorischen Verschmelzung der beiden großen wirtschaftspolitischen Spitzenverbände voranzutreiben. Frühere Meinungsverschiedenheiten traten hinter das gemeinsame Klasseninteresse am Erhalt der kapitalistischen Wirtschafts- und Gesellschaftsordnung zurück. Nunmehr ging es darum, das zu verwirklichen, was der Generalsekretär des Centralverbandes, Schweighoffer, als Zweck der Zusammenarbeit in einer öffentlichen Stellungnahme des Jahres 1918 formuliert hatte: »... daß der Deutsche Industrierat als freie und selbständige Gesamtvertretung der deutschen Industrie nach Beendigung des Krieges berufen sein werde, in unserem politischen und wirtschaftlichen Leben die Macht ... der deutschen Industrie mehr als bisher zur Geltung zu bringen«.[20] Die dazu notwendige organisatorische Einheit wurde am 12. April 1919 in Berlin durch die Vereinigung des Centralverbandes der Deutschen Industrie mit dem Bund der Industriellen erreicht. Die ehemals konkurrierenden wirtschaftspolitischen Spitzenverbände firmierten von nun ab als *Reichsverband der Deutschen Industrie* (RDI) gemeinsam. Zum Präsidenten wurde der damals gleichzeitig als Vorsitzender der VDA amtierende Krupp-Direktor, Kurt Sorge, gewählt. Im dreizehnköpfigen Präsidium fanden sich bedeutende Vertreter der deutschen Großindustrie, so beispielsweise Hugo Stinnes, Dr. Bosch, K. F. von Siemens, Carl Duisberg (IG-Farben) und Alfred Hugenberg, bis 1916 Krupp-Direktor und danach meinungsmachender Großverleger. Einige dieser Herren saßen gleichzeitig in den Präsidien des DIHT und der VDA, so daß ihr Einfluß auch im sozial- und kammerpolitischen Bereich absolut gesichert war. Diese Personalunion ermöglichte ein einheitliches Vorgehen der nun bestehenden drei Säulen des unternehmerischen Verbandswesens.

Um zu einer größeren Geschlossenheit — als Voraussetzung zur politischen Restauration — auch mit den nichtindustriellen Wirtschaftszweigen zu gelangen, wurde 1920 der *Zentralausschuß der Unternehmerverbände* gebildet. Ihm gehörten außer RDI, DIHT und VDA die Spitzenverbände des außerindustriellen Sektors an. Dazu gehörten unter anderem der Reichsverband des Deutschen Handwerks, der Hansa-Bund, der Zentralverband des Deutschen Großhandels, die Vereinigung der Arbeitgeberverbände des deutschen Großhandels, die Zentralverbände des Bankgewerbes, die Hauptgemeinschaft des deutschen Einzelhandels, der Arbeitgeberverband deutscher Versicherungsunternehmen sowie die Zentralstelle für das deutsche Transport- und Verkehrsgewerbe.

Der Zweck dieses Zentralausschusses bestand darin, die gemeinsamen wirtschaftlichen und sozialen Interessen der deutschen Unternehmer zu koordinieren und ein einheitliches Handeln in allen Grundsatzfragen herbeizuführen. Ein Anlaß zur Bildung dieser Institution war auch die Erkenntnis der gegenseitigen Abhängigkeit der Wirtschafts- und Sozialpolitik. Vor allem aber war sie ein Ausdruck der gewachsenen Macht der Monopole, die den Zentralausschuß nutzten, um sich auch organisatorisch die notwendige Plattform für ihren bestimmenden Einfluß auf nichtmonopolistische Wirtschaftszweige zu sichern. Das wurde schon daran deutlich, daß die Geschäftsführung des Zentralausschusses in die Hände der VDA gelegt wurde.

Diese durch den Zentralausschuß nun möglich gewordene Koordination sollte den durch den Krieg bedingten Zustand des »regellosen Durcheinanders von Vertragsabschlüssen« beseitigen, der Ursache dafür war, »daß manche unberufenen Verbände, wirtschaftliche Vereine, Handelskammern usw. Tarifverträge abschlossen, daß einzelne Verbände mangels Fühlung mit ihren Mitgliedern und mangels genügender Kenntnis der Abschlüsse anderer Verbände in der Bewilligung der Arbeiterforderungen über das notwendige Maß hinausgingen«.[21]

Das mag mit ein Grund dafür gewesen sein, daß insbesondere im Bereich der VDA eine strengere Zentralisation angestrebt wurde. Die Einführung der Tarifhoheit hatte nämlich auf Unternehmerseite die Gründung weiterer tariffähiger Arbeitgeberverbände notwendig gemacht. Wie die nachstehende Tabelle über den Mitgliederumfang in der VDA zeigt, wuchs die Zahl der dort zusammengeschlossenen Arbeitgeberverbände von 575 im Jahre 1919 auf 1591 im Jahre 1920. Das Verbandssystem der VDA drohte angesichts dieser Entwicklung langsam unübersichtlich zu werden. Aus diesem Grunde wurden die den Unterverbänden vorgeordneten Hauptverbände fusioniert und zentralisiert, was sich in der zahlenmäßigen Stagnation der Entwicklung der Hauptverbände abzeichnet (s. Tabelle). Gleichzeitig wurde dadurch Ordnung in das drohende 'Verbandschaos' gebracht, daß die der VDA angehörenden Verbände sowohl nach dem Prinzip der fachlichen Gliederung als auch nach regionalen und gemischtgewerblichen Gesichtspunkten organisiert wurden. Damit sollte unter anderem ein gemeinsames Vorgehen in der bezirklichen Lohnpolitik und eine gemeinsame Vertretung der sozialpolitischen Interessen der Unternehmer gegenüber den regionalen Behörden erreicht werden.

Mitgliederumfang und -zuwachs der Vereinigung der Deutschen Arbeitgeberverbände [22]

Jahr	Hauptverbände	Unterverbände
1913	69	—
1914	76	—
1915	73	—
1916	74	289
1917	76	289
1918	76	298
1919	130	575
1920	200	1 591
1921	215	1 750
1922	215	1 720
1923	176	1 286
1924	190	1 268
1925	187	2 150
1926	181	2 271
1929	180	2 829

Einfluß auf Parteien und Staat

Der politische Einfluß der Unternehmerverbände in den Jahren der Weimarer Republik war ebenfalls gesichert: Ihre Vertreter saßen in maßgeblichen Positionen in Parteien, Staatsorganen und der Ministerialbürokratie. Die Führer der Schwerindustrie, allen voran Kurt Sorge (Krupp), Hugo Stinnes, Carl Duisberg (IG Farben), Wilhelm Cuno (Hapag) und Gustav Stresemann, hatten die Deutsche Volkspartei (DVP) unter ihre Kontrolle gebracht. In der zutiefst reaktionären Deutschnationalen Volkspartei (DNVP) koalierten Ernst von Borsig, Ernst Kirdorf, Fritz Thyssen und Alfred Hugenberg, ab 1928 Vorsitzender der DNVP, mit Offizierskorps und Landadel. Vertreter der Fertigwaren- und Elektroindustrie, z. B. Walther Rathenau (AEG), arbeiteten zusammen mit Teilen des Bankkapitals wie Hjalmar Schacht (Dresdner Bank) in der Deutschen Demokratischen Partei (DDP). Die katholischen Kleinunternehmer sammelten sich im Zentrum.

Um den Einfluß dieser Herren zu verdeutlichen, seien hier nur einige Beispiele genannt. Der ehemalige Verbandsgeschäftsführer und spätere DVP-Vorsitzende, Gustav Stresemann, war zunächst als Reichskanzler und dann bis 1929 als Außenminister tätig. Sein Parteifreund Johannes Becker, Vorstandsmitglied der Rheinischen Stahlwerke, wurde Wirtschaftsminister der durch den Hapag-Generaldirektor Cuno geführten Regierung. Auch der DDP-Politiker Rathenau wurde ebenso wie das geschäftsführende DIHT-Präsidialmitglied Eduard Hamm mit ministeriellen Ehren versehen. Hjalmar Schacht wirkte als Reichsbankpräsident usw.

Auch auf der Ebene der *Ministerialbürokratie* wurden die Beziehungen zwischen Unternehmerverbänden und Staatsvertretern perfektioniert. Wie Carl Böhret in seinem Aufsatz über Einflußwege der Verbände in der Weimarer Republik schreibt, bestanden alte Beziehungen der Verbandsvertreter zur Bürokratie, die aus deren früheren Tätigkeit im Staatsdienst herrührten, fort.[23] Außerdem hatten viele Ministerialbeamte aufgrund ihrer ehemaligen Tätigkeit in der Wirtschaft ein offenes Ohr für die Wünsche ihrer früheren Kollegen. Wegen der Kurzlebigkeit der meisten Koalitionsregierungen zwischen den Jahren 1918 bis 1933 bemühten sich die Unternehmerverbände um einen Ausbau ihrer Beziehungen zur Ministerialbürokratie, da diese aufgrund des Berufsbeamtentums von den Regierungswechseln zumeist unberührt blieb. So wurden viele Verbandsreferenten leitende Ministerialbeamte, wie umgekehrt Staatsbeamte als Verbandsmitarbeiter aktiv wurden.

Die bisher ungeschriebenen Rechte der Unternehmerverbände gegenüber Staat und Regierung wurden von nun an durch die *Gemeinsame Geschäftsordnung der Reichsministerien* rechtlich verankert. Nach den Paragraphen 27 und 29 dieser Geschäftsordnung wurde ihnen ausdrücklich das Recht zuerkannt, schon im Stadium der Gesetzesvorbereitung selbst auf solche Entwürfe Einfluß zu nehmen, die gegenüber dem Parlament zu diesem Zeitpunkt noch als geheim behandelt wurden.

Ergänzt wurde die Beziehung von Verbänden und Staat durch eine Vielzahl von Ausschüssen, Gremien und Arbeitsgemeinschaften, die gemeinsam getragen wurden. Als wichtigstes Organ wirkte der *Reichswirtschaftsrat*, in dem sich Deutschlands Monopolherren mit rechten Gewerkschaftsführern und Regierungsvertretern schon damals zu konzertierten Aktionen trafen. Insgesamt hatten die Monopolisten soviel politisches Gewicht, daß Gustav Stresemann, der es eigentlich genau wissen mußte, einmal meinte, daß die Großindustriellen neben den Oberbürgermeistern der westfälischen Großstädte (z. B. Konrad Adenauer, A.d.V.) die eigentlichen Könige Deutschlands seien.[24]

Frontalangriff gegen die Republik
Aber Deutschlands Industriekönige saßen vorerst noch auf wackligen Thronen. In den Jahren von 1918 bis 1924, mit den revolutionären Höhepunkten 1918, der Abwehr des Kapp-Putsches 1920, und 1923, konnten sie noch keinen Angriff auf die politischen und sozialen Errungenschaften der Nachkriegsära wagen. Erst im Laufe des Jahres 1924 gelang es ihnen dank der materiellen Hilfe des US-Imperialismus und der ideologischen Unterstützung sozialdemokratischer Theorien, wie der des 'Organisierten Kapitalismus' und der 'Wirtschaftsdemokratie', der revolutionären Epoche Deutschlands ein Ende zu bereiten. Der Zeitpunkt war günstig, da die Gewerkschaften infolge der vorausgegangenen Wirtschaftskrise vier von ehemals acht Millionen Mitgliedern und damit an Kampfkraft verloren hatten.

Im gleichen Jahr hatten sich die Vertreter des ADGB wegen der stärker gewordenen Kritik an der Zusammenarbeit mit den Unternehmern in der Arbeitsgemeinschaft der industriellen und gewerblichen Arbeitgeber und Arbeitnehmer aus diesem Organ zurückziehen müssen. Für die Wirtschaft hatte es ohnehin seinen Zweck erfüllt: Die Revolution war bei gleichzeitiger Rekonstruktion der alten Macht- und Besitzverhältnisse verhindert worden.

Von nun an fühlten sich die Monopole und deren Verbände sicher genug, den offensiven Angriff gegen die bürgerlich-demokratische Republik und die Organisationen der Arbeiterklasse zu wagen. Den Arbeitgeberverbänden unter der Führung der VDA fiel dabei die Aufgabe zu, den Kampf an der sozialpolitischen Front gegen SPD, KPD und Gewerkschaften zu führen. Alle Veröffentlichungen, Eingaben, Stellungnahmen und Gutachten hatten von diesem Zeitpunkt an immer wieder die gleichen Forderungen zum Inhalt: Lohnkürzungen, Verlängerung der Arbeitszeit, Abbau der Sozialleistungen, Einschränkung gewerkschaftlicher Rechte usw.

Auf wirtschaftspolitischem Gebiet fand dieser Profitmaximierungskampf seine Ergänzung in entsprechenden Aktivitäten der Wirtschaftsverbände unter der Führung des RDI. Diese Organisation bemühte sich um günstige Steuersätze, Zins- und Krediterleichterungen, Industriesubventionen, handelspolitische Vorzugsrechte und alles, was geeignet war, die Profite der Unternehmer zu erhöhen. Insbesondere ging es ihr darum, eine Abwälzung der im Versailler Vertrag geforderten Reparationskosten auf die Masse der Werktätigen zu erreichen.

Ein personelles Zeichen des Wandels im politischen Klima um 1924 war die Wahl des späteren Vorstandsvorsitzenden der IG-Farben, Carl Duisberg, zum Präsidenten des RDI. Der von diesem Ultrareaktionär repräsentierte und geforderte Kurs hatte sich bis etwa 1929 durchgesetzt. Auf der im September dieses Jahres stattgefundenen Mitgliederversammlung des RDI wurde mit deutlichen Worten die uneingeschränkte Diktatur der Monopole gefordert. So zitierte der Versammlungsredner August Weber, der als Referent zum Thema 'Unternehmertum und Kapitalismus' gesprochen hatte, aus einem Artikel des 'Deutschen Volkswirt', einem dem RDI nahestehenden Organ, folgenden Satz: »*Es geht ein tiefes Sehnen durch Deutschland nach Führerwillen und rettenden Ideen*«. Dieser und auch der folgende Schlußsatz wurde laut Protokoll mit »lebhaftem, lang anhaltendem Beifall« aufgenommen: »Kehren wir ab von dem Glauben, daß Staatshilfe, Demokratie oder Sozialismus uns in der Wirtschaft helfen können, und besinnen wir uns auf unsere eigene Kraft«.[25]

Diese Worte fanden ihren Niederschlag u. a. in der berühmten Denkschrift des RDI, die unter dem Titel 'Aufstieg oder Niederfall' im

Dezember 1929 die neue Richtung signalisierte. In ihr wurden alle Kapitalismus-immanenten Widersprüche wie Arbeitslosigkeit, Firmenzusammenbrüche, Überproduktionskrisen usw. als Folge zu hoher Löhne, zu hoher Sozialleistungen der Unternehmen und zu hoher Kapitalsteuern hingestellt. Die folgenden Maßnahmen wurden zur Verbesserung der deutschen Wirtschaftslage des Jahres 1929 empfohlen: Erleichterung der Eigenkapitalbildung der Betriebe, Einschränkung der wirtschaftlichen Betätigung öffentlicher Körperschaften, Abbau der Sozialversicherungsleistungen, Senkung aller Unternehmenssteuern u.ä.m. Um die dadurch entstehenden Löcher in der Staatskasse zu stopfen, wurde eine kräftige Erhöhung der Arbeitnehmer- und Verbrauchersteuern gefordert.[26]

Im Zusammenhang mit dieser Denkschrift fand im gleichen Monat eine außerordentliche RDI-Mitgliederversammlung statt, auf der der neue Kurs legitimiert werden sollte. Hier sollten auch die scharfmacherischen Töne der Zukunft für salonfähig erklärt werden. So konnte beispielsweise der Delegierte des Verbandes Sächsischer Industrieller, Wittke, unwidersprochen erklären, daß die bürgerlich-demokratische Republik in Deutschland der Erfüllung industrieller Forderungen im Wege steht. »Um das durchzuführen«, so sagte er, »was heute von den Herren Referenten verlangt worden ist, bedarf es einer festen und beständigen Regierung, die durchzugreifen ernsthaft gewillt ist ... Ich stehe durchaus nicht isoliert da, wenn ich sage: *Ein Ermächtigungsgesetz kann vielleicht noch die einzige Hilfe sein, die aus diesem Elend herausführt*«.[27]

Den Worten folgten Taten. Dem Industriellen Ernst von Borsig, dem Vorsitzenden des Dachverbandes der Arbeitgeber, der schon seit 1922 die faschistische NSDAP finanziell unterstützte, schlossen sich nun Kirdorf und Thyssen an. Kirdorf besorgte Gelder aus dem Fonds des Bergbaulichen Vereins und der Gruppe Eisen-Nord-West.

Sowohl an der wirtschaftlichen als auch an der sozialen und politischen Front wurde die Offensive der Monopolverbände gegen Arbeiterklasse und Staat verstärkt. Die Kampfbedingungen der Unternehmer waren denkbar günstig. Ihre ökonomische Kraft war infolge des 50prozentigen Zuwachses der Industrieproduktion in den Jahren von 1924 bis 1928 enorm angewachsen. Stresemanns Politik der Annäherung an die imperialistischen Westmächte hatte den deutschen

Imperialismus wieder hoffähig gemacht. Der Rücken für die nach Osten gehenden Expansionspläne des deutschen Imperialismus war damit frei. Der Vorsitzende des vom RDI angeführten *Rußlandausschusses der deutschen Wirtschaft*, Kraemer, konnte erklären, daß der Osten zur Domäne deutscher Wirtschaftsausbreitung werden sollte.[28]

Im Jahre 1930 wurde die seit zwei Jahren bestehende große Regierungskoalition, die unter Einschluß der Sozialdemokraten gebildet worden war, gestürzt. Damit war die letzte Regierung der Weimarer Republik, die im Sinne des bürgerlichen Parlamentarismus gewirkt hatte, beseitigt. Der neuernannte Reichskanzler Brüning erfüllte vom ersten Tage seiner Amtszeit an die Erwartungen der Industrieverbände. Mit seiner Notverordnungspolitik setzte er Lohnsenkungen, Kürzungen der Sozialleistungen, steuerliche Vergünstigungen und Subventionen für die Industrie durch. Carl Duisberg und mit ihm sein gesamtes RDI-Präsidium hatten des öfteren Gelegenheit, die Übereinstimmung des RDI mit den Grundzügen der Brüning-Politik zum Ausdruck zu bringen. Auf der Präsidialsitzung am 27. November 1930, auf der mit Brüning erstmals ein Regierungschef anwesend war, meinte das geschäftsführende Präsidialmitglied Geheimrat Kastl, daß das Brüningsche Regierungsprogramm als »erster Anfang einer Umkehr nach einer Zeit von zehn Jahren falscher Wirtschafts- und Finanzpolitik« zu begrüßen sei. »Aber wir denken gar nicht daran, das schon als Endprogramm der neuen Entwicklung anzusehen«,[29] meinte er einschränkend.

Unter dem Eindruck der großen Wirtschaftskrise der Jahre nach 1929, die von einem enormen Aufschwung der von Ernst Thälmann geführten Kommunistischen Partei Deutschlands begleitet wurde, hielten es die Monopolherren mehr und mehr für ratsam, dem Beispiel Thyssens zu folgen und auf die Karte Hitlers zu setzen. Im Sommer 1931 begann eine breitere, umfassendere und direktere Zusammenarbeit zwischen der NSDAP und den Wirtschaftsverbänden. Hitlers Beziehungen zu H. Schacht eröffneten ihm den Zugang zu den Großbanken. Treffen mit den maßgeblichen Wirtschaftsführern Deutschlands wurden von nun an zum Regelfall.

Angesichts der zunehmenden Orientierung auf die NSDAP trat die Regierung Brüning im Oktober 1931 zurück, um sich mit einer wesentlich rechteren Mannschaft erneut der deutschen Großindustrie zu empfehlen. Aber trotz dieses Rechtsrucks war die Regierung nicht in der Lage, mit dem 1932 beschlossenen Programm der Harzburger Front, einem Bündnis von Hitler, Hugenberg, dem 'Stahlhelm', dem 'Alldeutschen Verband', der Schwerindustrie, den Großbanken u.a., zu konkurrieren. Als sich Brüning dann unter dem Druck der SPD genötigt sah, die Forderung der Industrie nach ausschließlicher Besetzung des staatlichen Wirtschaftsrates mit Unternehmern abzulehnen, war er politisch erledigt. Im Mai 1932 wurde Brüning durch Papen ersetzt. Er hatte die ihm zugedachte Aufgabe erfüllt, die in der 'Deutschen Allgemeinen Zeitung', einem Organ der Schwerindustrie, schon 1931 folgendermaßen beschrieben wurde: »Brünings politische Tätigkeit kann man nur noch dahin zusammenfassen, daß sie, mit einem Wort Bismarcks, die Vorfrucht der nationalen Diktatur bedeutet, d. h., er gewöhnt das Volk an die Diktatur...«[30]

Im Sommer 1932 hatte die Krise die Talsohle durchschritten, was sich zum Ende des Jahres mit einer leichten Belebung der Wirtschaft bemerkbar machte. Die Wahlergebnisse des Jahres 1932 deuteten darauf hin, daß die Zeit des Aufschwungs der faschistischen NSDAP vorbei war. Die KPD konnte enormen Stimmenzuwachs verbuchen. Angesichts dieser Entwicklung sah die Monopolbourgeoisie ihre Pläne der Demontage demokratischer Rechte und der Vorbereitung neuer Aggressionsakte gefährdet. Die ideelle und materielle Unterstützung für die Hitlerpartei wurde darum verstärkt, zumal die Papen-Regierung über keinerlei Massenbasis verfügte. Von Thyssen kamen drei und von Gerling sogar zehn Millionen Mark. Das Kirdorfsche Rheinisch-Westfälische Kohlensyndikat finanzierte die Nazis mit fünf Pfennig pro verkaufter Tonne Kohle.

Nachdem sich Hitler mit seinem von Thyssen arrangierten Vortrag im Düsseldorfer Industrieklub der deutschen Schwerindustrie empfohlen und sich seines antikapitalistischen Feigenblattes, G. Strasser, entledigt hatte, erfüllte er alle Voraussetzungen, um als politischer Repräsentant der aggressivsten Gruppe des deutschen Imperialismus aufzutreten. Reichspräsident Hindenburg entsprach den Empfehlungen der Industrie und ernannte Adolf Hitler im Januar 1933 zum Reichskanzler. Die Unternehmerverbände hatten ihr Kampfziel erreicht.

5. Die Reichsgruppen der Wirtschaft als organischer Bestandteil des faschistischen Staates (1933 bis 1945)

Nach der Darstellung der verbandsoffiziösen Literatur wurden die Unternehmerorganisationen nach 1933 angeblich 'gleichgeschaltet'. Man gewinnt fast den Eindruck, als hätten sie sich mit ihrer Unterstützung für die NSDAP ihr eigenes Grab geschaufelt. Doch die Grube, die sie da ausgehoben hatten, war für ihren langjährigen Feind, die organisierte deutsche Arbeiterklasse, bestimmt.

Bei der sogenannten 'Gleichschaltung' der Verbände handelte es sich um eine Reorganisation des unternehmerischen Verbandswesens, mit der den veränderten, von den Monopolen herbeigeführten politischen Verhältnissen entsprochen werden sollte. Am Ende dieses Umgestaltungsprozesses stand eine noch engere Verschmelzung der Macht der Monopole mit der des Staates. Hierfür war u.a. die Weltwirtschaftskrise ursächlich, die zusätzliche staatsmonopolistische Eingriffe notwendig gemacht hatte. Wie schon in den Jahren des ersten Weltkrieges bot sich das hochentwickelte Organisationswesen des Monopolkapitals für die dazu notwendigen planerischen und administrativen Maßnahmen an. Die Verbände unterstützten und förderten alle Maßnahmen, die ihnen wirtschaftsfreundlich erschienen, während sie gleichzeitig alle ungewollten Eingriffe staatlicher Stellen abwehrten. Noch etwas anderes spiegelte sich in dieser Reorganisation des Verbandswesens wider: die Revanchepläne des deutschen Monopolkapitals, das diesmal besser vorbereitet als 1914 den Versuch einer Neuaufteilung der Welt wagen wollte.

Reichsstand der Deutschen Industrie

Der erste Schritt, der zum Zwecke der Reorganisation gemacht wurde, war die im Juni 1933 vollzogene Fusion von RDI und VDA zum *Reichsstand der Deutschen Industrie*. Damit war ein lang gehegter Wunsch des (seit 1931) RDI-Vorsitzenden Gustav Krupp von Bohlen und Halbach in Erfüllung gegangen. In dem ersten von ihm verfaßten Geschäftsbericht liest sich dies folgendermaßen: »Am 1. April des Jahres (gemeint ist 1933, A.d.V.) zog die nationale Revolution auch die Spitzenorganisationen der Industrie in ihren . . . neugestalteten

Kreislauf ein ... *Anknüpfend an Wünsche und Pläne, die ich schon bei der Übernahme des Amtes des Vorsitzenden des RDI hegte und auch ausgesprochen abe,* habe ich am 3. Mai die Richtlinien für die Umgestaltung und Vereinfachung des industriellen Verbandswesens bekanntgegeben«.[31] Als Ziel dieser Neuordnung nannte Krupp, das wirtschaftlich Gegebene mit dem politisch Notwendigen abzustimmen, die Organisation in volle Übereinstimmung mit den politischen Zielen der neuen Regierung zu bringen sowie die Übernahme des Führerprinzips auf die Verbandsorganisationen.

Zur Neuordnung des Verbandswesens gehörte auch die von den Unternehmern selbst vorgenommene Auflösung der Arbeitgeberverbände und ihrer Dachorganisation. In Anbetracht der Zerschlagung der Organisationen der deutschen Arbeiterklasse bestand für diesen Verbandstyp keinerlei Notwendigkeit mehr. Mit der Gründung der Deutschen Arbeitsfront war der Traum der Unternehmer von einer gewaltigen gelben Gewerkschaft in Erfüllung gegangen.

Damit auch die Zustimmung von Landwirtschaft, Handel und Handwerk nicht ausblieb, vollzog sich die »Verbandsreform« unter der irreführenden Parole vom »ständischen Neuaufbau des deutschen Wirtschaftslebens«. Damit sollte den korporativen Vorstellungen des Mittelstandes entsprochen werden, der zum größten Teil dem Wunschbild einer berufsständischen Gesellschaftsordnung unter Führung der Nazipartei nachhing. In der Praxis aber stellte sich die Großindustrie gegen jede Art einer berufsständischen Ordnung, die ihnen gewisse Rücksichtnahmen gegenüber nichtmonopolistischen Branchengenossen abverlangt hätte. So befahl der Reichsstand der Industrie im Juli 1933 die Einstellung aller Arbeiten an einem korporativen Aufbau und gab seinerseits verbindliche Richtlinien für eine 'Vereinfachung des Verbandswesens' durch 'Zusammenlegen von Fachverbänden' sowie der 'restlosen Erfassung aller gleichartigen Betriebe' heraus. Gleichzeitg wurde die Einführung des *Führerprinzips* in das Verbandswesen angeordnet, dessen Zweck in einem Rundschreiben so beschrieben wurde: »Was bedeutet Führerprinzip im Verbandswesen? — Autorität nach unten, Verantwortung nach oben. Die Autorität kommt in einer verstärkten Selbständigkeit des Verbandsvorsitzenden zum Ausdruck, der seine Entscheidung trifft, ohne durch Mehrheitsbeschlüsse ... behindert zu sein«.[32] Innerhalb weniger

Monate hatte der Reichsstand der Industrie soviel Macht gewonnen, daß er die Rationalisierung des Verbandswesens beschleunigen konnte, indem er bestimmte Verbände als die offizielle Vertretung ihrer Industriezweige anerkannte, während er anderen die Anerkennung versagte. Kleinere Verbände wurden so in größere Verbandseinheiten hineinfusioniert. Der Historiker Werner Sörgel schlußfolgert in seinem Aufsatz über die Neuordnung des industriellen Organisationswesens 1933/35, daß die Autorität des Reichsstandes ausreichte, die Unternehmungen zu veranlassen, möglichst rasch den 'richtigen' Anschluß zu finden.[33]

Die Reichsgruppen der Deutschen Wirtschaft

Im Februar 1934 wurde das *Gesetz zur Vorbereitung des organischen Aufbaus der deutschen Wirtschaft* erlassen. Damit wurde die Neuordnung des Verbandswesens vom Staat her rechtlich fixiert. Die bis dahin bestehenden Unternehmerverbände wurden auf der Grundlage dieses Gesetzes in sechs sogenannte Reichsgruppen umgewandelt, die zur alleinigen Vertretung der verschiedenen Wirtschaftszweige befugt waren. Diese Reichsgruppen wurden für folgende Sektoren gebildet: Industrie, Handwerk, Handel, Banken, Versicherungen und Energiewirtschaft. Innerhalb dieser Gruppen wurden Fach- und Regionalgruppen eingerichtet, etwa nach dem Beispiel: Reichsgruppe Industrie — Wirtschaftsgruppe Bergbau — Fachgruppe Steinkohlenbergbau — Bezirksgruppe Ruhr.

Obwohl das Gesetz vorschrieb, daß neben den vom Reichswirtschaftsminister anerkannten fachlichen Organisationen keine freien wirtschaftspolitischen Verbände mehr bestehen dürften, blieb der Reichsstand der Deutschen Industrie davon unberührt. Reichsstandspräsident Krupp wurde zugleich Führer der Hauptgruppe 1 (Bergbau, Eisen- und Metallgewinnung) der Reichsgruppe Industrie. Aufgrund der Interessenidentität verschmolzen beide Organisationen später.

Vor Wirtschaftsvertretern erläuterte der amtierende Reichswirtschaftsminister Schmitt den Sinn des neuen Gesetzes. Danach sei es nicht die Absicht, die »Organisationen der Wirtschaft zu einem Apparat des Wirtschaftsministeriums« zu machen; vielmehr gehe es darum, »den auf breiter Basis in den Fachgruppen wurzelnden Bau der deutschen Wirtschaftsorganisationen *organisch* mit den entsprechenden Abteilungen des Ministeriums in Verbindung zu bringen«. In seiner Antwort begrüßte Krupp insbesondere die »Vereinfachung des Organisationswesens«, die durch »Beseitigung von vielem Unnötigen auch die auf der Wirtschaft schwer lastenden Unkosten . . . ermäßigen«.[34]

Mit dem neuen Gesetz wurde nunmehr auch das *Führerprinzip* für die Verbandsarbeit kodifiziert. Die Praxis gestaltete sich so, daß der Reichswirtschaftsminister die Führer der Reichsgruppen berief. Auf Vorschlag der Reichsgruppenführer ernannte er auch die Wirtschaftsgruppenführer. Diese hatten ein Vorschlagsrecht für die Fachgruppenführer, die vom Führer der Wirtschaftsgruppen eingesetzt wurden. Das Instrument der Vorstandswahlen war damit abgeschafft. Dazu meinte Reichswirtschaftsminister Schmitt, es sei nötig, auch in den Verbänden den mit dem neuen Staat in den Vordergrund geschobenen Führergedanken zu verwirklichen. Die Führer der Verbände sollten aber nicht nur »das Reich Adolf Hitlers bejahen«, sondern auch »lebendig mit der Wirtschaft verbunden . . ., d. h. selbst Führer eines Unternehmens sein«.[35]

Das Gesetz zur Vorbereitung des organischen Aufbaus der deutschen Wirtschaft entsprach zugleich den Bedürfnissen der zunehmenden *Militarisierung* der nationalsozialistischen Gesellschaft. Der Forderung der faschistischen Wehrmacht nach Zwangsmitgliedschaft aller Unternehmen in den entsprechenden Reichsgruppen war stattgegeben worden. Mit dieser Pflichtorganisierung sollte das Zusammenspiel zwischen militärischer und wirtschaftlich-organisatorischer Planung sichergestellt werden. Generalmajor Georg Thomas, Chef des Wehrwirtschaftsamtes, faßte die Leistungen und Erfolge dieser Zusammenarbeit später folgendermaßen zusammen: »Die Geschichte wird wenige Beispiele dafür kennen, daß ein Staat bereits im Frieden seine wirtschaftlichen Kräfte so überlegt und planmäßig auf Kriegserfordernisse ausgerichtet hat, wie das bei Deutschland zwischen den beiden Weltkriegen . . . der Fall gewesen war«.[36]

Trotz der formellen Gleichstellung der sechs Reichsgruppen der Wirtschaft spielte die Industriegruppe die bedeutendste und einflußreichste Rolle im Zusammenspiel von Staat und Wirtschaft. Das wird u. a. am Aufgabenkatalog deutlich, der die Reichsgruppe Industrie für folgende Gebiete zuständig erklärte: Behandlung und Beratung der betreffenden Regierungsstellen in allen grundsätzlichen Fragen der wirtschaftlichen Entwicklung; Ausarbeitung von Steuergesetzen, allgemeine Richtlinien für die Kreditbeziehung sowie Vorschläge für die Tarifgestaltung im Verkehrswesen; Festsetzung der Preise und Durchführung der Kalkulationskontrolle in Zusammenarbeit mit dem Reichskommissar für die Preisbildung; Mitarbeit beim Abschluß von Außenhandelsverträgen, bei der Verteilung von Außenhandelskontingenten und den Zusatzausfuhrverfahren; Mitbestimmung bei der Bewirtschaftung von Rohstoffen, Halbfabrikaten, Ausrüstungen u. ä.; Mitarbeit bei der Investitionskontrolle und der Verteilung von Rüstungsaufträgen; Durchführung der Kartellaufsicht im Auftrage des Reichswirtschaftsministeriums sowie Führung der Industriestatistik.

Angesichts dieser Aufgabenfülle kommt Walter Huppert, ein langjähriger Industriemanager und Verbandsgeschäftsführer, zu dem Resümee, daß »den Verbänden durch die staatliche Beauftragung und Ermächtigung, durch die Sicherung und Stärkung ihrer Stellung und durch ihre auch wirtschaftlich einschneidenden Kompetenzen eine Bedeutung« zuwuchs, »welche sie früher nicht besaßen«.[37]

In Hinblick auf den bevorstehenden Angriffskrieg der faschistischen Wehrmacht war eine Menge von Ausschüssen und Gremien geschaffen worden, in denen sich Vertreter von Staat und Wirtschaft zum Zwecke der ökonomischen und politischen Koordination trafen. Dazu gehörten als die wichtigsten der *Generalrat der Deutschen Wirtschaft*, der schon 1933 von Hitler ins Leben gerufen wurde und dem u. a. Krupp, Thyssen, Bosch und Siemens angehörten, sowie der 1938 unter der Regie von Göring geschaffene *Kriegswirtschaftsrat*. Auf etwas tieferer Ebene wurden die Unterabteilungen der Wirtschaftsgruppen mit einer weiteren Art von wirtschaftlichen Organisationen verbunden: den sogenannten *Lenkungsverbänden*, einer Schöpfung des Rüstungsministeriums. Sie hatten zum Zwecke der Kriegsführung immer höhere Produktionsergebnisse zum Ziel. Sie kontrollierten aber nicht nur die kriegswichtigen Industriezweige, sondern auch große Teile des zivilen Industriesektors.

Ebenfalls zum Zwecke der Ausweitung der Kriegsproduktion sowie der Verbesserung der Unterstützung der wehrwirtschaftlichen Dienststellen wurden rund 400 Konzern- und Verbandsdirektoren zu

Wehrwirtschaftsführern ernannt. Damit waren sie zu Trägern staatlicher Machtbefugnisse im außerstaatlichen Bereich gemacht worden. Nicht nur Krupp, Flick und Messerschmidt, sondern auch das Gründungsmitglied des BDI Hermann Reusch, der amtierende BDI-Päsident Hans-Günther Sohl sowie der langjährige BDA-Vorsitzende Hans-Constantin Paulsen wurden u. a. zu Wehrwirtschaftsführern ernannt.

6. Unternehmerverbände als Restaurationsinstrumente (1945 bis 1950)

Mit der Niederschlagung des Faschismus 1945 waren auch die organisatorischen Grundlagen der wirtschaftlichen Reichsvereinigungen zerstört worden. Die Wiederherstellung des alten Organisationsapparates wurde daher zum zentralen Anliegen der um ihr Überleben kämpfenden deutschen Monopolbourgeoisie.

Industrie- und Handelskammern als erste Keimzellen

Das westzonale Unternehmertum konnte sich zunächst auf die während der Nazizeit erhalten gebliebenen Industrie- und Handelskammern bzw. Gauwirtschaftskammern stützen. In einer offiziösen Kammerveröffentlichung erfährt man dazu:»In Nordrhein-Westfalen sammelte sich die Wirtschaft *bereits in den ersten Tagen nach der Besetzung* mit Zustimmung der Militärregierung wieder in allen Kammern«.[38] Diese hatten ihren Charakter weder von den Aufgaben noch von ihrer Zusammensetzung her verloren. Zwar saßen nicht mehr die gleichen Monopolisten, wohl aber die gleichen Monopolgruppen in den Kammerorganen. Im Präsidium der Düsseldorfer Kammer amtierten Vertreter von Mannesmann und der Deutschen Bank; in Essen dominierte Stinnes, die Gutehoffnungshütte und ebenfalls die Deutsche Bank; in Köln die Glanzstoff usw. Die Monopolvertreter waren nicht etwa durch Kammerwahlen bestimmt, sondern von der britischen Militärregierung bestimmt worden.

Während die Industrie- und Handelskammern in der sowjetischen Besatzungszone auf drittelparitätischer Grundlage mit Arbeitnehmern, Unternehmern und Behördenvertretern neugebildet wurden, entwickelten sich die Kammern der Westzone zu wichtigen Zentren der Restauration der alten Besitz- und Machtverhältnisse.[39]

Nachdem sich die Kammern der amerikanischen und britischen Besatzungszone in einer *Arbeitsgemeinschaft der Industrie- und Handelskammern des Vereinigten Wirtschaftsgebietes* zusammengeschlossen hatten, war der Grundstein für die Neukonstituierung des *Deutschen Industrie- und Handelstages* gelegt. Er trat an die Stelle der faschistischen Reichswirtschaftskammer. Im Oktober 1949 kam es in Anwesenheit des damaligen Bundespräsidenten Theodor Heuss und des Bundeswirtschaftsministers Ludwig Erhard zur Neugründung dieses Dachverbandes der Kammern.

Wiedergeburt der Arbeitgeberverbände

Angesichts der bevorstehenden totalen Niederlage des deutschen Faschismus und der danach zu erwartenden Auseinandersetzungen zwischen Kapital und Arbeit hatten erste Unternehmer-Zusammenkünfte, auf denen die Möglichkeit der Neugründung von Arbeitgeberverbänden beraten wurde, bereits im Februar 1945 (!) in Hessen stattgefunden. Schon im Januar 1946 entstand der Arbeitgeberverband für die Eisen- und Metallindustrie des rheinisch-westfälischen Industriebezirks. Dieser Verbandsgründung folgten sehr bald weitere, so daß noch im Jahre 1946 mit dem *Arbeitgeberausschuß Nordrhein-Westfalen* eine erste Form von Arbeitgeber-Spitzenverband entstand.

Die Arbeitgeberverbände konnten sich dank des Wohlwollens der westlichen Besatzungsmächte mit einer so rasanten Geschwindigkeit entwickeln, daß schon 1947 in der britischen Zone eine noch breitere Spitzenvertretung, die Arbeitsgemeinschaft der Arbeitgeber, entstand. Sie wurde schon ein Jahr später durch eine Organisation höheren Grades abgelöst. Das *Zentralsekretariat der Arbeitgeber des Vereinigten Wirtschaftsgebietes* war zum neuen und zugleich interzonalen Sprachrohr der Arbeitgeber geworden. Auch bei der Gründung dieser Organisation standen die westlichen Alliierten Pate. Hierzu ein Zitat, das aus der Feder eines Hofschreibers der Arbeitgeberverbände stammt: »Zur Klärung der Frage, ob die beiden Militärgouverneure der Bizone, die Generale Robertson und Clay . . . ihre Zustimmung zu diesem Zusammenschluß der Arbeitgeber erteilen würden, fand eine

Aussprache statt, bei der Walter Raymond (später BDA-Vorsitzender, A.d.V.) die Arbeitgeber-Delegation führte. In ihr stellte General Clay fest, *daß diese Gründung nicht mit bestehenden Gesetzen übereinstimme.* Er fügte dann hinzu, daß sie 'vernünftig' sei und daß, wenn es nicht gelinge, eine formale Übereinstimmung mit dem Gesetz zu erzielen, eben das *Gesetz geändert werden müsse«.*[40]

Mit dieser Gesetzesänderung waren zugleich die Weichen gestellt für die Gründung der *Bundesvereinigung der Deutschen Arbeitgeberverbände,* die im Jahre 1950 für das Gebiet der Bundesrepublik Deutschland vollzogen wurde. Zugrunde gelegt wurden die Organisationsprinzipien der Vereinigung der Deutschen Arbeitgeberverbände von vor 1933.

Von der Arbeitsgemeinschaft Eisen und Metall zum monopolistischen Hauptverband der Industrie

Auch die Wiedererrichtung der dritten Säule des unternehmerischen Organisationswesens, der Wirtschaftsverbände, wurde von den Westmächten bereits im Herbst 1945 erlaubt und unterstützt. Wie Walther Herrmann, der frühere Leiter der volkswirtschaftlichen Abteilung des BDI, in einer verbandsoffiziösen Geschichtsautobiographie schrieb, vollzog sich der fachliche Neuaufbau schon kurz nach der Kapitulation, da die Besatzungsbehörden wegen der Bewirtschaftungspraxis auf das Mitspielen der Wirtschaftsverbände als Vermittlungsstellen angewiesen waren.[41] So konnten sich im Bereich der westlichen Provinzialregierung schon bis April 1946 24 Wirtschaftsvereinigungen und 26 spezielle Fachverbände gründen. Als Zonenverbände bestanden zu diesem Zeitpunkt bereits sechs Wirtschaftsverbände mit 32 angeschlossenen Fachverbänden.

Auch in der Amerikanischen Zone hatten sich bis April 1946 bereits 30 Wirtschaftsverbände konstituiert, so daß es der damalige bayrische Wirtschaftsminister und spätere Bundeskanzler, Ludwig Erhard, für zweckmäßig hielt, erste Zusammenkünfte mit den Vorsitzenden und Geschäftsführern dieser Organisationen abzuhalten.

Die Monopolbourgeoisie erkannte rechtzeitig, daß verbandliche Konzentration und Zentralisation unbedingte Voraussetzungen zur Verhinderung der von der Bevölkerung geforderten wirtschaftlichen und gesellschaftlichen Neuordnung waren. Unter der Führung von Fritz Berg, dem späteren BDI-Präsidenten, der vor 1945 als Leiter der Wirtschaftsgruppe Eisen-Stahl- und Blechwarenindustrie in der Reichsgruppe Industrie tätig war, kam es vorerst in der Britischen Zone zu industriellen Gesamtvertretungen. So umfaßte der Wirtschaftsverband der chemischen Industrie in der Britischen Zone bis Ende 1946 bereits fünf Bezirksverbände, denen rund 1700 Betriebe angehörten.

Zum 30. August 1946 lud Fritz Berg die Vertreter von 23 industriellen Wirtschaftsverbänden zu einer Konferenz nach Wuppertal ein, auf der Vorbereitungen für eine 'Vereinigung der industriellen Wirtschaftsverbände' im Rahmen eines Dachverbandes getroffen wurden. Als erstes interverbandliches Koordinationsorgan wurde dort die Einrichtung einer ständigen Konferenz der Verbandsgeschäftsführer beschlossen.

Wie in früheren Zeiten machte sich die Schwerindustrie zum verbandspolitischen Schrittmacher. Es gelang ihr, die britische Besatzungsmacht 1948 zur Zustimmung zur Gründung einer *Arbeitsgemeinschaft Eisen und Metall* zu bewegen. Vorsitzender wurde der ehemalige Wehrwirtschaftsführer Hermann Reusch, Wilhelm Beutler wurde Geschäftsführer, um von dort später nahtlos in den BDI überzusiedeln.

Diese Arbeitsgemeinschaft »wurde von ihren Gründern nur als Ansatzpunkt der erstrebten industriepolitischen Spitzenorganisation empfunden. Folglich versuchte sie auch deren Mission zu erfüllen, also Treuhänderin der Gesamtindustrie zu sein«.[42] Zu diesem Zweck wurde schnellstens ein umfangreicher Verbandsapparat geschaffen, dem schon damals folgende Ausschüsse angehörten: Außenhandel, Rechtspolitik, Steuerpolitik, Kredit- und Währungspolitik, Industriestatistik, Messewesen, Betriebswirtschaft, Verkehrspolitik, Versicherungswesen und Rohstofffragen. In diesen Ausschüssen arbeiteten auch die industriellen Wirtschaftsverbände anderer Branchen mit.

In der schon erwähnten offiziösen Selbstdarstellung des BDI erfährt man außerdem, daß Treffs mit den Wirtschaftsverbänden der Amerikanischen Zone nunmehr zum Regelfall wurden. Zugleich lief die Zusammenarbeit mit der Wirtschaftsverwaltung in Frankfurt am Main und mit den anderen Oberbehörden im Vereinigten Wirtschaftsgebiet gut an. »Es wurde zur Regel, daß die Sprecher dieser (oben genannten, A.d.V.) Ausschüsse bei schwebenden Fragen gehört wurden«.[43]

Die Arbeitsgemeinschaft Eisen und Metall sollte jedoch nicht der Schlußpunkt der Reorganisation des industriellen Verbandswesens sein. Dazu nochmals der BDI: »So positiv auch der Zeitabschnitt, der unter dem Stichwort 'Arbeitsgemeinschaft Eisen und Metall' gestanden hat, beurteilt werden darf, so konnte er doch nicht als die endgültige Erfüllung der Absicht angesehen werden, der Industrie wieder zu einer wirtschaftspolitischen Gesamtvertretung zu verhelfen«.[44] Diese alle Industriezweige umfassende Vertretung wurde unter maßgeblicher Führung von Fritz Berg, W. Alexander Menne (IG-Farben) und Friedrich Linsenhoff (VDO) im Oktober 1949 aus der Taufe gehoben. Die Delegierten von 35 industriellen Spitzenverbänden schufen sich mit dem *Ausschuß für Wirtschaftsfragen industrieller Verbände* ihren Dachverband, der 1950 in Anlehnung an den früheren Reichsverband RDI in *Bundesverband der Deutschen Industrie* umbenannt wurde.

Zum Präsidenten wurde Fritz Berg, Chef eines damals 2000 Beschäftigte umfassenden Metallunternehmens, gewählt. Eigentlich sollte der schon erwähnte Hermann Reusch (Gutehoffnungshütte, Hanielkonzern) dieses Amt übernehmen. Wegen des antikapitalistischen Klimas der ersten Nachkriegsjahre bedurfte es aber eines nichtmonopolistischen Aushängeschildes, wozu Fritz Berg am besten geeignet war. Wie gut er seine Aufgabe im Sinne der wiedererstarkten Monopolgruppen erfüllte, dazu zwei Beispiele aus der verbandsoffiziösen Jubelbroschüre:

So berichtet BDI-Professor Walther Herrmann, daß eine Grundlinie der Verbandsarbeit »den Abbau jedweder Diskriminierung, die damals für die deutsche Industrie noch beibehalten wurde«, betraf. »Das galt zunächst in immer wieder wiederholten Petitionen den deutschen Industriellen, die, vielfach *nur, weil sie Träger wirtschaftsgeschichtlich klangvoller Namen waren,* in Internierung oder Haft festgehalten wurden. *Ihre Freilassung zu fordern, wurde vor allem Fritz Berg nicht müde,* bevor nicht der volle Erfolg auf seiner Seite war«.[45]

Nachdem er die meisten der monopolistischen Kriegsverbrecher freigekämpft hatte, reiste er im Juni 1951 mit einer BDI-Delegation in die USA. »Es ging bei dieser Reise darum, das Bild der amerikanischdeutschen Zusammenarbeit, insbesondere das Problem eines deutschen Verteidigungsbeitrages, durch persönliche Verhandlungen in New York und Washington aufzuhellen«.[46] Dazu war er vom CDU-Bundeskanzler Konrad Adenauer ermuntert worden, der den Teilnehmern einer BDI-Kundgebung im gleichen Jahre in München zugerufen hatte: »Sie sind diejenigen, *die führend im kalten Krieg gegen Sowjetrußland stehen müssen. Das ist ihre große Aufgabe,* daß sie das tun, und ich bin überzeugt, daß sie es tun werden. *Die Herstellung einer inneren Front ist genauso wichtig wie die Herstellung der äußeren Front«.*[47]

Wiederbelebungsversuche der Arbeitsgemeinschaftspolitik von 1918
Nach der Zerschlagung des faschistischen Staates befand sich die deutsche Monopolbourgeoisie in einer ähnlich geschwächten Situation wie 1918. Aus diesem Grunde war sie bemüht, eine Wiederbelebung der Arbeitsgemeinschaftspolitik von damals zu erreichen. Im Juli 1947 fanden in Frankfurt am Main erste Verhandlungen zwischen Vertretern der Arbeitgeberverbände und der Gewerkschaften zwecks Gründung eines zentralen *Gemeinschaftsausschusses Wirtschaft und Arbeit* statt. Die verhandelnden Gewerkschaftler Richter, Bock und Bachmann erklärten den bei den Verhandlungen ebenfalls anwesenden Vertretern der Militärregierungen, daß sie von der Wichtigkeit der Zusammenarbeit mit den Unternehmern überzeugt seien.[48] Dem Druck der hessischen Gewerkschaftsorganisationen, die jedwede Zusammenarbeit mit den Arbeitgeberverbänden, auch in lohn- und sozialpolitischen Fragen, ablehnten, war es zu verdanken, daß der geplante Gemeinschaftsausschuß nicht zustande kam. Aus diesem Grunde sah sich auch der soeben gewählte Vorsitzende des Gewerkschaftsbundes der Britischen Zone und spätere DGB-Vorsitzende, Hans Böckler, der schon 1946 Besprechungen mit den Arbeitgeberverbänden über die Möglichkeit einer Zusammenarbeit geführt hatte, genötigt, sich vorsichtig von den Arbeitgebern zu distanzieren. Auf ihn hatten die Unternehmer besonders gehofft, da er schon 1919 als Beauftragter der Gewerkschaften in der Arbeitsgemeinschaft der industriellen und gewerblichen Arbeitgeber und Arbeitnehmer Deutschlands mitgearbeitet hatte. Der Historiker Rolf Badstübner meint, daß, wenn es

allein nach dem Willen der nicht legitimierten Mitarbeiter des Zonensekretariats der Gewerkschaften in Köln unter Führung Hans Böcklers gegangen wäre, die Bestrebungen der Arbeitgeberverbände bereits 1946 zu einer Neuauflage der Arbeitsgemeinschaft von 1918 geführt hätten.[49]

Anders als in den Westzonen vollzog sich die Entwicklung in der Sowjetisch Besetzten Zone. Dort hatte die sowjetische Militäradministration bereits im September 1945 ein generelles Verbot der Neugründung sämtlicher industrieller Reichsvereinigungen, der wirtschaftlichen Reichsgesellschaften und ähnlicher Vereinigungen ausgesprochen. Vor allem war es die KPD und später die SED, die allen Reorganisationsbestrebungen des Monopolkapitals mit klassenkämpferisch konsequenten Positionen entgegentraten.

Angesichts der Entwicklung in den Westzonen hatte die KPD in ihren Richtlinien zur Wirtschaftspolitik vom 7. Januar 1946 nochmals eindringlich die Liquidierung aller Reichs-, Wirtschafts- und Fachgruppen als monopolistische Interessenvertretung der Unternehmer sowie ein Verbot aller wirtschaftspolitischen Verbände und anderer Unternehmervereinigungen gefordert. Doch auch diesmal konnte sich die Monopolbourgeoisie dank der Spalterpolitik der rechten SPD- und Gewerkschaftsführung sowie tatkräftiger Unterstützung durch den US-Imperialismus zumindest in einem Teil Deutschlands durchsetzen. Das monopolistische Verbandswesen trug seinen Teil dazu bei, die wirtschaftliche, soziale und politische Neuordnung zu verhindern. Wieder einmal konnte der deutsche Imperialismus das historische Siegerpodest besteigen.

Anmerkungen:

1) Vgl. Ziebura, Gilbert: Anfänge des deutschen Parlamentarismus, in: Faktoren der politischen Entscheidung, hrsg. von Ritter, Gerh. A., und Ziebura, Gilbert, Westberlin 1963, S. 218—229.

2) Zitiert nach Schäfer, Dieter: Der Deutsche Industrie- und Handelstag als politisches Forum der Weimarer Republik, Eine historische Studie zum Verhältnis von Politik und Wirtschaft, Hamburg 1966, S. 12.

3) Vgl. Fischer, Wolfram: Staatsverwaltung und Interessenverbände im Deutschen Reich 1871—1914, in: Varain, Heinz Josef (Hrsg.): Interessenverbände in Deutschland, Köln 1973, S. 141.
4) Lenin, W. I.: Werke, Band 24, Berlin (DDR) 1972, S. 402.
5) Lenin, W. I.: a.a.O., Band 22, S. 240.
6) Vgl. Schulz, Gerhard: Das Zeitalter der Gesellschaft, München 1969, S. 238.
7) Lenin, W. I.: a.a.O.,Band 24, S. 108.
8) Vgl. Fischer, Wolfram: a.a.O., S. 157.
9) Vgl. Schulz, Gerhard: a.a.O., S. 237.
10) Vgl. Engelmann, Erika: Zweck und Aufgaben der Wirtschaftsverbände in der BRD, Stuttgart 1966 (Diss.), S. 26f (Die Verfasserin war von 1945—1951 bei einem Unternehmerverband angestellt).
11) Frentzel, Gerhard, und Jäkel, Ernst: Die deutschen Industrie- und Handelskammern und der Deutsche Industrie- und Handelstag, Frankfurt und Bonn 1967, S. 67.
12) Zitiert nach Kuczynski, Jürgen: Studien zur Geschichte des deutschen Imperialismus, Band 1, Monopole und Unternehmerverbände, Berlin (DDR) 1952, S. 246.
13) Vgl. Engelmann, Erika: a.a.O., S. 27.
14) Vgl. Krüger, H. E.: Historische und kritische Untersuchungen über die freien Interessenvertretungen von Industrie, Handel und Gewerbe in Deutschland, in: Schmollers Jahrbuch 1908, S. 1590 f.
15) Kuczynski, Jürgen: a.a.O., S. 257.
15) Aus: Kuczynski, Jürgen: a.a.O., S. 257.
16) Lenin, W. I.: Werke, 5. (vollständige) Ausgabe, Band 33, Moskau 1969 (russ.), S. 334.
17) Vgl. Frentzel, Gerhard, und Jäkel, Ernst: a.a.O., S.74.
18) Klass, Gert von: Unternehmer in Licht und Schatten. Der Weg der deutschen Arbeitgeberverbände, Wiesbaden 1962, S. 55.
19) Deutsche Führerbriefe Nr. 72, 73. Wiederabgedruckt in: Der Rote Aufbau, V. Jahrgang, Heft 20, Berlin, 15. Oktober 1932.
20) Veröffentlichungen des RDI, 1. Heft, Mai 1919, S. 17.
21) VDA: Berichte, Heft 11, S. 7; zitiert nach Kuczynski, Jürgen: a.a.O., S. 260.
22) Aus: Kuczynski, Jürgen: a.a.O., S. 257.
23) Vgl. Böhret, Carl: Institutionalisierte Einflußwege in der Weimarer Republik, in: Varain, Josef: a.a.O., S. 225.
24) Aus den Tagebuchnotizen von G. Stresemann, vgl. Luther, Hans: Politiker ohne Partei — Erinnerungen, Stuttgart 1960, S. 461.
25) Veröffentlichungen des RDI: Nr.48, Oktober 1929, S. 71 (Hervorhebung durch den Verf. dieses Buches).
26) Vgl. Veröffentlichungen des RDI: Nr. 49, Dezember 1929.
27) Veröffentlichungen des RDI: Nr. 50, Januar 1930 (Hervorhebung durch den Verf. dieses Buches).

28) Klein, Fritz: Zur Vorbereitung der faschistischen Diktatur durch die deutsche Großbourgeoisie (1929—1932), in: Von Weimar zu Hitler. 1930 bis 1933, Hrsg. von Jasper, G., NWB 25, Köln und Westberlin 1968, S. 135.
29) Veröffentlichungen des RDI: Nr. 55, Dezember 1930.
30) Deutsche Allgemeine Zeitung, Nr. 457, 4. Oktober 1931.
31) Tätigkeitsbericht des Reichsstandes der Deutschen Industrie vom 18. 10. 1933 (Hervorhebung durch den Verfasser dieses Buches).
32) Reichsstand der Industrie, Rundschreiben vom 19. Sept. 1933.
33) Vgl. Sörgel, Werner: Die Neuordnung des industriellen Organisationswesens 1933/35, in: Varain, Josef: a.a.O., S. 269.
34) Rede des Reichswirtschaftsministers Schmitt am 13. März 1934 in Berlin vor Wirtschaftsvertretern, Beamten und Verbandsgeschäftsführern. Abgedruckt in: Stahl und Eisen, 22. März 1934; hier zitiert nach Sörgel, Werner: a.a.O., S. 270 und 275.
35) Ebenda: S. 270.
36) Dokumente des Nürnberger Prozesses 2353=PS; hier zitiert nach Shirer, William L.: Aufstieg und Fall des Dritten Reiches, Band 1, München und Zürich, 3. Auflage 1964, S. 292.
37) Huppert, Walter: Industrieverbände, Westberlin 1973, S. 23.
38) Küster, August: Wirtschaftsorganisationen in Nordrhein-Westfalen, in: Rheinisch Westfälisches Wirtschafts- und Firmenjahrbuch, Hrsg. von den Industrie- und Handelskammern Aachen, Arnsberg, Bielefeld u. a. Erster Jahrband, Essen und Kettwig 1948, S. 32 (Hervorhebung durch den Verfasser dieses Buches).
39) Vgl. Badstübner, Rolf: Restauration in Westdeutschland 1945—1949, Berlin (DDR) 1965, S.182 ff.
40) Klass, Gert von: a.a.O., S. 87 (Hervorhebung durch den Verfasser dieses Buches).
41) Vgl. Herrmann, Walther: Der organisatorische Aufbau und die Zielsetzung des BDI, in: Fünf Jahre BDI, Aufbau und Arbeitsziele des industriellen Spitzenverbandes, Bergisch Gladbach 1954, S. 38.
42) Ebenda: S. 41.
43) Ebenda.
44) Ebenda: S. 42.
45) Ebenda: S. 59 (Hervorhebung durch den Verfasser dieses Buches).
46) Blumrath, Fritz: Die internationale Arbeit des BDI von 1949—1954, in: Fünf Jahre BDI, a.a.O., S.184.
47) Herrmann, Walther: a.a.O., S.59 (Hervorhebungen durch den Verfasser dieses Buches).
48) Vgl. Jendretzky, H.: Der gewerkschaftliche Kampf um Frieden, Einheit und Sozialismus 1945—1948, Berlin (DDR) 1961, S. 36.
49) Vgl. Badstübner, Rolf: a.a.O., S. 193.

III. Organisationsstrukturelle Aspekte der Macht von Unternehmerverbänden

1. Klassifikation der Unternehmerverbände

In der Bundesrepublik gibt es nach verschiedenen Schätzungen rund 5000 Unternehmerverbände.[1] Obwohl es Schätzungen gibt, die von 7000 solcher Organisationen sprechen, verdeutlicht schon die erste Zahl Größe und Einfluß des unternehmerischen Verbandswesens. Dabei wurden nicht einmal solche Verbände berücksichtigt, deren Aktionsradius sich nur auf kleinere Ortschaften erstreckt — z. B. örtliche Handwerker- und Gewerbevereine.

Die Unternehmerverbände verteilen sich auf die drei Hauptzweige der Wirtschaft, nämlich Landwirtschaft, Handwerk und allgemeine gewerbliche Wirtschaft. Auf den letztgenannten Zweig dürfte der größte Anteil der Unternehmerverbände entfallen. Eine eindeutige Zuordnung der Verbände zu diesem oder jenem Zweig ist nur teilweise möglich, da viele von ihnen nicht auf einen Zweig beschränkt sind und Aufgaben aus verschiedenen Bereichen wahrnehmen.

Betrachtet man die Unternehmerverbände unter dem Gesichtspunkt der Aufgabenverteilung, dann wird die arbeitsteilige Systematik des Verbandswesens deutlich. So existieren z. B. Verbände, die bestimmte *ständische Gruppen* des Unternehmertums vertreten. Zur Verdeutlichung seien hier nur einige von vielen genannt: Bundesverband jüdischer Gewerbetreibender, Industrieller und Angehöriger freier Berufe, Vereinigung von Unternehmerinnen und Juniorenkreis der Deutschen Wirtschaft. Als größte und wichtigste Standesorganisation wirkt die *Arbeitsgemeinschaft selbständiger Unternehmer (ASU)* mit dem ihr angeschlossenen Bundesverband Junger Unternehmer (BJU). Hier stehen standespolitische Fragen, wie Selbständigkeit und Eigentumsgedanke, im Vordergrund der Verbandsarbeit. Darum wird die ASU als die standespolitische Säule des unternehmerischen Verbandswesens betrachtet.

Als weitere Gruppe innerhalb des Verbändesystems wären die sogenannten *Querschnittverbände* zu nennen. Hierunter fallen z. B. der

Verband für industrielle Kraftwirtschaft, der Verband für Markenartikel und der Verein für Meerestechnik, also alle Verbände, die überfachliche Querschnittaufgaben wahrnehmen. Im engeren Sinne gehören sie eigentlich zur Gruppe der Wirtschaftsverbände.

Neben diesen beiden Verbandstypen besteht die große Gruppe der unternehmerischen *Sonderverbände*, die entweder ad hoc oder aber permanent bestimmte Detailaufgaben wahrnehmen. Auch hier nur einige Beispiele: Arbeitskreis zur Förderung der Aktie, Bund der Steuerzahler, Verband der Postbenutzer, Afrika-Verein u. ä. m.

Verbandssäulen des Unternehmertums

Die vorstehend genannten drei Gruppen stehen in ihrer Bedeutung weit hinter drei anderen Gruppen zurück, die als die eigentlichen Verbandssäulen des bundesdeutschen Unternehmertums bezeichnet werden. Dabei handelt es sich um die Wirtschaftsverbände als wirtschaftspolitische Säule, die Arbeitgeberverbände als sozialpolitische Säule sowie um die Kammern als regionalpolitische Säule.

Die *Wirtschaftsverbände* sind solche Organisationen, die die gemeinsamen wirtschaftspolitischen Belange (z. B. Außenhandel, Steuern, Verkehr, Rechtswesen usw.) ihrer Mitgliedsunternehmen oder -verbände gegenüber dem Staat und der Öffentlichkeit vertreten. In der Bundesrepublik bestehen mehrere hundert Organisationen dieses Typs, die sich zum größten Teil in den folgenden 13 wirtschaftspolitischen Dachverbänden organisiert haben:

☐ Gesamtverband der Versicherungswirtschaft e. V.
☐ Bundesverband Deutscher Banken e. V.
☐ Deutscher Sparkassen- und Giroverband e. V.
☐ Bundesverband der Deutschen Volksbanken und Raiffeisenkassen e. V.
☐ Zentralarbeitsgemeinschaft des Straßenverkehrsgewerbes e. V.
☐ Zentralverband der Deutschen Seehafenbetriebe e. V.
☐ Bundesverband der Deutschen Industrie e. V.
☐ Bundesverband des Deutschen Groß- und Außenhandels e. V.
☐ Hauptgemeinschaft des Deutschen Einzelhandels e. V.
☐ Zentralverband des Deutschen Handwerks e. V.

- Deutscher Hotel- und Gaststättenverband e. V.
- Centralvereinigung Deutscher Handelsvertreter- und Handelsmakler-Verbände
- Verband Deutscher Reeder e. V.

Diese 13 Dachverbände haben sich im Gemeinschaftsausschuß der Deutschen Gewerblichen Wirtschaft, auf den an anderer Stelle ausführlich eingegangen wird, zusammengeschlossen. Daneben bestehen wirtschaftspolitische Dachverbände der Landwirtschaft (Deutscher Bauernverband) sowie der Kommunalwirtschaft.

Arbeitgeberverbände sind Zusammenschlüsse mit sozial- und tarifpolitischer Aufgabenstellung. Die wichtigste Aufgabe besteht im Aushandeln der Löhne und Arbeitsbedingungen mit den Gewerkschaften. Im Zusammenhang damit nehmen sie ein umfangreiches antigewerkschaftliches Aufgabenprogramm (z. B. Kampf gegen Mitbestimmung und Vermögensbildung) wahr. Außerdem sind sie drittelparitätisch in den Selbstverwaltungsorganen der Sozialversicherung vertreten. Deswegen werden sie auch als sozialpolitische Verbände bezeichnet.

In der Bundesrepublik existieren über 800 Arbeitgeberverbände, die sich zum größten Teil in 44 Fachspitzen und 11 regionale Dachorganisationen vereinigt haben (s. BDA-Schaubild S. 112).

Als dritte Säule sind die *Kammern* (Landwirtschaftskammern, Handwerkskammern und Industrie- und Handelskammern) zu nennen, die nach dem regionalen Prinzip aufgebaut sind. Dieser Verbandstyp hat den Status einer Körperschaft des öffentlichen Rechts. Mit den entsprechenden staatlichen Vollmachten ausgestattet, nehmen die Kammern staatliche und halbstaatliche Aufgaben (z. B. Berufsausbildung) wahr. Für jeden Landwirt, Handwerker, Kaufmann oder sonstigen Gewerbetreibenden besteht ein Mitgliedszwang in der jeweils in Frage kommenden Kammer.

In der Bundesrepublik bestehen 81 Industrie- und Handelskammern, 43 Handwerkskammern, die sich in 13 Landeshandwerksvertretungen zusammengeschlossen haben, und 10 Landwirtschaftskammern. An der Spitze stehen für die Industrie- und Handelskammern der Deutsche Industrie- und Handelstag, für die Handwerkskammern der Deutsche Handwerkskammertag und für die Landwirtschaftskammern der Verband der Landwirtschaftskammern.

Schon aus dieser kurzen Darstellung des Aufbaus und Systems der Arbeitsteilung des Verbändewesens wird deutlich, wie sehr es das Unternehmertum versteht, seine Interessen spezialisiert und differenziert wahrzunehmen.

2. Monopolistischer Kollektivismus

Untersucht man das Verbandssystem von der betrieblichen Basis her, so ergibt sich etwa folgendes Bild. Das einzelne Unternehmen ist in der Regel Mitglied eines Arbeitgeberverbandes. Dort wird es sich schon aufgrund seines 'Schutzbedürfnisses' (Anti-Streikkasse, juristische Unterstützung usw.) organisieren. Außerdem besteht nur über die Mitgliedschaft in einem solchen Verband die Möglichkeit der direkten oder indirekten Mitwirkung an der Gestaltung des Tarifvertrages. Meist gehört das Unternehmen auch einem Wirtschaftsverband seiner Branche an, der für die Vertretung der fachpolitischen Interessen sorgt. Obendrein besteht die Pflichtmitgliedschaft in der örtlichen Industrie- und Handelskammer. Damit wäre es Mitglied in zumindest drei Verbänden und zugleich indirektes Mitglied der höhergeordneten Dachverbände dieser drei Unterverbände.

Hoechst und Flick als Beispiel

Monopolunternehmen sind aufgrund der Breite ihrer Kapitalanlagesphären sowie wegen ihrer nationalen und internationalen Ausdehnung Mitglied sehr vieler Unternehmerverbände verschiedener Aufgabenstellung.

Obwohl die Großunternehmen keine oder nur sehr unvollständige Angaben über ihre Verbandszugehörigkeit machen, erfährt man aus dem 'Handbuch der deutschen Aktiengesellschaften', daß beispielsweise die Hoechst AG Mitglied in folgenden acht Organisationen ist: Deutsches Atomforum e. V., Bonn; Max-Planck-Gesellschaft zur Förderung der Wissenschaft e. V., Düsseldorf; Deutsche Bunsen-Gesellschaft für physikalische Chemie e. V., Frankfurt am Main; Deutsche Gesellschaft für Chemisches Apparatewesen, Frankfurt am Main; Fonds der Chemie, Düsseldorf; Internationale Dokumentationsgesellschaft für Chemie, Frankfurt am Main; Verband der Chemischen Industrie, Frankfurt am Main; Verein der Bayrischen Chemischen Industrie e.V., München.

Bei dieser Aufzählung gewinnt man fast den Eindruck, daß sich die Hoechst AG fast ausschließlich in naturwissenschaftlichen Fachverbänden organisiert hat. Es fehlt jeder Hinweis auf die Zugehörigkeit zu einem Arbeitgeberverband, obwohl dieser Konzern in zehn Bundesländern und Westberlin Niederlassungen und Produktionsstätten hat und deswegen in mindestens elf regionalen Arbeitgeberverbänden der chemischen Industrie Mitglied ist. Über ihre 50 Prozent-Tochtergesellschaften, Wacker Chemie, München, und Hans Schwarzkopf, Hamburg, stellt sie in beiden Bezirken den Landesvorsitzenden. Infolge ihrer bundesweiten Ausdehnung ist sie zugleich Mitglied in mindestens 11 Industrie- und Handelskammern.

Unterschlagen wurden auch Angaben über Mitgliedschaften in anderen Wirtschaftsverbänden als dem Verband der Chemischen Industrie. Als Hersteller synthetischer Fasern gehört die Hoechst AG mit Sicherheit auch dem Gesamtverband der Textilindustrie an. Außerdem ist sie Mitglied im Gesamtverband der Kunststoffverarbeitenden Industrie. Aufgrund ihrer Arzneimittelproduktion dürfte sie dem Verband der Pharmazeutischen Industrie angehören. Berücksichtigt man darüber hinaus, daß die Hoechst AG ein Produktionsprogramm von 81 Arbeitsgebieten hat,[2] so kann daraus geschlußfolgert werden, daß sie Mitglied in vielen anderen Wirtschafts-, Arbeitgeber-, Querschnitt- und Sonderverbänden ist. Außerdem gehört sie zu den tonangebenden Monopolen im BDI-Präsidium, wo sie durch ihr Vorstandsmitglied A. Menne vertreten ist. Unberücksichtigt blieben auch die vielen ausländischen Verbandsmitgliedschaften, obwohl die Hoechst AG in fast allen kapitalistischen Ländern Produktionsstätten und Verkaufsniederlassungen besitzt.

Etwas offener zeigt sich die Daimler-Benz AG, die 12 Mitgliedschaften angibt, darunter 5 in regionalen Arbeitgeberverbänden und 3 in Fachverbänden des BDI. Aber auch hier fehlen Angaben über regionale Verbandszugehörigkeiten in Wirtschaftsverbänden und in Industrie- und Handelskammern. BDI und BDA, in deren Präsidien sie mit ihren Vorstandsmitgliedern H. M. Schleyer und J. Zahn vertreten ist, wurden gar nicht erst erwähnt. Bedenkt man, daß die

Daimler-Benz AG nur eine von vielen Gesellschaften des Flick-Konzerns, die Hoechst AG eine der drei Gesellschaften der IG-Farben ist, so vermitteln diese wenigen Angaben ein ungefähres Bild von der breit gefächerten Mitgliedschaft der westdeutschen Großkonzerne in den verschiedensten Unternehmerverbänden.

Kollektivismus als imperialistisches Prinzip
Die am Beispiel von Hoechst und Flick dargestellte viel- und wechselseitige Verflechtung zwischen Monopolen und Verbänden ist der organisatorische Niederschlag der Tatsache, daß der imperialistische Kapitalismus alle Gebiete des gesellschaftlichen Lebens durchdrungen hat. Über ein riesiges Netz von rund 5000 Verbandsgebilden, die in den jeweiligen Sach- und Fachgruppen zentral geleitet sowie nach hierarchischen Gesichtspunkten sowohl fachlich als auch regional organisiert sind, wirkt der Imperialismus bis in die kleinste Verästelung des Wirtschaftsgeschehens hinein. Schon 1955 stellte der damalige Leiter des Wirtschaftswissenschaftlichen-Instituts des DGB, Viktor Agartz, fest, daß »der heutige Unternehmer ... in vielfältiger Weise organisatorisch gebunden« ist: »in Kammern, in Wirtschafts- und Fachverbänden, durchweg sogar in mehreren ... Wenn man schon das ominöse Wort vom Kollektivismus gebrauchen will, dann ist keine Schicht kollektivistischer als die Unternehmer«.[3]

Selbst maßgebliche Repräsentanten von Unternehmerverbänden bestätigen dieses Urteil. Von Walter Huppert, einem pensionierten Geschäftsführungsmitglied des Zentralverbandes der Elektrotechnischen Industrie, erfährt man, daß die bundesdeutschen Unternehmerverbände gegenüber anderen europäischen Bruderorganisationen mehr Geschlossenheit, Einheitlichkeit und Vollständigkeit sowie Systematik in der Gliederung aufweisen. Selbst die großen Dachverbände der französischen, englischen und italienischen Industrie erreichen längst nicht das Gewicht der bundesrepublikanischen Unternehmerverbände.[4]

Diese Aussage bestätigt die Erkenntnisse der sowjetischen Imperialismusforscherin Jelisaweta Chmelnizkaja, die festgestellt hat, daß der umfassende Charakter der Unternehmerverbände der BRD alle anderen industriell entwickelten kapitalistischen Länder übertrifft.[5]

3. Organisatorischer Gigantismus

Die Doppel-, Mehrfach- und Multimitgliedschaften der Unternehmer und insbesondere der Monopole sind im Zusammenhang mit dem von ihnen kontrollierten engmaschigen, weitverbreiteten und arbeitsteilig systematisierten Verbandsnetz ein wichtiger Faktor der von den Unternehmerverbänden ausgehenden Macht. Diese Verbandsmacht kann sich aber nur auf der Grundlage eines entsprechenden organisatorischen Rahmens, der eine optimale finanzielle und personelle Ausstattung der Verbandsapparate impliziert, realisieren. Wie es um diese Ausstattung bestellt ist, soll im folgenden untersucht werden.

Personelle Ausstattung

Daß es sich bei den Unternehmerverbänden nicht um Honoratiorenverbände zeitweiliger und freiwilliger Mitarbeit durch Einzel-Unternehmer handelt, zeigt die hohe Zahl der hauptamtlichen Verbandsmitarbeiter. Nach den Ergebnissen der letzten Volks- und Berufszählung von 1961 waren 24614 Personen bei Wirtschaftsverbänden und unternehmerischen Berufsorganisationen (z. B. Ärzteverband u. ä.) beschäftigt. Die Zahl der bei den öffentlich-rechtlichen Wirtschaftsverbänden (Kammern) beschäftigten Mitarbeiter wurde mit 16252 angegeben. Unglaubwürdig niedrig fiel der Mitarbeiterstamm bei den Arbeitgeberverbänden aus, der mit 1881 ausgewiesen wurde. Hierbei ist zu bedenken, daß es allein im privatwirtschaftlichen Bereich über 800 Arbeitgeberverbände gibt, die mit Sicherheit jeweils mehr als zwei hauptamtliche Mitarbeiter haben. Addiert man jedoch selbst nur diese offiziellen Angaben, so kommt man zum aussagekräftigen Ergebnis von *52747* hauptamtlichen Verbandsmitarbeitern.

In diese Zahl wurde nicht einmal derjenige Personenkreis mit einbezogen, der bei Instituten oder sonstigen Einrichtungen arbeitet, die von den Unternehmerverbänden organisatorisch getragen oder finanziell unterhalten werden. Würde man diesen Personenkreis mit berücksichtigen, so dürfte die Angabe des Gewerkschaftspublizisten W. Bredl erreicht werden, der die Zahl der hauptamtlichen Verbandsmitarbeiter mit rund *120000* beziffert.[6] Selbst der CDU-Bundestagsabgeordnete und gleichzeitige Geschäftsführer der CDU-

Sozialausschüsse, Norbert Blüm, hält diese Zahl für wahrscheinlich.[7]

Die etwa 120000 Verbandsmitarbeiter verteilen sich auf rund *5000* von den Verbänden getragenen Büros bzw. Verwaltungsstellen.[8]

Untersucht man die Verteilung der Verbandsangestellten auf die Einzelverbände, so ist eine starke Konzentration bei den mittleren bis großen Verbänden festzustellen. Beim Verband Deutscher Maschinenbauanstalten arbeiten etwa 450, beim Zentralverband der Elektrotechnischen Industrie etwa 180 und beim Wirtschaftsverband Eisen, Blech und Metall verarbeitende Industrie rund 170 Mitarbeiter. Selbst mittlere Verbände verfügen über relativ viele Angestellte, so der Gießereiverband über 60 zuzüglich weitere 90 in drei angegliederten Organisationen.[9] Hier wurden nur vier von 39 Mitgliedsverbänden des BDI genannt, der seinerseits nur 200 Mitarbeiter beschäftigt.

Der schon erwähnte Walter Huppert berichtet aus eigener Erfahrung, wenn er schreibt, daß sogar manche untergegliederten Fachverbände über größere Mitarbeiterstäbe verfügen als übergeordnete Spitzenverbände. »Manche Fachverbände verfügen auch über angegliederte, rechtlich oder organisatorisch selbständige *Arbeitsgruppen* (Außenstellen), die besondere statistische, technische oder handelspolitische Aufgaben haben und bei viel Kleinarbeit ein sehr zahlreiches Personal (bis 50 Angestellte und noch mehr) haben können«.[10]

Bei den bisher gemachten Angaben ist aber zu berücksichtigen, daß nur von hauptamtlichen Verbandsmitarbeitern gesprochen wurde. Die vielen von den Unternehmen angestellten Verbandsexperten blieben unberücksichtigt. Das gilt ebenso für die vielen Verbandssyndizi, die als Rechtsanwälte nebenberuflich zumeist die Geschäftsführung für kleinere Verbände wahrnehmen. Daß es sich bei diesen indirekten Verbandsmitarbeitern um einen größeren Personenkreis handelt, wird daran deutlich, daß allein in den Ausschüssen von BDA und DIHT über 1600 solcher ehrenamtlicher Mitarbeiter sitzen, wobei jedoch einige Doppelbesetzungen zu berücksichtigen sind. Selbst auf der unteren Ebene der Handelskammern erweist sich die ehrenamtliche Mitarbeit als ein wichtiger Posten der Verbandsmacht. In den Ausschüssen der ohnehin beschäftigungsstarken Handelskammer Hamburg wirken etwa 350 Verbandsexperten aus den örtlichen Unternehmen. Hierbei handelt es sich aber nur um eine von 81 Industrie-

und Handelskammern, bei denen ähnliche mitgliederstarke Ausschüsse bestehen.

Bei der qualitativen Zusammensetzung dieser Ausschüsse ist der hohe Anteil akademisch ausgebildeter Fachkräfte besonders augenfällig. Dabei handelt es sich vorwiegend um Wirtschaftswissenschaftler und Juristen. Bei den Dachverbänden BDI, BDA und DIHT ist sogar jeder dritte hauptamtliche Mitarbeiter akademisch ausgebildet. Die meisten Hauptgeschäftsführer der Mitgliedsverbände und -kammern haben promoviert. Bei den Industrieverbänden tragen 90 Prozent der Hauptgeschäftsführer einen Doktortitel. Dazu Walter Huppert: »Der Doktortitel wird gern gesehen«.[11]

Hochschulabsolventen, die für eine Tätigkeit bei den Unternehmerverbänden in Frage kommen, werden einer sehr gründlichen Ausbildung unterzogen. Wer beispielsweise im Bereich der Geschäftsführung der Arbeitgeberverbände arbeiten will, muß eine zweijährige Ausbildung mit abwechselnder, drei bis vier Monate dauernder Tätigkeit in verschiedenen Arbeitgeberverbänden absolvieren. Darin ist in der Regel ein halbjährlicher Auslandsaufenthalt eingeschlossen, der bei der EWG, OECD oder beim Internationalen Arbeitsamt in Genf verbracht wird. Über das *Institut für Sozial- und Wirtschaftspolitische Ausbildung* (ISWA) werden sie später im Rahmen von Seminaren und anderen Veranstaltungen auf dem laufenden gehalten.

Finanzielle Ausstattung
Die *Beiträge und Finanzen* der Unternehmerverbände sind der internste Gegenstand im Verbandsleben. In den meisten Satzungen finden sich Hinweise und Formulierungen nur dahingehend, daß alle Einzelheiten der Beitragshöhe von einer besonderen Beitragsordnung geregelt werden. Nur Vertrauensleuten aus Verbänden und Unternehmen wird Einblick in diese Beitragsordnungen gewährt.[12] Man erfährt lediglich, daß als Bemessungsgrundlage der Beiträge die Umsätze und Beschäftigtenzahlen dienen. Dazu der BDI-Geschäftsführer Hellmuth Wagner: »Die Finanzierung erfolgt durch Mitgliedsbeiträge, deren Höhe in der Regel in Promillesätzen vom Umsatz, der Beschäftigtenzahl, der Bruttolohnsumme oder einer Mischung dieser Bemessungsgrundlagen festgelegt ist.«[13] Bei der Arbeitsgemeinschaft Selbständiger

Unternehmer z.B. zahlen Produktionsbetriebe 1,50 Mark für jeden Beschäftigten und Handels- und Dienstleistungsunternehmen 1 Mark je 15 000 Mark Umsatz als Bemessungsgrundlage für den Beitrag, der mindestens jedoch 400 Mark betragen muß. Bei den Industrie- und Handelskammern wird ein Grundbetrag sowie eine von Kammer zu Kammer unterschiedliche Umlage von 3 bis 8 Prozent des Gewerbesteuermeßbetrages erhoben. In die Kammerkassen *müssen* alle zur Gewerbesteuer veranlagten Betriebe Zwangsbeiträge einzahlen.

Auch über *Etatgrößen* gibt es nur spärliche und unvollständige Informationen. Einer der industriellen Hofchronisten, Karl H. Herchenröder, bezifferte den BDI-Etat des Jahres 1973 auf 17,3 Millionen Mark.[14] Diese Summe muß aber mit Vorbehalt betrachtet werden, da sie vom BDI offiziell auf einer Mitgliederversammlung bekanntgegeben worden ist. Walter Huppert, der mit einer Umfrage bei den industriellen Wirtschaftsverbänden versucht hatte, Angaben über die Höhe der Jahresetats zu bekommen, bemerkt zu seinen Bemühungen, daß »die befragten Verbände . . . keine einheitlichen und demgemäß keine vergleichbaren und summierbaren Angaben gemacht«[15] hätten. Er nimmt aber dennoch eine grobe Schätzung der Beitragseinnahmen der 39 industriellen Wirtschaftsverbände der BRD vor, die er für 1971 auf mehr als 200 Millionen Mark veranschlagt.

Als 1968 im 'Industriekurier' eine Diskussion zur Reform des Verbandswesens geführt wurde, meldete sich unter anderem ein seit über 30 Jahren bei den Verbänden tätiger Geschäftsführer zu Wort, dessen Name aus Gründen des Persönlichkeitsschutzes von der Redaktion nicht bekannt gegeben wurde. Er war vom 'Industriekurier' um einen Beitrag gebeten worden. Dieser 'Insider' schätzte das Beitragsaufkommen sämtlicher Unternehmerverbände einschließlich der Kammern auf *800 Millionen bis 1,5 Milliarden* Mark ein. Ergänzend schrieb er: »In allen Bereichen der Wirtschaft wird noch und noch rationalisiert. Überall überlegt man sich, wie man Kosten sparen kann. Aus diesen Bemühungen um Rationalisierung ragt wie eine Insel das deutsche Verbandswesen hervor. Hier kommt kein Mensch auf die Idee, Kosten einzusparen«.[16]

Im Zusammenhang mit verbandlichen Etatfragen muß beachtet werden, daß neben den ordentlichen Verbandshaushalten, die sich aus Beiträgen, aber auch aus Kapitalerträgen und anderen regelmäßigen

Einnahmen zusammensetzen, *außerordentliche Haushalte* bestehen, die in die obige Schätzung nicht mit eingegangen sind. Außerordentliche Haushalte enthalten einmalige besondere Aufwendungen, wie sie beispielsweise in Wahlkampfzeiten zur Finanzierung der bürgerlichen Parteien 'notwendig' werden. Dieser Etat wird dann aus zusätzlichen Umlagen, Spenden oder einmaligen Kapitalzuflüssen gespeist. Außerdem ist zu bedenken, daß von vielen Unternehmen finanzielle Leistungen zum Nutzen ihrer Verbände aufgebracht werden, die etatstatistisch nirgendwo erfaßt werden.

Obwohl die Finanzkraft für jede Organisation ein wesentlicher Handlungsparameter ist, muß abschließend bemerkt werden, daß sie zwar einen starken, aber nicht den einzigen Faktor der Macht von Unternehmerverbänden darstellt. Sie ist jedoch eine wichtige Quelle, um politischen Einfluß 'einzukaufen'.

Vergleich mit den Gewerkschaften
Vergleicht man einige der vorstehend genannten, die Macht der Unternehmerverbände andeutenden Zahlen mit entsprechenden Werten der gewerkschaftlichen Gegenseite, so ergibt sich folgendes Verhältnis:

Den rund 5000 unternehmerischen Organisationen, darunter 800 Arbeitgeberverbänden, stehen 16 Einzelgewerkschaften des DGB mit 157 Landesverbänden gegenüber. Hinzu kommen drei kleinere Gewerkschaftsorganisationen, DAG, CGB und Polizeigewerkschaft, denen Fach- und Regionalgruppen untergeordnet sind. Selbst wenn man die 42 ständischen Arbeitnehmerorganisationen (z. B. Vereinigung Cockpit), die rund 40 Beamtenverbände sowie solche Arbeitnehmerorganisationen hinzuzählen würde, die bestimmte caritative, kulturelle, soziale, jugend- oder geschlechtsspezifische Interessen wahrnehmen, läge die Gesamtzahl weit unter 5000.

Als ein exakterer Vergleichsmaßstab zur Ermittlung der quantitativen Ausdehnung unternehmerischer und arbeitsorientierter Organisationen bietet sich die 'Öffentliche Liste über die Registrierung von Verbänden und deren Vertreter', die bundestagsoffizielle Lobby-Liste, an. In ihr sind nur Bundesorganisationen, nicht aber deren regionale Untergliederung aufgeführt. Die nachstehende Tabelle weist auch hier eine deutliche quantitative Überlegenheit der kapitalorientierten Organisationen gegenüber den arbeitsorientierten Vereinigungen aus.

Aufschlüsselung der Öffentlichen Liste über die Registrierung von Verbänden und deren Vertreter beim Deutschen Bundestag[1]

Verbandsart	Anzahl der registrierten Verbände
1. Arbeitgeber- und sonstige sozial- und wirtschaftspolitische Unternehmerverbände; unternehmerische Fachvereinigungen und industrielle Arbeitsgemeinschaften; sonstige kapitalorientierte Vereinigungen aus Industrie, Handel, Handwerk, Landwirtschaft und sonstiges Gewerbe (ohne Industrie- u. Handelskammern).	351
2. Verbände Freier Berufe	40
3. Ständische Verbände	44
4. Beamtenverbände	26
5. Gewerkschaften	22
6. Verbraucherverbände	10
7. Verbände mit kultureller Aufgabenstellung (Jugend, Sport, Wissenschaft u. ä.)	36
8. Verbände mit bestimmter sozialer Aufgabenstellung (Kriegsversehrte u. ä.)	32
9. Caritative und religiöse Verbände	20
10. Sonstige Verbände	63

1 Aufgeschlüsselt nach der 'Bekanntmachung der Öffentlichen Liste über die Registrierung von Verbänden und deren Vertreter', Sonderdruck der Beilage zum Bundesanzeiger Nr. 16 vom 24. Januar 1974.

Das quantitative Übergewicht der Unternehmerverbände gegenüber den Organisationen der Arbeiterklasse schlägt sich auch in der Zahl der hauptamtlich beschäftigten Verbandsmitarbeiter nieder. Den rund 120000 Beschäftigten der Unternehmerverbände, die sich auf etwa 5000 Büro- und Verwaltungsstellen verteilen, stehen im Bereich der DGB-Gewerkschaften nur knapp *9000* Mitarbeiter in *1800* Verwaltungsstellen gegenüber.[17] Obwohl über die Mitarbeiterzahl anderer Gewerkschaftsbünde und sonstiger Arbeitnehmerorganisationen keine Angaben vorliegen, kann mit Sicherheit davon ausgegangen werden, daß sie in der Gesamtzahl nicht mehr Mitarbeiter als die DGB-Gewerkschaften haben. Die Mitarbeiterzahlen aller sich ausdrücklich als Arbeitnehmerorganisationen verstehenden Vereinigungen dürften daher insgesamt auch nicht annähernd an die Zahl 120 000 heranreichen.

Was den *Vergleich des Finanzvolumens* der Unternehmerverbände mit dem der Gewerkschaften angeht, so stehen der für 1968 angenommenen Summe von 800 Millionen bis 1,5 Milliarden Mark bei den Kapitalorganisationen etwas weniger als 500 Millionen Mark Gesamtetat der DGB-Gewerkschaften gegenüber.

Auch in der Quote des *Organisationsgrades* erweisen sich die Unternehmerverbände als den Gewerkschaften überlegen. Während sich die Unternehmer, insbesondere jedoch die Großbetriebe, zu zwischen 60 und fast 100 Prozent in Arbeitgeber- und Wirtschaftsverbänden organisiert haben — der Organisationsgrad bei den Kammern beträgt aufgrund der Pflichtmitgliedschaft ohnehin 100 Prozent —, haben sich die abhängig Beschäftigten nur zu rund 30 Prozent in Gewerkschaften vereinigt.

Abschließend wäre noch ein *organisationsstruktureller Aspekt* zu erwähnen. Im Gegensatz zu der bei den Gewerkschaften zu beobachtenden Dezentralisierung der Macht vom DGB weg, hin zu den Einzelgewerkschaften, ist bei den Unternehmerverbänden eine immer stärker werdende Zentralisation der Macht der Spitzen- und Dachverbände festzustellen.

4. Interverbandliche Verflechtungen

Zum Zwecke der besseren Übersicht wurden die Unternehmerverbände im vorstehenden Abschnitt nach der Systematik ihrer Arbeitsteilung unterteilt. Dabei blieb jedoch unberücksichtigt, daß eine klare Trennung in wirtschafts-, sozial- und regionalpolitische Unternehmerverbände nicht möglich ist. Eine solche strikte Unterscheidung verbietet sich aufgrund der gesamtwirtschaftlichen Interdependenzen und damit auch aufgrund der Beziehungen, die zwischen der Sozial- und Wirtschaftspolitik bestehen. Bereits 1949 hatten der damalige BDI-Geschäftsführer Beutler erklärt, daß für die Durchführung des wirtschaftspolitischen Gesprächs mit den Gewerkschaften auch sozialpolitische Tatsachen miterfaßt werden müssen.[18]

Unter dem Aspekt des Klassenkampfes hatte schon Lenin in seiner 1912 verfaßten Arbeit 'Enquete über die Organisationen des Großkapitals' auf einige Widersprüche, die sich aus der dualistischen Gegenüberstellung von Wirtschafts- und Arbeitgeberverbänden ergeben, hingewiesen. In dieser Schrift setzte er sich mit dem Standpunkt des russischen Ökonomen Guschka auseinander, der von den Arbeitgeberverbänden meinte, sie führten den 'unmittelbaren' Klassenkampf gegen die Lohnarbeiter, während der Klassenkampf der wirtschaftspolitischen Verbände ein 'mittelbarer' sei, ein »Kampf mit den anderen Klassen vermittelst des Drucks auf die Staatsmacht und die öffentliche Meinung«.[19] Lenin wendet sich gegen diese Einengung und Verzerrung des Begriffs Klassenkampf und erwidert: »In der Tat ergibt sich bei Herrn Guschka, daß der Kampf der Kapitalisten gegen die Lohnarbeiter im Rahmen der gegebenen politischen Ordnung ein 'unmittelbarer' Klassenkampf ist, während der Kampf *um die politische Ordnung selbst* ein *'mittelbarer'* Klassenkampf ist. Wohin aber gehört dann der Kampf um die 'Staatsmacht' selbst?«[20]

Institutionelle Verflechtungen

Um den sich aus dem hohen Vergesellschaftungsgrad der bundesdeutschen Wirtschaft ergebenden Interdependenzen entsprechen zu können, wurde eine Menge von *interverbandlichen Ausschüssen* geschaffen, in denen die Vertreter von Unternehmerverbänden verschiedener Branchen und Aufgabenstellung sitzen. Der BDI ist z.B. Mitglied in 19 gemeinschaftlichen Ausschüssen und Arbeitskreisen (z. B. Ost-Ausschuß der Deutschen Wirtschaft, Arbeitsgemeinschaft Zivilschutz der Spitzenverbände der Gewerblichen Wirtschaft, Arbeitskreis für Berufsausbildung, Arbeitsgemeinschaft Entwicklungsländer usw.). Institutionell begegnen sich die Verbände außerdem im Institut der deutschen Wirtschaft, im Institut für Sozial- und Wirtschaftspolitische Ausbildung, in der Staatsbürgerlichen Vereinigung, im Gemeinschaftsausschuß der Deutschen Gewerblichen Wirtschaft, im CDU-Wirtschaftsrat, worauf im folgenden noch ausführlich eingegangen wird, sowie in anderen Organisationen und Gremien.

Insbesondere sind es BDI und BDA, die enge institutionelle Beziehungen unterhalten. Außerdem besteht ein BDI/BDA-Kontaktausschuß, der zu einem abgestimmten und einheitlichen Vorgehen der beiden Dachverbände in allen wichtigen wirtschafts- und sozialpolitischen Fragen beitragen soll. Den Vorsitz dieses Ausschusses führt kein geringerer als BDA-Präsident Hanns Martin Schleyer persönlich.

In der BDI-Satzung ist die institutionelle Präsenz der BDA durch einen von dort kommenden Präsidialvertreter vorgeschrieben. In den Satzungen beider Organisationen finden sich darüber hinaus Vorschriften, nach denen der jeweils amtierende Vorsitzende des Instituts der deutschen Wirtschaft in das Verbandspräsidium zu kooptieren ist.

Institutionelle Beziehungen und Verflechtungen bestehen aber nicht nur zwischen privatwirtschaftlichen Verbänden, sondern auch zwischen diesen und den *kommunalen Verbänden*.[21] Sehr eng gestalten sich beispielsweise die Beziehungen zwischen den kommunalen Verkehrsverbänden und den Industrie- und Handelskammern. Der DIHT ist mit mehreren kommunalen Verbänden der Kreditwirtschaft und des überregionalen Verkehrs verbunden. So wird ihm von der Satzung der Arbeitsgemeinschaft Deutscher Verkehrsflughäfen volles Mitgliedsrecht zugebilligt. Ein anderes Beispiel der Verknüpfung von kommunal- und privatwirtschaftlichen Interessen bildet der Zentralverein der Deutschen Binnenschiffahrt, in dem der Verband der Deutschen Binnenschiffhäfen, also eine Organisation der öffentlichen Hand, als ordentliches Mitglied firmiert.

Am weitgehendsten gestalten sich die interverbandlichen Verflechtungen der privatwirtschaftlichen Unternehmerverbände im Rahmen des *Gemeinschaftsausschusses der Deutschen Gewerblichen Wirtschaft*, dem mit Ausnahme des landwirtschaftlichen alle Dachverbände der gewerblichen Wirtschaft angehören. Seinem Statut nach dient dieser Ausschuß der Aussprache über wirtschafts- und sozialpolitische Fragen von grundsätzlicher Bedeutung mit dem Ziel, eine gemeinsame Auffassung aller Mitgliedsorganisationen und ihrer Untergliederungen herbeizuführen. Diese 'Ständige Konferenz' der Dachverbände ist zugleich Ernennungsorgan für zahlreiche staatliche und halbstaatliche Ausschüsse. Außerdem werden hier die in der Konzertierten Aktion vorgelegten Prognosen der Arbeitgeberseite diskutiert und verabschiedet.

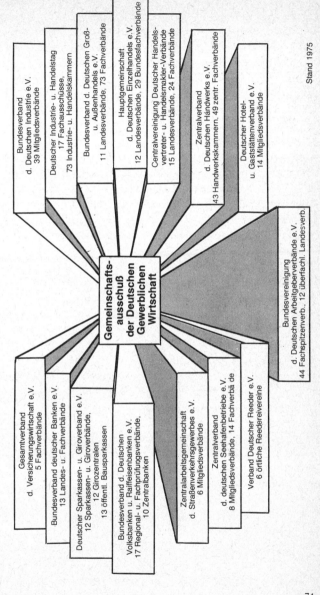

Wie dem BDA-Jahresbericht von 1974 zu entnehmen ist, hat dieser Ausschuß in der Vergangenheit wesentlich zur Abstimmung innerhalb der Organisationen der gewerblichen Wirtschaft beigetragen. Diese Zusammenarbeit in wirtschaftlichen und sozialen Fragen kam insbesondere der Erarbeitung einer gemeinsamen Haltung zu politischen Grundsatzfragen sowie der Vorbereitung der Arbeit in der Konzertierten Aktion zugute.[22]

Personelle Verflechtungen

Neben den engen und vielseitigen institutionellen Beziehungen der Unternehmerverbände bestehen starke personelle Verflechtungen, deren wichtigstes Merkmal die gleichzeitige Zugehörigkeit einer Reihe von Wirtschaftsführern zu verschiedenen Präsidien von Spitzen- und Dachverbänden ist. Teilweise handelt es sich dabei um satzungsgewollte Personalunionen, häufiger aber um statutenunabhängige Machtzuteilungen an große Konzerngruppen. Hierzu einige Beispiele:

Die Herren Karl-Heinz Bund, Vorstandsvorsitzender der Ruhrkohle AG, Helmuth Burckhardt, Aufsichtsratsvorsitzender des Eschweiler Bergwerksvereins, Otto Esser, Mitglied der Geschäftsleitung der Firma E. Merck, Otto Klötzer, Vorstandsmitglied des Hauptverbandes der Deutschen Schuhindustrie, und Rolf Rodenstock, Optische Werke Rodenstock, sitzen sowohl im Präsidium des BDI wie auch im höchsten Organ der BDA. Der Vorsitzende der Westberliner Landesvertretung des BDI und gleichzeitige Präsident der dortigen Industrie- und Handelskammer, Walter W. Cobler, amtiert als Präsidialmitglied im BDI und als Vorstandsmitglied im DIHT. Bankier Alwin Münchmeyer, Präsident des Bundesverbandes Deutscher Banken, wirkt als Ehrenpräsident des DIHT, dessen Präsident er in den Jahren von 1958 bis 1963 gewesen war. Bis in die kleinste Verbandsverästelung hinein ließen sich solche Beispiele personeller Verflechtungen aufzeigen.

Am Beispiel des hier willkürlich gewählten Konsul a. D. *Fritz J. Dietz*, Präsident der Industrie- und Handelskammer in Frankfurt am Main, soll die multiverbandliche Verflechtung exemplarisch dargestellt werden.

Der früher einmal für das diktatorische Batista-Regime als Kuba-Honorar-Konsul für Frankfurt tätige Zuckergroßhändler wirkt nicht nur als Präsident einer der größten bundesrepublikanischen Industrie- und Handelskammern, sondern sitzt zugleich im Vorstand des DIHT. Außerdem firmiert er als Präsident des Bundesverbandes des Deutschen Groß- und Außenhandels, als Vorstandsmitglied der Wirtschaftlichen Vereinigung Zucker sowie als Mitglied der deutschen Gruppe in der Internationalen Handelskammer. Darüber hinaus wirkt er zeitweilig als Vorsitzender des Gemeinschaftsausschusses der Deutschen Gewerblichen Wirtschaft. In dieser Aufzählung darf natürlich nicht der CDU-Wirtschaftsrat fehlen, dessen geschäftsführendem Vorstand er angehört.

Um das 'Gemeinwohl' sorgt sich der Zuckerkönig als Präsident der Deutschen Olympischen Gesellschaft, als Mitglied im Beirat für Entwicklungspolitik beim Bundesministerium für wirtschaftliche Zusammenarbeit sowie im Außenhandelsbeirat des Bundeswirtschaftsministeriums. In seiner engeren Heimat amtiert er außerdem als Vorsitzender des Wirtschaftsbeirats der Hessischen Landesregierung sowie des Wirtschaftsforums e. V. in Frankfurt am Main. Nebenher sitzt er noch in fünf Aufsichts- bzw. Verwaltungsräten, u. a. bei der Henninger Brauerei, der Deutschen Bank sowie der staatlichen Kreditanstalt für den Wiederaufbau.

Für seine 'Mühen' und 'Verdienste' wurde Fritz J. Dietz nicht nur zum Ehrenbürger der Stadt Frankfurt, zum Ehrensenator der dortigen Universität sowie zum Ehrenpräsidenten des Centre International du Commerce de Gros, Brüssel, ernannt, sondern zugleich mit dem Großen Bundesverdienstkreuz mit Stern, der Ehrenplakette der Stadt Frankfurt, dem Großen Silbernen Ehrenzeichen mit Stern der Republik Österreich und der Ehrenmedaille der Industrie- und Handelskammer von Valencia ausgezeichnet. Außerdem wurde ihm der vom Bundesverband des Deutschen Groß- und Außenhandels gestiftete Fritz-J.-Dietz-Preis verliehen.

Die umfangreichen Verbandsaktivitäten dieses 'zuckersüßen' Großkapitalisten scheinen nicht ohne Nutzen geblieben zu sein. In einer vom Hessischen Rundfunk ausgestrahlten Fernsehsendung, die sich mit dem Einfluß der Verbände beschäftigte, konnte man erfahren, daß die Beziehungen zwischen Verbänden und Ministerien selten so ergiebig sind wie die Zusammenarbeit zwischen dem Landwirtschaftsministerium und der Zuckerlobby. Der Verbandsexperte Helmut

Bujard meinte in dieser Sendung, daß sich diese bis in die EWG hineinreichende Verquickung von Ministerialbürokratie und Zuckerverbänden sehr zu Ungunsten der Steuerzahler und Verbraucher ausgewirkt habe: »Den deutschen zuckerwirtschaftlichen Interessenverbänden ist es in der Tat gelungen, mit Hilfe der deutschen Bundesregierung in Brüssel eine Zuckermarktordnung durchzusetzen, die den Traumvorstellungen dieses Interessenverbandes weitgehend entspricht. Der zu belastende Dritte, der angesprochen war, das sind wir alle, einmal als Steuerzahler, denn die Steuerzahler haben über den europäischen Agrarfonds eine Milliarde DM aufzubringen ... Zum anderen waren wir auch als Verbraucher gefordert, und zwar mußten wir einen überhöhten Zuckerpreis all die Jahre zahlen, etwa bis zum Jahre 1973«.[23]

Nicht nur indirekt, auf dem Umweg über die Verbände, scheint sich das Engagement des Zuckerhändlers zu lohnen. Im November 1975 tauchte der Verdacht auf, daß Fritz J. Dietz, der zugleich Mitglied in dem in allen kapitalistischen Ländern vertretenen Rotary-Club ist (einer Organisation, die sich für das Ideal des Dienens, der Einhaltung ethischer Grundsätze sowie der Förderung verantwortungsbewußter privater und öffentlicher Betätigung einsetzt), sein Amt als Präsident des Groß- und Außenhandelsverbands mit den finanziellen Schwierigkeiten seiner Firma verbunden haben soll. Gestützt auf seine Macht als oberster Chef dieser Organisation, die über 12 Landes- und 75 Fachverbände 110 000 Firmen repräsentiert, soll er sich um eine Bundesbürgschaft in Höhe von 14,5 Millionen Mark sowie um eine Zinsburgschaft des Landes Hessen u.a. für ein hochspekulatives 10 000-Tonnen-Zuckergeschäft mit Israel bemüht haben.[24]

Nachdem dieser Versuch der Verbindung von Amt und Geschäft, der bei den BDI-Monopolen zur Alltagspraxis gehört, durch innerverbandliche Kritik an die Öffentlichkeit gelangt war, sahen sich das Bundeswirtschaftsministerium und das Land Hessen genötigt, von den gewünschten finanziellen Unterstützungen an den mehrfachen Verbandspräsidenten vorerst noch Abstand zu nehmen.

Häufiger noch als solche Häufungen von Verbandszugehörigkeiten einer Person ist die Besetzung der Präsidien und Vorstände der Unternehmerverbände durch gleiche Kapitalgruppen. So ist die Daimler-Benz AG durch die Vorstandsmitglieder Zahn und Schleyer sowohl im BDI-Präsidium als auch im BDA-Präsidium vertreten. Auch der Siemens-Konzern sitzt mit einem Abgesandten beim BDI und zwei ordentlichen und einem stellvertretenden Mitglied im BDA-Vorstand. Ähnliches gilt für die Oetkergruppe und andere Großunternehmen.

Eine mögliche Variante der personellen Verbandsverflechtung wurde im Januar 1976 durch den BDI-Präsidenten Hans Günther Sohl ins Gespräch gebracht. Er machte den Vorschlag, daß BDI und BDA von 1979 ab in Personalunion von einem Doppelpräsidenten geführt werden. Mit dieser »Elefantenhochzeit« glaubt der fusionserfahrene Thyssen-Manager den Interdependenzen von Wirtschaftspolitik einerseits und Tarif- und Sozialpolitik andererseits organisatorisch besser entsprechen zu können. In einem Rundfunkinterview gab er unumwunden zu, daß der Sinn dieser Amtsfusion u. a. darin liegt, daß die Dachverbände »gegenüber der Regierung, gegenüber den Gewerkschaften einheitlicher und mehr aus einem Guß« auftreten können, »als das bisher der Fall gewesen ist«.[25]

Nicht nur bei den industriellen Wirtschaftsverbänden, sondern auch bei den Arbeitgeberverbänden wurde Sohls Vorschlag positiv aufgenommen. In einem von Hanns Martin Schleyer unterzeichneten Schreiben der BDA an alle Präsidial- und Vorstandsmitglieder dieser Organisation heißt es: »Diesem Vorschlag . . . waren Kontakte zwischen Herrn Sohl und mir vorausgegangen. Wir stimmten darin überein, daß durch eine Personalunion der Präsidialämter eine noch engere Zusammenarbeit zwischen den beiden autonomen Spitzenverbänden gefördert würde. Angesichts großer wirtschaftlicher und gesellschaftspolitischer Aufgaben sei dies erstrebenswert. Der Ansatz hierfür müsse eher im personellen als im organisatorischen Bereich gefunden werden . . . Das Präsidium der Bundesvereinigung hat heute das Vorhaben der Personalunion begrüßt und den Wunsch seiner baldigen Verwirklichung ausgedrückt.«[26]

Der Wunsch nach baldiger Verwirklichung dieses Vorschlages kann aber nur dann erfüllt werden, wenn der für die BDI-Geschäftsperiode 1977/78 bereits zum Präsidenten designierte Aufsichtsratsvorsitzende der Bayer AG, Kurt Hansen, auf sein Amt verzichtet. » . . . im Gespräch läßt er seine Bereitschaft durchschimmern, im Interesse der Neuregelung sein Amt Anfang 1977 mit einem gewissen Maß an Flexibilität anzutreten. Er würde sicher nicht trotzig darauf bestehen, als Präsident die vollen zwei Jahre zu dienen, wenn er damit der Neuregelung im Wege stünde«.[27] Es ist anzunehmen, daß Hansen, »gegen den sofort nach seiner Wahl von den 'Falken' im Industriellen-Verband eingewandt wurde, daß er zu wenig hart für die Funktion eines Cheflobbyisten sei«,[28] vor Ablauf seiner Amtsperiode seinen Stuhl für den bereits genannten Doppelpräsidenten Hanns Martin Schleyer frei machen wird. Schleyer, dessen Wiederwahl als BDA-Präsident als absolut sicher gilt, hat dem Vorschlag, ihn zum Superpräsidenten zu wählen, bereits zugestimmt.

Beziehungen zwischen Unternehmerverbänden und CDU-Wirtschaftsrat

Auch im Rahmen der Organisation der bürgerlichen Parteien hat sich das Unternehmertum mit speziellen Unternehmerorganisationen, die den Parteien angegliedert sind, verankert. Hierzu gehörten die Arbeitsgemeinschaft Selbständiger in der SPD, die Mittelstandsvereinigungen von FDP, CDU und CSU sowie die Wirtschaftsräte der letztgenannten Unionsparteien. Auch diese parteizugehörigen Unternehmerverbände sind in vielfältiger Art und Weise sowohl offiziell als auch informell mit Kammern, Arbeitgeber- und Wirtschaftsverbänden verbunden. Von der SPD erfährt man beispielsweise, daß ihre *Arbeitsgemeinschaft Selbständige* und die Arbeitsgruppe Selbständige der SPD-Bundestagsfraktion enge Beziehungen zu den Organisationen und Verbänden des gewerblichen Mittelstandes unterhalten.[29]

Umfassender und intensiver gestalten sich die Beziehungen zwischen den monopolistischen Dachverbänden und dem *Wirtschaftsrat der CDU e. V.* In dem 91 Personen umfassenden Vorstand sitzen zu einem Drittel Delegierte von BDI, BDA und DIHT.[30] Dazu gehören u. a. solche Verbandsgrößen wie: Philipp von Bismarck, Vorstandsmitglied der Kali-Chemie AG, Hannover; Alwin Münchmeyer, Präsident des Bundesverbandes Deutscher Banken und Ehrenpräsident des DIHT; Gisbert Kley, Vorstandsmitglied der Siemens AG; Dietrich Wilhelm von Menges, Generaldirektor der Gutehoffnungshütte; Matthias Schmitt, Vorstandsmitglied der AEG-Telefunken; Joachim Zahn, Vorstandsvorsitzender der Daimler-Benz AG; Peter von Siemens, Aufsichtsratsvorsitzender der Siemens AG; Felix A. Prentzel, Vorstandsvorsitzender der Degussa AG; Fritz Hellwig, Präsidialmitglied des Verbandes Deutscher Reeder; Albert Hallmann, Generaldirektor der BP-Aktiengesellschaft; Hermann Josef Abs, Aufsichtsratsvorsitzender der Deutschen Bank; Dieter Spethmann, Vorstandsmitglied der August Thyssen-Hütte AG; Johann Philipp von Bethmann, Inhaber des Bankhauses Gebr. Bethmann; Hans Birnbaum, Vorstandsvorsitzender der Salzgitter AG; Wolfgang Heintzeler, Vorstandsmitglied der BASF; Fritz Dietz und andere mehr. Natürlich gehören auch die Präsidenten der drei großen Dachverbände BDI, BDA und DIHT zu Ratsmitgliedern und Förderern dieser monopolistischen Freimaurerloge.

Seinem Statut nach ist der Wirtschaftsrat der CDU, trotz seines auf diese Partei bezogenen Namens, eine von der Union unabhängige Institution. Dieser Organisationscharakter wird damit begründet, daß man solchen Unternehmern eine politische Plattform bieten wolle, die gemäß einem Hermann-Josef-Abs-Rezept (»Ich war nicht einmal in der NSDAP«)[31] Einfluß auf die Politik nehmen möchten, ohne ein Parteibuch zu erwerben. Dieser Unternehmerverein ist also weder einer Kontrolle durch die Mitglieder der CDU unterworfen, noch an die Beschlüsse der Parteiorgane gebunden.

Nach informellen Angaben soll diese 'finanzielle Verpflegungskolonne' der CDU, so der Unionsabgeordnete Erik Blumfeld, etwa 5000 Mitglieder haben, deren Namen jedoch etwa so geheim sind wie die Inserentenkartei der St.-Pauli-Nachrichten. Nichtunternehmer können nur in beschränkter Anzahl und auf der Grundlage der Erfüllung strenger Konditionen Mitglied werden, denn die Organisation ist stark daran interessiert, von der Mitgliederzusammensetzung her nicht den Charakter einer politischen Organisation von Unternehmerinteressen zu verwischen.[32]

Über den Zweck dieser als 'Berufsvertretungsverband' anerkannten Organisation heißt es im Bonner Vereinsregister: »Zusammenschluß von Unternehmern, die die Wirtschaftspolitik der CDU fördern, Zusammenarbeit mit den Parlamenten und Behörden in allen Wirtschaftsfragen, beratende Unterstützung der Fachausschüsse der CDU«.

Zur Gestaltung dieser 'Zusammenarbeit' wurde ein vielfältiges Instrumentarium geschaffen, dessen wichtigste Einzelinstrumente die

Vereinskonstruktion, die Publikationen, die Kommissionsarbeit und die Wirtschaftstage sind. Der hauptsächliche Adressat der Verbandsaktivitäten ist natürlich die CDU, die mit ihren politischen Mandatsträgern, vorwiegend Bundestagsabgeordneten, ein Drittel der Mitglieder im erweiterten und mehr als die Hälfte im geschäftsführenden Vorstand stellt.

Der Wirtschaftsrat kann trotz seiner parteiexternen Stellung als eine der einflußreichsten Gruppen innerhalb der CDU angesehen werden. Seine Position ist vor allem durch das Spannungsfeld zu den Sozialausschüssen bestimmt. Hierzu folgendes Beispiel: Obwohl der Wirtschaftsrat auf dem CDU-Parteitag 1971 nicht in Erscheinung getreten ist, gelang es ihm, sein Mitbestimmungsmodell zu einem Teil des Parteiprogramms zu machen. Die Sozialauschüsse dagegen, die offen in Erscheinung getreten waren, konnten mit ihrem Alternativentwurf nur rund ein Fünftel der Parteitagsdelegierten hinter sich bringen. Diese Stärke reicht auch in die Bundestagsfraktion der CDU/CSU hinein. Der Geschäftsführer des Wirtschaftsrates, Haimo George, hält den Einfluß seiner Organisation für doppelt so stark wie den der Sozialausschüsse.[33]

Die polit-ökonomische Bedeutung des im Wirtschaftsrat repräsentierten Wirtschaftspotentials kommt darin zum Ausdruck, daß in ihm zu 80 Prozent jene rund 1000 Unternehmen vertreten sind, auf die etwas mehr als die Hälfte des Gesamtumsatzes der Wirtschaft der BRD entfallen. Der Politikwissenschaftler Jürgen Dittberner kommt in seiner Untersuchung über den Wirtschaftsrat daher zu dem Schluß, daß sich das bundesdeutsche Unternehmertum mit monopolistischem Übergewicht durch diese Organisation an strategisch bedeutender Stelle im Parteiensystem eine Institution geschaffen hat, die die Wahrung der kapitalistischen Wirtschaftsordnung sichern soll.[34]

Um sich das Wohlwollen der Monopolindustrie einzukaufen, plante der ehemalige SPD-Schatzmeister Alfred Nau zu Beginn der siebziger Jahre einen SPD-Wirtschaftsrat einzurichten. Dieser Unternehmerrat sollte u. a. Treffs der bedeutendsten Wirtschaftsführer mit dem damaligen Bundeskanzler Willi Brandt und dessen Ministern organisieren.[35] Zwei Jahre später begann dann der inzwischen verstorbene Generalsekretär der FDP, Karl Hermann Flach, ausgehend von den FDP-Wirtschaftstagen, einen parteizugehörigen Wirtschaftskreis vorzubereiten. »Der Kreis soll der Wirtschaft die Möglichkeit geben, leichter mit den Ministern der Liberalen zusammenzutreffen«.[36] Die Entwicklung hat jedoch gezeigt, daß die bundesrepublikanischen Monopolchefs vorzugsweise auf die Karte der CDU/CSU setzen. Die Gründung von Konkurrenzvereinen zum Wirtschaftsrat der CDU kam nicht zustande.

Verbandsfusionen
Das Problem der Schwierigkeit einer klaren Trennung der Unternehmerverbände in Wirtschaftsverbände einerseits und Arbeitgeberverbände andererseits, gewinnt dadurch an Bedeutung, daß einige Unternehmerverbände innerhalb ein und derselben Organisation sowohl als wirtschafts- wie auch als sozialpolitischer Verband firmieren. So ist z.B. der Verband Deutscher Reeder gleichzeitiges Mitglied von BDI und BDA. Gleiches gilt für den Verband der Zeitungsverleger. Hinzu kommt eine relativ häufige personelle und standortmäßige Indentität von Wirtschafts- und Arbeitgeberverband einer bestimmten Branchengruppe. Personal und Büros eines solchen, zumeist kleineren Organisationszweiges, ist dann gleichzeitig mit sozial- und wirtschaftspolitischen Aufgaben betraut. Der Verbandsgeschäftsführer führt damit faktisch die Geschäfte von zwei Verbänden.

In einigen Gebieten wurden aus Gründen der größeren Effizienz und Durchschlagskraft beide Verbandstypen zu einem einheitlichen Verband verschmolzen, so beispielsweise 1964 die Arbeitgeber- und Wirtschaftsverbände von Rendsburg und Neumünster. Die umfassendste Verbandsfusion wurde in der Pfalz vorgenommen, wo sich die wirtschafts- und sozialpolitischen Regionalverbände im Verband der Pfälzischen Industrie zusammengeschlossen haben. Hier ist keine interverbandliche Abstimmung der wirtschafts- und sozialpolitischen Tagesfragen mehr nötig, denn die Zentralisation von 22 pfälzischen Mitgliedsverbänden mit mehr als 1000 Industriebetrieben ermöglicht eine Wirtschafts- und Sozialpolitik aus einem Guß.

Auch innerhalb der einzelnen Verbandstypen sind solche Konzentrations- und Fusionsbewegungen festzustellen. Stellvertretend für andere Wirtschaftszweige soll das am Beispiel der Textilbranchen dargestellt werden.

Hier haben die Verbände solcher kleinen Produktionssektoren wie der Teppichgarnherstellung, der Streichgarnspinnerei, der Wolldeckenfabrikation u. ä. mit fachlich übergeordneten Verbänden fusioniert. Von den ehemals 54 Mitgliedsverbänden des Textil-Gesamtverbandes im Jahre 1957 sind bis 1973 41 übriggeblieben, womit der Fusionsprozeß jedoch noch keineswegs abgeschlossen ist.[37]

Mit diesem Fusions- und Konzentrationsprozeß geht ein Machtzuwachs der entstehenden größeren Organisationsgebilde bis hin zum Spitzenverband Gesamttextil einher.

5. Innerverbandliche »Demokratie«

Antidemokratische Managementmentalität
Verbände werden nach der in der Bundesrepublik herrschenden Rechtsauffassung als »legale und legitime Mitformer des politischen Willens«[38] anerkannt. Kein maßgeblicher Staatsrechtler bestreitet mehr das Recht der vorparlamentarischen Mitarbeit durch Verbände und andere Organisationsgebilde. In der Geschäftsordnung des Bundestages (§ 72) sowie der gemeinsamen Geschäftsordnung der Bundesministerien (§ 23) wird den Verbänden — daß es sich dabei vorwiegend um die Unternehmerverbände handelt, wird noch an anderer Stelle dargestellt — das Recht der mittelbaren Teilhabe an der Staatsgewalt sogar ausdrücklich zugesprochen. Bedenkt man außerdem die ideologische und finanzielle Abhängigkeit vieler Abgeordneter von den sie tragenden Unternehmerverbänden oder Monopolfirmen, so kann unbesorgt auch von einer direkten Teilhabe an der Staatsmacht gesprochen werden. Insofern entspricht das von der politischen Wissenschaft eingeführte Unterscheidungskriterium zwischen Partei und Verband, wonach erstere um direkten Einfluß, der letztere aber nur um indirekten Einfluß bemüht sei, idealtypischen Vorstellungen, nicht jedoch der realpolitischen Situation.

Während aber von den Parteien als 'Träger und Mittler eines freien Willensbildungsprozesses' nach Artikel 21 des Grundgesetzes eine demokratische Binnenstruktur verlangt wird, gilt entsprechendes nicht für die am politischen Prozeß direkt oder indirekt teilnehmenden Verbände, und noch viel weniger für die in den Parlamenten vertretenen Monopolunternehmen. Das ist einer der Gründe dafür, daß in jüngster Zeit verstärkt die Frage nach der demokratischen Legitimation dieser ökonomischen Machtgebilde bezüglich ihrer Organisationsstruktur gestellt wird.

Zu den Eigenarten der Unternehmerorganisationen, seien es nun Firmen oder Verbände, gehört aber ihre spezifisch antidemokratische Mentalität, wie sie schon im Abschnitt über die Geschichte dargelegt wurde. Daß sie nicht an Aktualität verloren hat, beweist der vieldiskutierte Satz aus einem Kommentar des Industriekuriers, in dem es lapidar heißt: »Die Demokratisierung der Wirtschaft ist so unsinnig wie eine Demokratisierung der Schulen, der Kasernen und der Zuchthäuser.« Wolfgang Abendroth stellt in seiner Untersuchung über innerverbandliche und innerparteiliche Demokratie fest, daß die kapitalistisch organisierten Großgebilde der Industrie und Bankenwelt ihrem Wesen nach auch gar nicht demokratisch strukturiert sein können. Das ergibt sich aus der profitorientierten Zielbestimmung dieser Unternehmen, zu deren Erfüllung die Arbeitnehmer über eine Hierarchie von Zwischenstufen einem dezisionistisch leitenden Management befehlsunterworfen sind.[39] Aber auch in den Verbänden ist es dieses Management, das kraft des umsatz- und beschäftigungsmäßigen Übergewichts ihrer Unternehmen, die Verbandspolitik bestimmt. Als Folge davon, so Abendroth, überträgt sich die antidemokratische Mentalität dieses Managements auf die Mentalität der Führung der Verbände.

In ähnlicher Richtung äußert sich Edwin Buchholz, der außerdem darauf verweist, daß in der Regel nur Großunternehmen finanziell und personell in der Lage sind, die erforderlichen Experten für die Verbandsarbeit freizustellen. Darum brauchen die Großunternehmen nicht einmal große Anstrengungen zu unternehmen, um Vormachtsstellungen zu erlangen, da ihnen die vakanten Posten 'freiwillig' überlassen werden.[40]

Unternehmensgröße als Konfliktgegenstand
Dieses 'freiwillige' Überlassen bedeutet aber nicht, daß sich als Folge davon ein widerspruchsfreies Verhältnis zwischen großen und kleinen Unternehmen in den Verbänden einstellt. Aus einer Untersuchung

über das Selbstbild der Verbände erfährt man, daß bei den Wirtschaftspolitischen Verbänden die unterschiedliche Betriebsgröße 39mal und das unterschiedliche Profitniveau 12mal als Ursache von Auseinandersetzungen genannt wurden, dagegen Branchenunterschiede nur 30mal (Basiszahl = 153, der Rest nannte andere Gründe).[41] Bei den Arbeitgeberverbänden wurde die unterschiedliche Betriebsgröße 53mal, die unterschiedliche Zusammensetzung des Kapitals (lohn- oder kapitalintensiv) 38mal, das unterschiedliche Gewinnniveau 7mal und die Verschiedenheit der Branchen nur 46mal als Ursache von Verbandsdifferenzen genannt (Basiszahl = 189 Nennungen, der Rest nannte andere Gründe).[42] Schon in diesen wenigen Zahlen spiegelt sich das widerspruchsvolle Verhältnis von großen und kleinen, von monopolistischen und nichtmonopolistischen Unternehmen wider. Nicht selten kam es vor, so der langjährige BDI-Präsident Fritz Berg, daß die aus den Interessenswidersprüchen zwischen den Konzernen und den mittelständischen Unternehmen entspringenden Spannungen im deutschen Unternehmertum nur noch durch die Fixierung einer innenpolitischen Feindposition (Gewerkschaften, Sozialismus u. ä.) verdeckt werden konnten.[43]

Führungsprinzip statt demokratischer Willensbildung
Merkwürdigerweise wirken diese Spannungen aber nicht in Richtung einer innerverbandlichen Demokratisierung, zumindest einer stärkeren Repräsentation nichtmonopolistischer Unternehmen in den Führungsgremien der Verbände. Das Gegenteil ist eher der Fall.

Was die Gründe dafür angeht, so wurde auf das ökonomische Übergewicht der Großunternehmen sowie auf die 'freiwillige Abstinenz' der Kleinen bereits hingewiesen. Doch dürfte auch die Abhängigkeit der kleinen Unternehmen gegenüber Monopolunternehmen, an die sie als Zuliefererbetriebe gebunden sind, eine wichtige Rolle spielen. Allein Siemens und die AEG haben je 30 000 Zuliefererfirmen.[44]

Der schon erwähnte Edwin Buchholz formuliert als weiteren Grund, »daß sich die Wirtschaftsverbände der Unternehmen schon im Satzungswillen, ganz besonders hervorstechend aber im praktizierten Verbandswillen, viel eindeutiger als Führungs- denn als Massenverbände ... darstellen«.[45]

Als ersten und wichtigsten Grund dafür nennt er die Tatsache, daß an der Spitze eines Unternehmerverbandes kein Funktionär, sondern ein Unternehmer steht, wobei es keine Rolle spielt, ob er Allein- oder Mitunternehmer oder angestellter Manager ist. Der zweite Grund, der den Unternehmerverband als Führungsverband prägt, ist die »autoritäre Grundhaltung der Unternehmer, die ihre tägliche Erfahrung, daß ein Unternehmen kaum nach demokratischen Prinzipien der Willensbildung zu leiten sei, auch auf den Unternehmerverband übertragen«.[46] So kommt auch Petra Bauer zu der Feststellung, daß eine »zeitlich ausgedehnte Kommunikation zwischen den Verbandsspitzen und den Mitgliedern zur Vorbereitung von wichtigen Entscheidungen . . . als unrationeller Demokratieaufwand verdächtigt (wird), der die Effektivität eines schlagkräftigen Verbandes im Rahmen seiner aktuellen Ziele reduziert«.[47]

Da es sich bei BDI, BDA und DIHT um Dachverbände, also um Verbände von Spitzenverbänden handelt, wäre zu fragen, inwieweit die bisher getroffenen Feststellungen für diesen Verbandstypus verallgemeinert werden können. Was seinen monopolistischen Charakter angeht, so wurde darauf schon bei der Einzeldarstellung hingewiesen. Hinzu kommt, daß es sich bei den Vorsitzenden von BDI und BDA, nämlich bei dem ehemaligen faschistischen Wehrwirtschaftsführer Sohl sowie beim Ex-SS-Untersturmführer Schleyer um Repräsentanten und Garanten des antidemokratischen Prinzips handelt.

Das Recht des Stärkeren
Doch unabhängig von der individuellen Besetzung der Spitzenfunktionen schlägt sich das kapitalistische Wolfsgesetz des Rechts des Stärkeren auch in den Verbandssatzungen nieder. Schon der Abstimmungsmodus bei den Mitgliederversammlungen gewährleistet einen bestimmenden Einfluß der beschäftigungsstarken Industriezweige. So richtet sich die Zahl der Stimmen jedes der 39 Mitglieder des BDI nach der Anzahl der in den Betrieben des Mitgliedsverbandes beschäftigten Arbeitnehmer gemäß folgender Staffelung:

Bis 50000 Beschäftigte 2 Stimmen
von 50001 bis 100000 Beschäftigte 4 Stimmen

von 100001 bis 150000 Beschäftigte 6 Stimmen
von 150001 bis 200000 Beschäftigte 7 Stimmen
für jede weiteren 50000 Beschäftigten 1 Stimme

Diese Quotierung sichert die Vormachtstellung der monopolistischen Schwerindustrie. So ist der Einfluß des Verbandes der Automobilindustrie mit mehreren Hunderttausend Beschäftigten in seinen Mitgliedsunternehmen wesentlich stärker als z.B. der der Vereinigung Deutscher Sägewerksverbände. Hinzu kommt, daß die Schwerindustrie mit 13, die chemische Industrie mit 8, die holzverarbeitende Industrie dagegen nur mit 3 Verbänden im BDI vertreten ist.

In der BDA wird ein ähnlicher Abstimmungsmodus praktiziert. § 11 der Satzung gewährt jedem Mitgliedsverband eine Stimme, zusätzlich eine weitere pro 100000 Beschäftigte. Auch hier dürfte z. B. der Einfluß des Verbandes Deutscher Ölmühlen ein geringerer sein als der des Gesamtverbandes der metallindustriellen Arbeitgeberverbände. Dazu die Zeitschrift 'Volkswirt': »Die unterschiedlichen Einflüsse von Mitgliedsverbänden haben freilich . . . handgreifliche Gründe: die Mitgliedsbeiträge. Auch hier liegen die Großen vorn. Ihre Zahlungen speisen den BDA-Etat.«[48]

Auch bei den *Industrie- und Handelskammern* und beim DIHT mangelt es an demokratischer Repräsentativität. Als Beispiel sei hier die IHK Frankfurt am Main stellvertretend für die anderen genannt. In diesem Kammerbezirk existieren 38000 kaufmännische Unternehmen. Von diesen fallen aufgrund handelsgesetzlicher Bestimmungen, deren Grundlage die Unternehmensgröße ist, rund 15000 unter die Kategorie Vollkaufleute, während die restlichen 23000 als Minderkaufleute gelten. Die Gruppe der Vollkaufleute entsendet nach der Wahlordnung 66 Vertreter in die Mitglieder-Vollversammlung, während der wesentlich größeren Gruppe der Minderkaufleute nur vier Vollversammlungssitze zugestanden sind.[49] Noch deutlicher wird die Vorherrschaft der Großen, wenn man die Gruppe der Vollkaufleute für sich allein betrachtet. Von den 15000 vollkaufmännisch geführten Unternehmen gehören 2654 zur Industrie. Sie entsendet 17 Abgesandte in die Vollversammlung. Dem Groß- und Außenhandel mit 3931 Firmen stehen dagegen nur 12 Mandate zu. Die 322 im Kammerbezirk ansässigen Banken und Wertpapierunternehmen nehmen 8 Sitze in Anspruch, während die 343 vollkaufmännisch geführten Hotels und Gaststätten über nur 2 verfügen.[50]

Als Basis für diesen Stimmschlüssel dient eine sich aus Unternehmensgröße, Beschäftigtenzahl und Umsatz zusammensetzende Kennzahl. Am Ende der Berechnung kommt eine — wie auch immer geartete — Vorherrschaft des monopolistischen Finanzkapitals heraus. Dabei ist zu bedenken, daß es sich bei den IHK'n um halbstaatliche Körperschaften handelt, die dem demokratischen Prinzip im besonderen verpflichtet sein sollten. Daß sich das Übergewicht der Großen in den Kammern auf den DIHT überträgt, ergibt sich daraus, daß die Großen der Kammern ihre Vertreter in die Organe des Dachverbandes entsenden. Mit dem Stahlgroßhändler Otto Wolff von Amerongen, Inhaber des achtgrößten Handelsunternehmens der BRD (1972), dominiert auch dort die monopolistische Schwerindustrie.

Monopolistischer Zentralismus als Satzungsprinzip
Auch durch andere *Satzungsbestimmungen* wird die Macht der Großen zementiert. So steht es z. B. dem BDI-Präsidium nach § 16 der Satzung zu, zusätzlich zu den von der Mitgliederversammlung gewählten Präsidialmitgliedern »acht weitere hervorragende Persönlichkeiten der Industrie als Präsidialmitglieder hinzuzuwählen«. Im § 18 der BDA-Satzung ist eine ähnliche Regelung vorgesehen. Hier sind es aber nur zwei Mitglieder, die in das Präsidium kooptiert werden können. Im Absatz 2 dieses Paragraphen heißt es dann weiter: »Im Präsidium sollen insgesamt sieben Vertreter dem Wirtschaftszweig Industrie, fünf den übrigen Wirtschaftsbereichen . . . der Bundesvereinigung angehören . . . Drei Vizepräsidenten sollen dem Wirtschaftszweig Industrie angehören.«

In den Satzungen findet sich auch eine Bestimmung, die man das Prinzip des 'monopolistischen Zentralismus' nennen könnte: In § 6 der BDI-Satzung heißt es: »Die Mitglieder sind an die Entschließungen des Bundesverbandes gebunden . . . Die Mitglieder sind verpflichtet, den Bundesverband in der Durchführung seiner satzungsgemäßen Aufgabe zu unterstützen.« Im § 6 der BDA-Satzung findet sich eine fast gleichlautende Bestimmung: »Die Mitglieder der Bundesvereinigung sind an die satzungsgemäß zustande gekommenen Beschlüsse der Bundesvereinigung und ihrer Organe gebunden . . . Sie sind verpflichtet, der Bundesvereinigung und deren Organe gewissenhaft und fristgerecht alle erforderlichen Auskünfte zu geben . . .« Im § 19 der BDI-Satzung befindet sich noch folgende bemerkenswerte Formulierung: »In wichtigen Angelegenheiten, die wegen ihrer Dringlichkeit keinen Aufschub dulden, ist das Präsidium berechtigt, Maßnahmen zu treffen.« Was aber wichtig ist, entscheidet die monopolistische Mehrheit im BDI, die im Präsidium, im Vorstand und auch in der Mitgliederversammlung herrscht. Darum meint das Vorstandsmitglied der Hütten- und Bergwerke Rheinhausen AG, Fritz Wilhelm Hardach, daß, wenn von Wirtschaftsverbänden gesprochen wird, damit eigentlich nur Vorstand, Geschäftsführung und — in begrenztem Umfang — die Ausschüsse gemeint sein können. Sie sind für die Verbandspolitik die wichtigsten Organe, nicht aber die Mitgliederversammlung.[51]

Mitgliederversammlung als Alibiveranstaltung
Obwohl sich die Großunternehmen durch den schon erwähnten Abstimmungsmodus in den Mitgliederversammlungen eine absolute Vorherrschaft gesichert haben, scheinen Mitgliederversammlungen, die für jede demokratische Organisation das eigentlich substanzielle und bestimmende Organ sind, für die Willensbildung in den Unternehmerverbänden ohne große Bedeutung zu sein. So erfährt man von Walter Huppert, einem langjährigen Mitglied in der Geschäftsführung des Zentralverbandes der Elektrotechnischen Industrie, daß es in den »Mitgliederversammlungen kaum jemals zu Kampfabstimmungen, meist nicht einmal zum Auszählen der Stimmen; noch weniger zu organisierten Gruppenbildungen (Fraktionen)«[52] kommt. Der schon erwähnte F. W. Hardach äußert sich, ebenfalls aus eigener Erfahrung, noch freimütiger: »Die . . . Mitgliederversammlung (Hauptversammlung) hat in den meisten großen Verbänden nur noch verhältnismäßig geringe Bedeutung für die Willensbildung. Sie tritt einmal im Jahr zusammen, nimmt den Jahresbericht des Vorsitzers oder Geschäftsführers zur Kenntnis, beschließt in kurzer Zeit die sogenannten Regularien (Genehmigung des Rechnungsabschlusses, des Haushaltsplans, Entlastung des Vorstands und der Geschäftsführung, Wahl des Vorsitzers oder Vorstands); sie hört den Vortrag eines bedeutenden

Gelehrten oder Politikers und beschließt die Tagung mit einer festlichen Veranstaltung (Bankett und/oder Opernbesuch). Die Mitgliederversammlung hat etwa die Bedeutung einer 'fleet in beeing', d. h. im Hinblick auf die Mitgliederversammlung haben Vorsitzer, Vorstand, Geschäftsführung die Verbandspolitik so zu führen, daß sie nicht den Widerspruch einer einflußreichen Minderheit der Mitgliedsfirmen (sic.!) zu befürchten haben.«[53]

Solche und ähnliche Aussagen von Verbandskennern und -funktionären lassen vor dem Hintergrund der übrigen Feststellungen über den »demokratischen« Charakter von Unternehmerverbänden solche Schlußfolgerungen zu, wie sie sich in einer Fußnote der Habilitationsschrift des schon erwähnten E. Buchholz finden: »Es ist deshalb einfach unglaubwürdig, wenn Funktionäre von Unternehmensverbänden — und mögen sie auch so prominent sein wie der Bundestagsabgeordnete und Hauptgeschäftsführer des BDI, Gustav Stein — die Bedeutung des demokratischen Prinzips in ihren Verbänden hervorheben.«[54] In diesem Punkte ist der pensionierte Verbandsgeschäftsführer Walter Huppert, zu dessen Buch »Industrieverbände« Gustav Stein ein Geleitwort geschrieben hat, in dem er dem Verfasser langjährige Erfahrungen im Verbandswesen attestiert, schon wesentlich offener. Er resümiert: »Insgesamt läßt sich sagen, daß für eine konsequent formale Demokratisierung nach parlamentarischem Muster in den Industrieverbänden kein Bedürfnis und auch keine organisatorischen Voraussetzungen . . . bestehen.«[55] Dieser allgemeinen Charakterisierung braucht nichts mehr hinzugefügt zu werden.

Anmerkungen:

1) Vgl. Schmölders, Günter: Das Selbstbild der Verbände, Westberlin 1965, S. 15; dort ausgezählt nach Paulini, Georg: Helfer der Wirtschaft. Verbände, Behörden und Organisationen, Darmstadt 1962.
2) Vgl. Handbuch der deutschen Aktiengesellschaften, Darmstadt, jährlich.
3) Agartz, Viktor: Zur Situation der Gewerkschaften im liberal-kapitalistischen Staat, Westberlin 1955, S. 451.
4) Vgl. Huppert, Walter: Industrieverbände, Westberlin 1973, S. 80.
5) Vgl. Chmelnizkaja, Jelisaweta: Grundzüge des heutigen Monopols, Moskau 1971 (russ.), S. 100.

6) Vgl. Bredl, W.: Die Interessenvertretung für Arbeitnehmer, in: Gewerkschaftsspiegel, 1968/24, S. 1 f.

7) Vgl. Publik, Nr. 9/9. 5. 1969.

8) Vgl. Banaschak, Manfred: Zur Stellung und Entwicklung der 'Arbeitgeber'-Verbände im Mechanismus des staatsmonopolistischen Kapitalismus und im System imperialistischer Massenverführung, Berlin (DDR) 1963, S. 54 (Diss.).

9) Vgl. Huppert, Walter: a.a.O., S. 29.

10) Ebenda, S. 29/30.

11) Ebenda, S. 59.

12) Weder BDI noch BDA waren bereit, dem Verfasser Auskünfte über Beitrags- und Etatfragen zu geben.

13) Wagner, Hellmuth: Wirtschaftsverbände, in: Management Enzyklopädie, München 1972, S. 680.

14) Vgl. Handelsblatt Nr. 218, 12. 11. 1973.

15) Huppert, Walter: a.a.O., S. 33.

16) Industriekurier Nr. 93, 19. 6. 1968.

17) Vgl. Koubek, Norbert, u. a.: Wirtschaftliche Konzentration und gesellschaftliche Machtverteilung in der Bundesrepublik Deutschland; in: Politik und Zeitgeschichte, Nr. 28/1972, S. 16.

18) Vgl. Herrmann, Walther: Der organisatorische Aufbau und die Zielsetzung des BDI; in: Fünf Jahre BDI, Bergisch-Gladbach 1954, S. 51.

19) Guschka, A. O.: Die Vertretungsorganisationen der Handels- und Industrieklasse in Rußland, St. Petersburg 1912; zitiert nach: Lenin, W. I.: Werke, Band 18, Berlin (DDR) 1972, S. 42.

20) Ebenda, S. 43.

21) Vgl. Pohle, Ekhard: Interessenverbände der öffentlichen Hand; in: Verwaltungsarchiv 53/1962, S. 201 ff. und S. 333 ff.

22) Vgl. BDA: Arbeitgeber — Jahresbericht der BDA, Köln 1974, S. 7.

23) Zitiert nach Möller, Armin E., und Koch, Reinhard: Die Macht der Verbände — Auftrag und Versuchung. Sendung des Hessischen Rundfunks, von der ARD am 24. 3. 1975 ausgestrahlt (vervielfältigtes Manuskript).

24) Vgl. Frankfurter Neue Presse, 11. 11. 1975.

25) Westdeutscher Rundfunk, Drittes Programm, ausgestrahlt am 2. 2. 1976.

26) Aus einem Schreiben der BDA vom 28. 1. 1976.

27) Herlt, Rudolf: Der doppelte Schleyer, in: Die Zeit, Nr. 7, 6. 2. 1976.

28) Frankfurter Rundschau, 29. 1. 1976.

29) Vgl. Fraktion der SPD im Deutschen Bundestag, Arbeitsgruppe Selbständige: vervielfältigte Argumentationshilfe für Mitglieder der SPD-Bundestagsfraktion, April 1975.

30) Vgl. Dittberner u. a.: Parteiensystem in der Legitimationskrise, Opladen 1973, S. 213.

31) Capital, Nr. 1/1970, S. 44.

32) Vgl. Dittberner, J., u. a.: a.a.O., S. 211.

33) Vgl. Hoffmann, Wolfgang: Die Traditionskompanie der sozialen Markt-

wirtschaft, in: Die Zeit, 24. 3. 1972.

34) Vgl. Dittberner, Jürgen, u. a.: a.a.O., S. 226.

35) Vgl. Capital, Nr. 1/1970, S. 45.

36) Die Welt, Nr. 298, 22. 12. 1972.

37) Vgl. Blick in die Wirtschaft, 17. 3. 1973.

38) Wittkämper, Gerhard W.: Grundgesetz und Interessenverbände, Köln—Opladen 1963, S. 133f.

39) Vgl. Abendroth, Wolfgang: Innerparteiliche und innerverbandliche Demokratie als Voraussetzung der politischen Demokratie, in: Politische Vierteljahresschrift, Köln 1964, H. 5, S. 318.

40) Vgl. Buchholz, Edwin: Die Wirtschaftsverbände in der Wirtschaftsgesellschaft, Tübingen 1969, S. 109.

41) Vgl. Schmölders, Günter: Das Selbstbild der Verbände, Westberlin 1965, S. 192.

42) Vgl. ebenda, S. 279.

43) Vgl. Jaeggi, Urs: Macht und Herrschaft in der BRD, 7. Auflage, Fankfurt/M. 1972.

44) Vgl. Conzelmann, Paulswalter: Risiken und Chancen der mittelständischen Zulieferer und wirtschaftspolitische Möglichkeiten der Risikoabgrenzung. Unveröffentliches Gutachten, erstellt im Auftrag des Ministeriums für Wirtschaft, Mittelstand und Verkehr des Landes Nordrhein-Westfalen, März 1964, S. 16, 17.

45) Buchholz, Edwin: a.a.O., S. 111.

46) Ebenda, S. 111.

47) Bauer, Petra: Expertenkartelle in Verbänden und Parteien. Verbandseinflüsse und innerparteiliche Demokratie, in: Gegenwartskunde, Opladen 1971, H. 3.

48) Volkswirt, 25. 11. 1966, S. 2272.

49) Vgl. Wahlordnung der Industrie- und Handelskammer Frankfurt am Main vom 26. November 1957.

50) Vgl. ebenda.

51) Vgl. Hardach, Fritz Wilhelm: Unternehmenspolitik durch Wirtschaftsverbände, in: management international, 1963, H. 3, S. 5.

52) Huppert, Walter: Industrieverbände, Westberlin 1973, S. 61.

53) Hardach, Fritz Wilhelm: a.a.O., S. 5.

54) Buchholz, Edwin: a.a.O., S. 111.

55) Huppert, Walter: a.a.O., S. 62.

IV. Zur Anatomie von BDI, BDA und DIHT

1. Der Bundesverband der Deutschen Industrie (BDI)

Dem BDI obliegt die Gesamtvertretung industrieller Interessen für das Gebiet der Bundesrepublik Deutschland und Westberlin. Obwohl neben ihm zwölf weitere wirtschaftspolitische Dachverbände der gewerblichen Wirtschaft sowie die BDA und der DIHT bestehen, hat er sich zur entscheidenden Schaltstelle für die Formierung und Durchsetzung der grundlegenden ökonomischen und politischen Machtinteressen des bundesdeutschen Monopolkapitals entwickelt. »Zu den ungeschriebenen Gesetzen gehört es, daß der Bundesverband der Industrie in allen wesentlichen wirtschaftspolitischen Fragen die entscheidende Aussage machte...«[1]

Die Mitglieder des BDI

Der BDI ist ein *Verband von Verbänden*. Ihm gehören nicht Einzelpersonen oder einzelne Unternehmen, sondern die 39 industriellen Wirtschafts-Spitzenverbände der BRD an. In § 4 der BDI-Satzung wird dieses Mitgliedsprinzip folgendermaßen formuliert: »Mitglieder werden können Wirtschaftsverbände und Arbeitsgemeinschaften der Industrie, die Spitzenvertretung einer gesamten Industriegruppe für das Gebiet der Bundesrepublik Deutschland sind.« Dabei handelt es sich um die folgenden 39 Organisationen:

Verband der Automobilindustrie e.V.
Hauptverband der Deutschen Bauindustrie e.V.
Bundesverband Bekleidungsindustrie e.V.
Wirtschaftsvereinigung Bergbau e.V.
Deutscher Brauer-Bund e.V.
Verband der Chemischen Industrie e.V.
Verband der Cigarettenindustrie e.V.
Bundesverband Druck e.V.
Wirtschaftsverband Eisen, Blech und Metall verarbeitende
Industrie e.V.

Wirtschaftsvereinigung Eisen- und Stahlindustrie
Wirtschaftsverband Erdölgewinnung e.V.
Bundesvereinigung der Deutschen Ernährungsindustrie e.V.
Verband der Fahrrad- und Motorradindustrie e.V.
Verband der Deutschen Feinmechanischen und Optischen Industrie e.V.
Deutscher Giessereiverband
Bundesverband Glasindustrie e.V.
Hauptverband der Deutschen Holzindustrie und verwandter Industriezweige e.V.
Arbeitsgemeinschaft Industriengruppe
Wirtschaftsverband der Deutschen Kautschukindustrie e.V.
Arbeitsgemeinschaft Keramische Industrie e.V.
Gesamtverband Kunststoffverarbeitende Industrie e.V.
Verband der Deutschen Lederindustrie e.V.
Verband der Deutschen Lederwaren- und Kofferindustrie e.V.
Bundesverband der Deutschen Luft- und Raumfahrtindustrie e.V.
Verein Deutscher Maschinenbau-Anstalten e.V.
Wirtschaftsvereinigung Metalle e.V.
Mineralölwirtschaftsverband e.V.
Hauptverband der Papier, Pappe und Kunststoffe verarbeitenden Industrie e.V.
Verband Deutscher Papierfabriken e.V.
Vereinigung Deutscher Sägewerksverbände e.V.
Verband Deutscher Schiffswerften e.V.
Hauptverband der Deutschen Schuhindustrie e.V.
Wirtschaftsverband Stahlbau- und Energie-Technik
Wirtschaftsverband Stahlverformung e.V.
Bundesverband Steine und Erden e.V.
Gesamtverband der Textilindustrie in der Bundesrepublik Deutschland — Gesamttextil — e.V.
Wirtschaftsvereinigung Ziehereien und Kaltwalzwerke
Verein der Zuckerindustrie
Wirtschaftsverband der Elektrotechnischen Industrie e.V.
Bei dieser Aufzählung ist jedoch zu berücksichtigen, daß den 39 Mitgliedern des BDI weitere 370 Fach- und 188 Landesverbände angehören, die ihrerseits rund 95 000 Betriebe mit insgesamt etwa

8 Millionen Beschäftigten vertreten. Das sind etwa 80 Prozent aller Industrieunternehmen in der Bundesrepublik.

Wie die Aufzählung zeigt, sind die Mitgliedsverbände nach Erzeugnisgruppen (Autos, Chemie, Textil usw.) geordnet. Der BDI umfaßt damit praktisch alle Zweige industrieller Tätigkeit. Über seine umfangreiche Verbandsverästelung wirkt er in alle Industriebereiche und fast alle Industrieunternehmen hinein.

Verbandsaufgaben

Der BDI ist ein Wirtschaftsverband, d. h. er nimmt die wirtschaftspolitischen Interessen der Gesamtheit seiner Mitgliederverbände wahr. Dazu nochmals die BDI-Satzung: »Der Bundesverband hat die Aufgabe, alle gemeinsamen Belange der in ihm zusammengeschlossenen Industriezweige zu wahren und zu fördern ... Ausgenommen ist die Vertretung sozialpolitischer Interessen.« Wie breit das Aufgabenspektrum gestreut ist, darüber geben die Inhaltsverzeichnisse der Jahresberichte des BDI Auskunft: Geld-, Kredit- und Währungspolitik, Verkehrswesen, Außenhandel, Industrieversicherungs-Wirtschaft, Finanz- und Steuerpolitik, Öffentliches Auftragswesen, Verteidigungsfragen, Rechtswesen, Mittelstandspolitik, Wirtschaftsstatistik, Umweltfragen, Energie- und Atomwirtschaft, Raumordnungs- und Regionalpolitik, Entwicklungsländer, Agrarpolitik, Forschung, Technologie, Berufsausbildung und sogar Kulturpolitik. Während die Mitgliedsverbände diese Aufgaben unter fachlichen Aspekten behandeln, nimmt sie der BDI unter überfachlichen Gesichtspunkten zum Zwecke der allgemeinen Verbesserung des gesamtindustriellen Profitniveaus wahr. Jedoch ist zu berücksichtigen, worauf schon an anderer Stelle hingewiesen wurde, daß der BDI partiell auch bestimmte sozialpolitische Aufgaben wahrnimmt. Das betrifft gegenwärtig insbesondere den Kampf gegen die Mitbestimmung, den er konzertiert und konzentriert zusammen mit der BDA und dem Institut der deutschen Wirtschaft gegen die Gewerkschaften führt.

Wie sehr detailliert und differenziert der BDI seine Aufgabe als industrielle Gesamtvertretung wahrnimmt, darüber gibt das S. 93 ff. abgedruckte 'Verzeichnis der wichtigsten Eingaben' des Jahres 1974/75 Auskunft.

Verzeichnis der wichtigsten Eingaben

Volkswirtschaft und Statistik

Datum	Empfänger	Gegenstand
16. 1. 1974	Kreditanstalt für Wiederaufbau	Freigabe von KW-eigenen Mitteln
19. 1. 1974	Bundeswirtschaftsministerium	Erneuerung der Rückbürgschaftserklärungen für die Kreditgarantiegemeinschaften
27. 9. 1974	Bundeswirtschaftsministerium	Kredithilfen für die Lagerhaltung mittlerer und kleiner Industrieunternehmen
16. 10. 1974	Bundeswirtschaftsministerium	Vorschläge zur Verbesserung des ERP-Programms
19. 11. 1974	Bundesfinanzministerium	Änderung des Kreditwesen-Gesetzes
6. 1. 1975	Wirtschaftsminister der Bundesländer	Gesetz über die Statistik im Produzierenden Gewerbe; hier: Stellungnahme des Bundesrates vom 29. 11. 1974 (Drucksache 690/74)
1. 4. 1975	Bundeswirtschaftsministerium	Erweiterung der Meldepflicht über deutsche Auslandsinvestitionen und ausländische Investitionen im Bundesgebiet

Wettbewerb

Datum	Empfänger	Gegenstand
31. 7. 1974	Bundesministerium für Wirtschaft	Nachteilsausgleich für die mittelständische Wirtschaft auf dem Wettbewerbsgebiet
27. 9. 1974	Bundesministerium für Wirtschaft	Privat-administrierte Preise im Tätigkeitsbericht des Bundeskartellamtes für 1973
25. 11. 1974	Monopolkommission	Stellungnahme zur Mißbrauchsaufsicht über marktbeherrschende Unternehmen
17. 12. 1974	Bundesministerium der Justiz	Umwandlung von Kartellordnungswidrigkeiten in Straftaten (Kommission zur Bekämpfung der Wirtschaftskriminalität)
18. 12. 1974	Bundeskartellamt	Stellungnahme zum Fragebogen des Bundeskartellamtes über Erfahrungen mit dem Fortfall der Preisbindung und die Entwicklung der Preisempfehlung
26. 2. 1975	Bundesministerium für Wirtschaft	Stellungnahme zur Konzentrationsstatistik des Bundeskartellamtes

Sozialwirtschaft

Datum	Empfänger	Gegenstand
1. 4. 1974 1. 7. 1974 8. 1. 1975	Arbeitsgemeinschaft der deutschen Wertpapierbörsen, Börsensachverständigenkommission beim BFM	Anerkennung der Empfehlungen der Börsensachverständigenkommission zur Lösung der sog. Insider-Probleme
25./ 30. 4. 1974	Bundesministerium der Justiz, Bundesministerium für Wirtschaft	Vorentwurf einer Richtlinie über Konzernabschluß und Konzernlagebericht, Prüfung und Veröffentlichung

Datum	Empfänger	Gegenstand
29. 4. 1974	Deutscher Bundestag, Ausschuß für Arbeit und Sozialordnung	Stellungnahme zum Regierungsentwurf eines Gesetzes über Konkursausfallgeld (BT-DS 7/1750)
April 1974	Deutscher Bundestag	Stellungnahme zum Entwurf eines Gesetzes zur Verbesserung der betrieblichen Altersversorgung (BT-DS 7/1281)
12. 6. 1974	Bundesministerium der Justiz, Bundesministerium für Wirtschaft	Verordnungsvorschlag für eine Europäische Kooperationsvereinigung; hier: Stellungnahme vom 15. 5. 1974 der UNICE
6. 8. 1974	Bundesministerium der Justiz, Bundesministerium für Wirtschaft	Koordinierung der Konzernrechnungslegungsvorschriften in der EWG; hier: Stellungnahme vom 28. 6. 1974 der UNICE
4./ 6. 12. 1974	Deutscher Bundestag	Stellungnahme zum Entwurf eines Gesetzes über die Mitbestimmung der Arbeitnehmer (BT-DS 7/2172)
2. 1. 1975	Bundesministerium der Justiz, Bundesministerium für Wirtschaft	Verordnungsvorschlag für Europäische Aktiengesellschaften; hier: Stellungnahme vom 12. 12. 1974 der UNICE zum Vorschlag des Europäischen Parlaments
21. 2. 1975	Bundesministerium der Justiz, Bundesministerium für Wirtschaft	Übernahmeangebot für Aktien und andere Wertpapiere; hier: Stellungnahme vom 11. 2. 1975 der UNICE zum Gutachten und Richtlinienvorschlag von Prof. Pennington
8. 4. 1975	Bundesministerium der Finanzen	Koordinierung der Börsenzulassungsbedingungen für Wertpapiere; hier: Zweiter Bericht der Gruppe „Informationen über Wertpapiere" der EG-Kommission

Energie- und Atomwirtschaft

Datum	Empfänger	Gegenstand
10. 5. 1974 6. 11. 1974	Ministerium für Wirtschaft, Mittelstand und Verkehr des Landes Baden-Württemberg	Preisänderungsklauseln in Stromlieferungsverträgen
7. 6. 1974	Wirtschaftsausschuß, Finanzausschuß und Haushaltsausschuß des Bundestages	3. Verstromungsgesetz
5. 9. 1974	UNICE	Neue energiepolitische Strategie für die Gemeinschaft
17. 9. 1974	Bundesministerium des Innern	Neufassung der Strahlenschutzverordnung
18. 10. 1974	Innenausschuß, Wirtschaftsausschuß und Ausschuß für Forschung und Technologie des Bundestages	Drittes Gesetz zur Änderung des Atomgesetzes
29. 10. 1974	Wirtschaftsausschuß, Rechtsausschuß und Haushaltsausschuß des Bundestages	Energiesicherungsgesetz 1975
7. 1. 1975 28. 1. 1975	Bundesministerium für Wirtschaft	3. Verstromungsgesetz (Richtlinien)
17. 1. 1975	Bundesministerium für Wirtschaft	3. Verstromungsgesetz (Richtlinien zu § 12 Abs. 2 – Ablösung der Minderpreisverträge)
8. 4. 1975	Wirtschaftsausschuß und Finanzausschuß des Bundestages; Bundesministerium für Wirtschaft und der Finanzen	Finanzierungsprobleme bei der Energieversorgung der Wirtschaft unter besonderer Berücksichtigung der Stromversorgung

Verkehr

Datum	Empfänger	Gegenstand
17. 4. 1974	Bundesminister für Verkehr	Stellungnahme zum Entwurf eines Übereinkommens über den internationalen kombinierten Gütertransport
18. 4. 1974	Bundesminister der Justiz	Stellungnahme zum Entwurf über den Güterbeförderungsvertrag in der Binnenschiffahrt (CMN)
24. 4. 1974	Bundesminister für Verkehr	Stellungnahme zur Einführung eines Deutsch-Dänischen Straßengütertarifs (DDST)
29. 4. 1974	Bundesminister für Verkehr	Stellungnahme zum Entwurf einer Ersten Verordnung über die Beförderung gefährlicher Güter auf der Straße

Industrieforschung und Berufsbildung

Datum	Empfänger	Gegenstand
25. 4. 1974	Deutscher Bildungsrat	Stellungnahme zu den „Empfehlungen zur Neuordnung der Sekundarstufe II" des Deutschen Bildungsrates
8. 7. 1974	Bundesminister für Bildung und Wissenschaft	Stellungnahme zu Prioritäten der Berufsbildungsreform
September 1974	Bundesinstitut für Berufsbildungsforschung (BBF)	Stellungnahme zum Forschungsprogramm des BBF
15. 10. 1974	Bundesministerium für Forschung und Technologie	Förderung der Dokumentation und Information im Bereich des Fahrzeugbaus
3. 12. 1974	Bundesministerium für Forschung und Technologie	Förderung der Textildokumentation durch die EG-Behörden
13. 1. 1975	Bundeskanzler, Bundesminister für Bildung und Wissenschaft, Bundesminister für Wirtschaft	Vorschläge zur Sicherung und zum Ausbau der betrieblichen Ausbildung (gemeinsam mit Bundesvereinigung der Deutschen Arbeitgeberverbände, Deutscher Industrie- und Handelstag, Hauptgemeinschaft des Deutschen Einzelhandels, Zentralverband des Deutschen Handwerks)
Februar 1975	Unternehmen der Wirtschaft	Aufruf zur Bereitstellung von Plätzen für die Durchführung von praktischen Studienhalbjahren im Rahmen des technischen Fachhochschulstudiums (gemeinsam mit den im Kuratorium der Deutschen Wirtschaft für Berufsbildung vertretenen Spitzenorganisationen)
Februar 1975	Kultusministerien	Erklärung der Deutschen Wirtschaft zur Einführung der praktischen Studienhalbjahre für Studierende der Ingenieurwissenschaften an Fachhochschulen und in anwendungsbezogenen Studiengängen an Gesamthochschulen (gemeinsam mit den im Kuratorium der Deutschen Wirtschaft für Berufsbildung vertretenen Spitzenorganisationen)
18. 3. 1975	Bundesministerium für Bildung und Wissenschaft	Anhörung zum Referentenentwurf für ein neues Berufsbildungsgesetz
März 1975	Bundesministerium für Bildung und Wissenschaft	„Argumente gegen eine Scheinreform" — Stellungnahme zum Referentenentwurf

		eines neuen Berufsbildungsgesetzes (gemeinsam mit den im Kuratorium der Deutschen Wirtschaft für Berufsbildung vertretenen Spitzenorganisationen sowie Bundesverband der freien Berufe, Deutscher Bauernverband, Verband der Landwirtschaftskammern)
29. 4. 1974	Länderminister für Verkehr	Stellungnahme zum Regierungsentwurf eines Dritten Gesetzes zur Änderung des Güterkraftverkehrsgesetzes
15. 5. 1974	Bundesminister für Verkehr	Stellungnahme zur Einrichtung eines Sonderkontingents für die Benutzung von Kraftfahrzeugen im Bezirksgüterfernverkehr bis zu einer Nutzlast von 4 t
15. 5. 1974	Bundesminister der Justiz	Stellungnahme zum Entwurf eines Übereinkommens über den Beförderungsvertrag in der Binnenschiffahrt (CMN)
29. 5. 1974	Bundesminister für Verkehr	Stellungnahme zum Entwurf eines Gesetzes über das Fahrpersonal im Straßenverkehr
12. 9. 1974	Bundesminister für Verkehr	Eingabe zur Ergänzung des § 32 der Straßenverkehrszulassungsordnung (StVO) im Rahmen der 2. Verordnung zur Änderung der StVO
18. 9. 1974	Bundesminister für Verkehr	Stellungnahme zum Entwurf einer Dritten Verordnung zur Änderung der Gebührenordnung für Maßnahmen im Straßenverkehr
9. 10. 1974	Bundesminister für Verkehr	Eingabe zum Tarif für die Schiffahrtabgaben auf den Bundeswasserstraßen zwischen Rhein und Elbe
6. 11. 1974	Bundesminister der Finanzen	Stellungnahme zum Durchgangsverkehr von und nach Berlin (West)
11. 11. 1974	Bundesminister für Verkehr	Stellungnahme zum Kommissionsvorschlag einer Richtlinie des Ministerrates der Europäischen Gemeinschaften für gemeinsame Regeln für bestimmte Transporte des kombinierten Verkehrs Schiene/ Straße zwischen den Mitgliedstaaten (Arbeitsdokument der Kommission VII/ 143/74 vom 24. 4. 1974)
18. 11. 1974	Bundesminister für Verkehr	Stellungnahme zum Entwurf eines Übereinkommens über den internationalen kombinierten Güterverkehr

Umwelt

Datum	Empfänger	Gegenstand
5. 6. 1974	Bundesministerium des Innern	Stellungnahme zum Entwurf der Verordnung über genehmigungsbedürftige Anlagen — 4. BImSchVO —
21. 6. 1974	Bundesministerium des Innern	Stellungnahme zum Entwurf der Verordnung zum Schutz gegen Rasenmäherlärm — 6. BImSchVO —
9. 7. 1974	Bundesministerium des Innern	Stellungnahme zum Entwurf der Verordnung über genehmigungsbedürftige Anlagen — 4. BImSchVO —
14. 8. 1974	Bundestags-Innenausschuß, Bundesministerium des Innern, Bundesministerium für Wirtschaft, Bundesministerium für Jugend, Familie und Gesundheit	Stellungnahme zum Entwurf eines Gesetzes über die Umweltverträglichkeit von Wasch- und Reinigungsmittel (Waschmittelgesetz)

16. 8. 1974	Bundesministerium des Innern, Bundesministerium für Wirtschaft	Stellungnahme zum Entwurf eines Gesetzes zur Änderung des Abfallbeseitigungsgesetzes — Bundesrats-Drucksache 388/74 vom 12. 7. 1974
17. 9. 1974	Bundesministerium für Wirtschaft	Stellungnahme zum Entwurf einer Allgemeinen Verwaltungsvorschrift über Merkmale zur Kennzeichnung eines Gewässergütezustands — Gewässergütestandards — VwV nach § 26a Abs. 2 WHG
11. 10. 1974	Bundestags-Innenausschuß, Bundesministerium des Innern, Bundesministerium für Wirtschaft	Stellungnahme zum Entwurf eines Abwasserabgabengesetzes sowie zu den die Reinhalteabgabe betreffenden Teilen des Entwurfs der CDU/CSU-Bundestagsfraktion eines 4. Gesetzes zur Änderung des Wasserhaushaltsgesetzes
10. 12. 1974	Bundestags-Innenausschuß, Bundesministerium des Innern, Bundesministerium für Wirtschaft	Stellungnahme zum Entwurf eines Gesetzes zur Änderung des Abfallbeseitigungsgesetzes — Bundestags-Drucksache 7/2593
13. 2. 1975	Bundesministerium des Innern	Anregungen der deutschen Industrie zu einer Überarbeitung oder Neufassung der Technischen Anleitung zum Schutz gegen Lärm (TA-Lärm) vom 16. 7. 1968
14. 2. 1975	Bundesministerium des Innern	Anregungen der deutschen Industrie zur Beschleunigung von Genehmigungsverfahren nach dem Bundes-Immissionsschutzgesetz

Steuer- und Finanzpolitik

Datum	Empfänger	Gegenstand
24. 4. 1974	Bundesministerium der Finanzen Finanzminister (-senatoren) der Länder	Entwurf eines Einführungserlasses zum Außensteuergesetz (Fassung 25. 3. 1974)
30. 4. 1974	Finanzausschuß des Deutschen Bundestages	Neuregelung des Familienlastenausgleichs
30. 4. 1974	Bundesministerium der Finanzen	Steuerfreie Erstattung von Reparaturkosten durch den Arbeitgeber bei Unfallschäden, die auf Dienstreisen am arbeitnehmereigenen Pkw entstanden sind
8. 5. 1974	Finanzausschuß des Deutschen Bundestages	Stellungnahme zum Gesetz zur Reform der betrieblichen Altersversorgung
15. 5. 1974	Finanzausschuß des Deutschen Bundestages	Änderung des Vermögensteuersatzes für juristische und natürliche Personen
14. 6. 1974	Finanzminister (-senatoren) der Länder	Reform der Einkommensteuer, des Familienlastenausgleichs und der Sparförderung (BR-Drucksache 410/74)
27. 6. 1974	Union der Industrien der Europäischen Gemeinschaften, Brüssel	Vorschlag der EG-Kommission für eine Richtlinie des Rates über die Harmonisierung der Verbrauchsteuer auf Mineralöle
30. 7. 1974	Mitglieder des Deutschen Bundestages	Beratung des Berichtes des Ausschusses nach Art. 77 des Grundgesetzes zu dem Gesetz zur Reform der Einkommensteuer des Familienlastenausgleichs und der Sparförderung (Einkommensteuerreformgesetz — EStRG) — BT-Drucks. 7/2408
14. 8. 1974	Bundesministerium der Finanzen	Abschluß eines Doppelbesteuerungsabkommens mit Libyen

Datum	Empfänger	Gegenstand
29. 8. 1974	Bundesministerium der Finanzen und Finanzminister (-senatoren) der Länder	Bestandsmäßige Erfassung von Festwertgegenständen zum Bilanzstichtag 1974
9./10. 9. 1974	Bundesministerium der Finanzen und Finanzminister (-senatoren) der Länder	Entwurf eines Erlasses betreffend Schachtelvergünstigungen nach dem Außensteuerreformgesetz (15. 5. 1974)
16. 9. 1974	Finanzminister (-senatoren) der Länder	Einführungsgesetz zum Einkommensteuerreformgesetz
15. 10. 1974	Union der Industrien der Europäischen Gemeinschaften, Brüssel	Stellungnahme zu Fragen der EG-Kommission betreffend Steuerharmonisierung
4. 11. 1974	Bundesministerium der Finanzen	Vermögensteuer-Ergänzungsrichtlinien 1974
15. 11. 1974	Kommission der Europäischen Gemeinschaften, Brüssel und Bundesministerium der Finanzen	Entwurf einer Richtlinie des Rates zur Harmonisierung der Rechtsvorschriften der Mitgliedstaaten über die Umsatzsteuern hier: Einbeziehung des Grundstücksverkehrs in die Umsatzsteuer
28. 11. 1974	Finanzausschuß des Deutschen Bundestages	Einführungsgesetz zum Einkommensteuerreformgesetz (BT-Drucksache 7/2722)
6. 12. 1974	Bundesministerium der Finanzen	Kirchensteuer und sonstige Bezüge
17. 12. 1974	Finanzausschuß des Deutschen Bundestages	Entwurf eines Gesetzes zur Förderung von Investitionen und Beschäftigung (BT-Drucksache 7/2980)
20. 12. 1974	Bundesministerium der Finanzen	1. UStDV; § 4 Erhöhung der Grenze für Rechnungen über Kleinbeträge

Öffentliches Auftragswesen

Datum	Empfänger	Gegenstand
16. 4. 1974	Bundesamt für Wehrtechnik und Beschaffung	Gütesicherung und Güteprüfung
19. 4. 1974	Bundesministerium für Wirtschaft	Verbreitung von Kenntnissen bezüglich der Forschungsprogramme der Europäischen Wirtschaftsgemeinschaft
16. 5. 1974	Bundesamt für Wehrtechnik und Beschaffung	Anwendung des „Projekt-, Planungs- und Steuerungssystems (PPS-System)"
5. 9. 1974	Bundesministerium für Wirtschaft	Gründungsversammlung des Deutschen Verdingungsausschusses für Leistungen (DVAL)
13. 9. 1974	Bundesministerium der Verteidigung	Rückzahlung der Entwicklungskosten und Nachbaurechte Dritter
9. 10. 1974	Bundesministerium für Wirtschaft	Richtlinien der OECD und des GATT für die Vergabe öffentlicher Aufträge
17. 10. 1974	Bundesministerium für Wirtschaft	Neufassung der Verordnung PR Nr. 30/53 über die Preise bei öffentlichen Aufträgen
3. 12. 1974	Bundesministerium für Wirtschaft	Abgrenzung der Anwendungsbereiche der Verordnung PR Nr. 1/72 und der Verordnung PR Nr. 30/53
21. 2. 1975	Bundesministerium der Verteidigung	Abweichung von den nationalen Vertragsmustern im Rahmen internationaler Kooperation
26. 2. 1975	Bundesministerium für Wirtschaft	Neufassung der Verordnung PR Nr. 30/53 über die Preise bei öffentlichen Aufträgen
27. 3. 1975	Deutscher Verdingungsausschuß für Bauleistungen (DVA) — Hauptausschuß Hochbau —	Abgrenzung der Leistungsbereiche der Verdingungsordnung für Bauleistungen (VOB) und der Verdingungsordnung für Leistungen — ausgenommen Bauleistungen — (VOL)

| 17. 4. 1975 | Bundesministerium für Raumordnung, Bauwesen und Städtebau | Vergabehandbuch (VHB) für die Finanzbauverwaltungen |

Recht

Datum	Empfänger	Gegenstand
29. 4. 1974	Ausschuß für Arbeit und Sozialordnung des Deutschen Bundestages	Entwurf eines Gesetzes über Konkursausfallgeld
7. 5. 1974	WSA-Fachgruppe Industrie, Handel, Handwerk und Dienstleistungen	Änderungsantrag zugunsten einer Erweiterung der Füllmengenregelung in dem Richtlinienvorschlag über die Abfüllung bestimmter Waren nach Gewicht oder Volumen in Fertigpackungen (Klasse C)
13. 5. 1974	Ausschuß für Jugend, Familie und Gesundheit, Ausschuß des Innern, Ausschuß für Wirtschaft, Ausschuß für Ernährung, Landwirtschaft und Forsten des Deutschen Bundestages	Stellungnahme zum Entwurf eines Gesetzes zur Neuordnung und Bereinigung des Rechts im Verkehr mit Lebensmitteln, Tabakerzeugnissen, kosmetischen Mitteln und sonstigen Bedarfsgegenständen (Gesamtreform des Lebensmittelrechts) BT-Drucks. 7/255 vom 26. 2. 1973
15. 5. 1974	Bundesministerium für Wirtschaft, Bundesministerium für Arbeit und Sozialordnung, Deutscher Normenausschuß	Erste Stellungnahme zum Entwurf eines Vertrages zwischen der Bundesrepublik Deutschland und dem Deutschen Normenausschuß über die Grundlagen der Zusammenarbeit auf dem Gebiet der Normung und damit zusammenhängender Technischer Vorschriften
24. 5. 1974	Bundesministerium der Justiz	Entwurf eines Gesetzes über den Konkurs der Kapitalgesellschaft & Co. KG bei Überschuldung
29. 5. 1974	UNICE (CIAA)/EG-Kommission	Stellungnahme zum Richtlinienvorschlag über die Abfüllung bestimmter Waren nach Gewicht oder Volumen in Fertigpackungen
4. 6. 1974	Rechtsausschuß, Ausschuß für Raumordnung, Bauwesen und Städtebau, Handelsausschuß des Deutschen Bundestages	Entwurf der Bundesregierung eines 2. Gesetzes über den Kündigungsschutz für Mietverhältnisse über Wohnraum
9. 7. 1974	Hauptverband der Gewerblichen Berufsgenossenschaften ZefU —	Stellungnahme zum Entwurf einer Unfallverhütungsvorschrift „Allgemeine Vorschriften" (VBG 1) vom 12. 12. 1973
18. 7. 1974	Bundesministerium für Arbeit und Sozialordnung	Ergänzende Stellungnahme zu § 8 des Referentenentwurfs einer Verordnung über Arbeitsstätten
18. 7. 1974	Deutscher Normenausschuß	Äußerung zum Entwurf einer Geschäftsordnung für das Schiedsverfahren nach DIN 820 Blatt 4 „Geschäftsgang für die Normungsarbeit"
31. 7. 1974	Bundesministerium für Raumordnung, Bauwesen und Städtebau	Referentenentwurf eines Gesetzes zur Erhaltung und Modernisierung von Wohnungen
31. 7. 1974	Deutsche Gruppe der Internationalen Handelskammer	Internationale Luftfrachtklausel
12. 8. 1974	Bundesministerium für Wirtschaft	Stellungnahme zu den Entwürfen einer Zweiten VO zur Änderung der FertigpackungsVO sowie einer Dritten VO zur Änderung der Eichpflicht-AusnahmeVO

Datum	Adressat	Betreff
21. 8. 1974	Bundesministerium für Wirtschaft	Stellungnahme zum EG-Richtlinienprojekt über Standardgrößen für Fertigpackungen
21. 8. 1974	Bundesministerium der Justiz	Gesetz zur Änderung der Zivilprozeßordnung (Zulässigkeit von Gerichtsstandsvereinbarungen)
23. 8. 1974	BDI-Landesvertretungen/Länderwirtschaftsministerien	Stellungnahme zum Entwurf für eine Neufassung des Staatsvertrages über die Regelung des Rundfunkgebührenwesens
2. 9. 1974	Bundesministerium für Wirtschaft, Bundesministerium für Arbeit und Sozialordnung, Deutscher Normenausschuß	Zweite Stellungnahme zu dem Entwurf eines Vertrages über die Grundlagen der Zusammenarbeit auf dem Gebiet der Normung und damit zusammenhängender Technischer Vorschriften
2. 9. 1974	Bundesministerium der Justiz	Vereinheitlichung des Internationalen Privatrechts in der Europäischen Gemeinschaft
3. 9. 1974	Bundesministerium der Justiz	Referentenentwurf eines Ersten Gesetzes zur Bekämpfung der Wirtschaftskriminalität
3. 9. 1974	Bundesministerium für Arbeit und Sozialordnung	BDI/BDA-Stellungnahme zur Ersten Verordnung zur Änderung der Verordnung über gefährliche Arbeitsstoffe
5. 9. 1974	Bundesministerium der Justiz	Referentenentwurf eines Ersten Gesetzes zur Bekämpfung der Wirtschaftskriminalität
6. 9. 1974	Bundesministerium der Justiz	EG-Patent
13. 9. 1974	Deutscher Normenausschuß	BDI/BDA-Stellungnahme zu DIN 33400 „Menschengerechtes Gestalten von Arbeitssystemen"
19. 9. 1974	Rechtsausschuß, Haushaltsausschuß, Ausschuß für Arbeit und Sozialordnung des Deutschen Bundestages	Entwurf eines Gesetzes zur Änderung des Gerichtskostengesetzes und anderer Gesetze
19. 9. 1974	Deutsche Gruppe der Internationalen Handelskammer	Entwurf einer Einheitlichen Richtlinie für Vertragsgarantien
23. 9. 1974	Rechtsausschuß, Ausschuß für Raumordnung, Bauwesen und Städtebau, Handelsausschuß des Deutschen Bundestages	Entwurf der Bundesregierung eines 2. Gesetzes über den Kündigungsschutz für Mietverhältnisse über Wohnraum
2. 10. 1974	Bundesministerium der Justiz	Technologietransfer — patentrechtliche Probleme
7. 10. 1974	Bundesministerium der Justiz	Juristische Informationssysteme auf EDV-Basis
23. 10. 1974	Bundesministerium der Justiz	5. Stellungnahme des BDI zur europäischen Vereinheitlichung des materiellen Rechts der Produzentenhaftung
14. 10. 1974	Ausschuß für Raumordnung, Bauwesen und Städtebau, Innenausschuß, Rechtsausschuß, Finanzausschuß, Ausschuß für Wirtschaft, Ausschuß für Ernährung, Landwirtschaft und Forsten des Deutschen Bundestages	Gesetzentwurf der Bundesregierung zur Änderung des Bundesbaugesetzes
6. 11. 1974	Bundesministerium für Wirtschaft	Stellungnahme zum Entwurf eines Zweiten Gesetzes zur Änderung des Eichgesetzes

6. 11. 1974	Deutscher Normenausschuß	Einspruch zum Norm-Entwurf DIN 820 Blatt 3, Normungsarbeit-Begriffe
6. 11. 1974	Bundesministerium der Justiz	Referentenentwurf eines Gesetzes zur Regelung des Rechts der Allgemeinen Geschäftsbedingungen
21. 11. 1974	Bundesministerium der Justiz	Vereinheitlichung des Internationalen Privatrechts auf dem Gebiet der Verträge mit Mittelspersonen
26. 11. 1974	Bundesministerium der Justiz	Entwertung der nationalen Warenzeichen im Gemeinsamen Markt
28. 11. 1974	Bundesministerium für Wirtschaft, Bundesministerium für Arbeit und Sozialordnung, Deutscher Normenausschuß	Dritte Stellungnahme zum Entwurf eines Vertrages zwischen dem Deutschen Normenausschuß und der Bundesrepublik Deutschland über die Grundlagen der Zusammenarbeit auf dem Gebiet der Normung und damit zusammenhängender Technischer Vorschriften
3. 12. 1974	Bundesministerium für Wirtschaft	Mitteilung über Interesse und Meßkapazitäten der Industrie für die Einrichtung eines Kalibrierdienstes in der BRD
5. 12. 1974	UNICE/EG-Kommission	Stellungnahme zum Richtlinienvorschlag für Beschränkungen des Inverkehrbringens und der Verwendung gewisser gefährlicher Stoffe und Zubereitungen
19. 12. 1974	Bundesministerium für Wirtschaft	EG-Harmonisierung auf dem Gebiet der Fertigpackungen; hier: Richtlinienprojekt über Standardgrößen für Fertigpackungen
2. 1. 1975	Bundesministerium für Wirtschaft	Stellungnahme eines Zweiten Gesetzes zur Änderung des EichG
14. 1. 1975	Bundesminister der Justiz	Harmonisierung des Rechts der Bürgschaft innerhalb der Europäischen Gemeinschaften
23. 1. 1975	Bundesministerium der Justiz	Revision des Haager Kaufrechtsübereinkommens von 1964
31. 1. 1975	Bundesministerium der Justiz	Übereinkommen über Fristen und Verjährung beim Internationalen Kauf beweglicher Sachen
5. 2. 1975	Bundesratsausschuß für Arbeit und Sozialordnung	Stellungnahme zur Bundesratsvorlage einer Verordnung über Arbeitsstätten
5. 2. 1975	Bundesministerium der Justiz	1. Stellungnahme zum Entwurf einer EG-Richtlinie über Produzentenhaftung
5. 2. 1975	Bundesministerium der Justiz	6. Stellungnahme des BDI zur europäischen Vereinheitlichung des materiellen Rechts der Produzentenhaftung
14. 2. 1975	Bundesministerium für Wirtschaft, Auswärtiges Amt, Bundesministerium für Arbeit und Sozialordnung	Unterrichtung über das Entstehen neuer technischer Handelshemmnisse im Warenverkehr mit den USA (OMF-System für Gewinde)
3. 3. 1975	Deutscher Normenausschuß	Stellungnahme zur Norm-Vorlage „Schutz-Sicherheit; Begriffe"
10. 3. 1975	Bundesministerium der Justiz	Vereinheitlichung des Internationalen Privatrechts in der Europäischen Gemeinschaft
14. 3. 1975	Bundesministerium der Justiz	Entwurf von Schiedsgerichtsregeln des UN-Ausschusses für Internationales Handelsrecht

Versicherung

Datum	Empfänger	Gegenstand
26. 2. 1974	UNICE	Europäische Mitversicherung
12. 3. 1974	BMI	3. Novelle zum Atomgesetz
8. 4. 1974	Bundesaufsichtsamt für das Versicherungswesen (BAV)	Maschinenversicherung
10. 5. 1974	BMWi	§ 102 GWB
25. 6. 1974	UNICE	Dienstleistungsfreiheit auf dem Versicherungssektor
4. 9. 1974	BAV	Wertzuschlagsklauseln in der Feuerversicherung
18. 10. 1974	Bundestags-Ausschüsse für Inneres, Wirtschaft, Forschung und Technologie	3. Novelle zum Atomgesetz
20. 1. 1975	UNICE	Dienstleistungsfreiheit auf dem Versicherungssektor
3. 4. 1975	UNICE	Dienstleistungsfreiheit auf dem Versicherungssektor
22. 10. 1974	Bundesministerium für wirtschaftliche Zusammenarbeit Bundesministerium für Wirtschaft Bundesministerium der Finanzen	Novellierung des Entwicklungshilfesteuergesetzes — Nachweis der Beschäftigungswirksamkeit
28. 10. 1974	Bundesministerium für Wirtschaft	Europäischer Entwicklungsfonds — Wettbewerbsvorteile für Anbieter aus den assoziierten Staaten
27. 11. 1974	Bundesministerium für Wirtschaft Auswärtiges Amt	Verhandlungen mit den AKP-Ländern — Regelung des Eigentumsschutzes im künftigen Assoziierungsabkommen
22. 1. 1975	Bundeskanzler; Bundesminister für Wirtschaft, der Finanzen, der Justiz	Ausländische Beteiligungen an deutschen Unternehmen
25. 2. 1975	Bundesministerium für Wirtschaft	Stellungnahme zur 2. Generalkonferenz der UNIDO in Lima
5. 3. 1975	Bundesministerium für Wirtschaft Bundesministerium der Finanzen	Verbesserung der Versicherung für gebundene Finanzkredite
18. 3. 1975	Bundesminister für Wirtschaft	Kapitalerwerb durch Ausländer
18. 4. 1975	Bundesminister für Wirtschaft, des Auswärtigen, der Finanzen	Exportfinanzierung — Auszahlung gebundener Finanzkredite

Osthandel

Datum	Empfänger	Gegenstand
2. 4. 1974	Auswärtiges Amt Bundesministerium für Wirtschaft	Wirtschaftsbeziehungen mit Rumänien
2. 5. 1974	Auswärtiges Amt Bundesministerium für Wirtschaft	Langfristiges Kooperationsabkommen mit Ungarn
30. 5. 1974	Auswärtiges Amt Bundesministerium für Wirtschaft	Wirtschaftsbeziehungen mit der VR China
8. 7. 1974	Auswärtiges Amt Bundesministerium für Wirtschaft	Langfristiges Kooperationsabkommen mit Bulgarien
11. 7. 1974	Bundesministerium für Wirtschaft	Perspektiven der wirtschaftlichen Zusammenarbeit mit der UdSSR
5. 8. 1974	Auswärtiges Amt Bundesministerium für Wirtschaft	Wirtschaftliche Kooperation mit Rumänien

26. 9. 1974	Bundesministerium für Wirtschaft	Wirtschaftliche Kooperation mit Rumänien
21. 11. 1974	Auswärtiges Amt Bundesministerium für Wirtschaft	Langfristiges Kooperationsabkommen mit Polen
21. 1. 1975	Bundesministerium für Wirtschaft	Wirtschaftlich-technische Kooperation mit der Tschechoslowakei
29. 2. 1975	Bundesministerium für Wirtschaft	Wirtschaftlich-technische Kooperation mit Polen

Außenhandel

Datum	Empfänger	Gegenstand
18. 4. 1974	Bundesministerium für Wirtschaft	Zusammenarbeit mit Tansania
22. 5. 1974	Bundesministerium für Wirtschaft	Probleme ausländischer Privatinvestitionen in der Türkei
21. 6. 1964	Bundesministerium für Wirtschaft	Wirtschaftsbeziehungen mit Zaire
10. 7. 1974	Bundesministerium für Wirtschaft	Beratungen über neue Welthandels-Charta
2. 8. 1974	Bundesministerium für Wirtschaft	Industriebeziehungen mit Indonesien
3. 8. 1974	Bundesministerium für Wirtschaft	Wirtschaftliche Zusammenarbeit mit Spanien
21. 8. 1974	Bundesministerium für Wirtschaft	Industriebeziehungen mit Korea
11. 10. 1974	Bundesministerium für Wirtschaft	Schwierigkeiten im Handelsverkehr mit Brasilien
23. 10. 1974	Bundesministerium für Wirtschaft	Probleme deutscher Privatinvestitionen in der Türkei
	Auswärtiges Amt	Probleme deutscher Privatinvestitionen in der Türkei
22. 11. 1974	Auswärtiges Amt	Deutsches Zentrum in London
5. 12. 1974	Auswärtiges Amt	Wirtschaftsbeziehungen mit Finnland
19. 12. 1974	Auswärtiges Amt	Deutsch-Marokkanischer Wirtschaftsausschuß
	Bundesministerium für Wirtschaft	Deutsch-Marokkanischer Wirtschaftsausschuß
	Bundesministerium für wirtschaftliche Zusammenarbeit	Deutsch-Marokkanischer Wirtschaftsausschuß
	Bundesministerium für Ernährung, Landwirtschaft und Forsten	Deutsch-Marokkanischer Wirtschaftsausschuß
30. 1. 1975	Bundesministerium für Wirtschaft	Deutsche Investitionen in Süditalien
14. 2. 1975	Auswärtiges Amt	Wirtschaftsbeziehungen mit Finnland
20. 3. 1975	Bundesministerium für Wirtschaft Bundesministerium für Wirtschaft	Wirtschaftsbeziehungen mit Südafrika Verhandlungen des deutsch-ägyptischen Regierungsausschusses

Internationale Entwicklung

Datum	Empfänger	Gegenstand
April 1974	Bundespräsident; Bundesminister für Wirtschaft, der Finanzen, für wirtschaftl. Zusammenarbeit, des Auswärtigen, der Verteidigung, für Forschung und Technologie	Stellungnahme zur Rohstoffpolitik
21. 6. 1974	Bundesministerium für Wirtschaft	Erfassung des Bestandes deutscher Direktinvestitionen im Ausland und ausländischer Direktinvestitionen im Bundesgebiet
10. 10. 1974	Bundestagsausschuß für wirtschaftliche Zusammenarbeit	Stellungnahme der Arbeitsgemeinschaft Entwicklungsländer zum Thema „Tätigkeit und entwicklungspolitischer Einfluß deutscher multinationaler Unternehmen in Entwicklungsländern"

Bei diesen rund 200 Eingaben und Stellungnahmen des BDI, die gegenüber Bundestag, Bundesregierung, EWG, Länderbehörden usw. abgegeben wurden, ist aber zu berücksichtigen, daß es sich laut BDI nur um die 'wichtigsten' Eingaben handelt. Die Gesamtzahl liegt also noch wesentlich darüber. Außerdem ist zu beachten, daß auch die Mitgliedsverbände des BDI unter fachpolitischen Gesichtspunkten solche Eingabenaktivitäten gegenüber dem Staat betreiben.

Der BDI als monopolistischer Kommandostand

Daß es sich beim Bundesverband der Industrie um die wichtigste Organisation des bundesrepublikanischen Monopolkapitalismus handelt, beweist u. a. die Zusammensetzung der Verbandsorgane. Das führende, die Verbandspolitik bestimmende Organ ist das Präsidium, in dem die Monopolindustrie eindeutig dominiert. Zwei Drittel der 38 Präsidialmitglieder stammen aus der Großindustrie, während die mittelgroßen Unternehmen nur zu einem Drittel vertreten sind. Zu diesen ganz 'Großen' gehören unter anderem:

Herrmann Brunner, Präsident des Hauptverbandes der Deutschen Bauindustrie, persönlich haftender Gesellschafter der Firma Polensky & Zöllner;
Karl-Heinz Bund, Vorsitzender des Gesamtverbandes des Deutschen Steinkohlebergbaus, Vorstandsvorsitzender der Ruhrkohle AG;
Harald Dyckerhoff, Präsidialmitglied des Bundesverbandes Steine und Erden, Vorstandsvorsitzender der Dyckerhoff-Zementwerke AG;
Otto Esser, Vizepräsident der BDA, persönlich haftender Gesellschafter der Firma Merck, Darmstadt;
Albert Hallmann, Präsidialmitglied der Arbeitsgemeinschaft Erdölgewinnung und -verarbeitung, Vorstandsvorsitzender der BP Benzin und Petroleum AG;
Kurt Hansen, Präsidialmitglied des Verbandes der Chemischen Industrie, Aufsichtsratsvorsitzender der Bayer AG;
Werner Knieper, Präsident des Bundesverbandes der Deutschen Luft- und Raumfahrtindustrie, Direktor der VFW-Fokker;
Hans Joachim Langmann, Präsident des Verbandes der Chemi-

schen Industrie, Vorsitzender der Geschäftsleitung der Firma E. Merck, Darmstadt;

Friedrich-Karl Lehmann, Präsident des Zentralverbandes der Elektrotechnischen Industrie, Vorstandsmitglied der Felten & Guilleaume AG;

Hans L. Merkle, Vorsitzender der Geschäftsführung der Robert Bosch GmbH;

Arend Oetker, Vorstandsmitglied der Bundesvereinigung der Deutschen Ernährungsindustrie, Vorsitzender der Geschäftsführung der Schwartauer Werke GmbH (Oetkerkonzern);

Egon Overbeck, stellvertretender Vorsitzender der Wirtschaftsvereinigung Eisen- und Stahlindustrie, Vorstandsvorsitzender der Mannesmann AG;

Bernhard Plettner, Vorstandsvorsitzender der Siemens AG;

Rolf Rodenstock, Präsident der IHK München, persönlich haftender Gesellschafter der Optischen Werke Rodenstock;

Alexander Menne, Präsidialmitglied des Verbandes der Chemischen Industrie, Vorstandsmitglied der Hoechst AG;

Toni Schmücker, Präsidialmitglied des Deutschen Gießereiverbandes, Vorstandsmitglied der Wirtschaftsvereinigung Eisen- und Stahlindustrie, Vorstandsvorsitzender des Volkswagenwerkes;

Hans Günther Sohl, Aufsichtsratsvorsitzender der August-Thyssen-Hütte AG;

Dieter Spethmann, Vorstandsmitglied der Wirtschaftsvereinigung Eisen- und Stahlindustrie, Vorstandsvorsitzender der August-Thyssen-Hütte AG;

Joachim Zahn, Präsidialmitglied des Verbandes der Automobilindustrie, Vorstandsvorsitzender der Daimler-Benz AG.

Dieser Personenkreis gehört zugleich dem 60köpfigen Vorstand des BDI an, in dem weitere bekannte Monopolvertreter sitzen, die auch in anderen Spitzenverbänden führende Positionen innehaben. Dazu gehören u. a.:

Felix Eckhardt, Geschäftsführer des Deutschen Brauer-Bundes, Aufsichtsratsvorsitzender in verschiedenen Brauereien;

Friedrich Kristinus, Vorstandsmitglied des Verbandes der Cigarettenindustrie, Vorstandsvorsitzender der Martin Brinckmann AG;

Walter Kraak, stellvertretender Vorsitzender der Bundesvereinigung

der Deutschen Ernährungsindustrie, Vorsitzender des Arbeitgeberringes Nahrung und Genuß, Direktor des Oetkerkonzerns;
Adolf D. Niemeyer, Vorsitzender des Wirtschaftsverbandes der Deutschen Kautschukindustrie, stellvertretender Vorstandsvorsitzender der Continental-Gummi-Werke AG;
Erwin Gärtner, Vorsitzender des Braunkohlen-Industrie-Vereins, Direktor, Vorsitzender der Geschäftsführung der Bergwerke Brigitta und Elwerath (zu je 50 Prozent Esso und Shell);
Ludwig Bölkow, Präsidialmitglied des Bundesverbandes der Deutschen Luft- und Raumfahrtindustrie, Vorstandsvorsitzender der Messerschmidt-Bölkow-Blohm GmbH;
Adam Reinig, Vorstandsmitglied des Wirtschaftsverbandes Stahlbau- und Energietechnik, Direktor der Rüterbau (Salzgitter AG);
Werner Schirmer, Vorsitzender des Verbandes Deutscher Schiffswerften, Vorstandsmitglied der Bremer Vulkan-Schiffbau und Maschinenfabrik (Thyssen).
Bei dieser Aufzählung blieben die finanzkapitalistischen Querverbindungen der im BDI-Präsidium vertretenen Monopolgruppen zumeist unberücksichtigt. Insbesondere wurde der Einfluß des Bank- und Versicherungskapitals nicht deutlich. Am Beispiel einiger Monopolrepräsentanten soll die ganze Breite des monopolistischen Einflusses auf diese Organisation und zugleich die ökonomische Macht der BDI-Regierungsmitglieder deutlich gemacht werden:
So vertritt beispielsweise BDI-Präsident Sohl neben dem Thyssen-Konzern noch folgende Konzerngruppen, in denen er Aufsichtsratsposten oder ähnliche Ämter einnimmt: Allianz-Versicherungs AG, Dresdner Bank, Ruhrkohle AG, Gelsenberg AG, Rheinisch-Westfälische Elektrizitätswerke AG, Deutsche Edelstahlwerke AG und Rheinische Kalksteinwerke GmbH.
Vizepräsident Rolf Rodenstock amtiert als Vorsitzender des Aufsichtsrats der Kodak AG und der Gerling-Global-Bank AG. Außerdem ist er Aufsichtsratsmitglied der Industriekreditbank, der Esso AG, der Gerling-Lebensversicherungs AG sowie der Bayernwerk AG. Der Schatzmeister des BDI, Joachim Zahn, wird nicht nur von der Daimler-Benz AG, sondern auch von der Hanomag-Henschel AG, der Frankfurter Versicherungs AG (Allianz), der Portland-Zementwerke und der Friedrich Krupp GmbH für Aufsichtsratstätigkeiten bezahlt. Vize-

präsident Hugo Rupf sitzt als Vertreter der mittelgroßen Voith-Werke im höchsten Organ des Verbandes, wo er aber gleichzeitig die Interessen der Firmen Bosch, Demag, Continental-Gas und der Commerzbank sowie des Warburgischen Finanzkonsortiums wahrnimmt.

Diese Aufzählung ließe sich mit anderen Beispielen beliebig fortführen. Aber schon an den genannten Personen wurde deutlich, wie eng das Finanzkapital miteinander verflochten ist und welche dominante Position es im BDI einnimmt. Obwohl die Unternehmen mit mehr als 1000 Beschäftigten nur 1,2 Prozent aller Industriebetriebe in der BRD ausmachen, sind es diese Großunternehmen, die trotz ihrer quantitativen Minderheit Ton und Marschrichtung im BDI vorgeben. Damit wird das Gros der 95 000, zumeist nichtmonopolistischen Unternehmen, die Mitglied im BDI sind, den monopolistischen Interessen der Großindustrie untergeordnet. Nicht zu unrecht meint der englische Journalist Terence Prittie, daß in den Spitzengremien des BDI »die wirklichen Herrscher über das heutige Deutschland«[2] sitzen.

Vom Wehrwirtschaftsführer zum BDI-Präsidenten: Hans Günther Sohl

Im Januar 1972 wurde der langjährige Verbandspräsident, Fritz Berg, durch Hans Günther Sohl abgelöst. »Die Frage, durch welchen anderen Unternehmer die deutsche Industrie sich besser hätte repräsentieren können, stellt sich . . . kaum, *denn Berg ist für Sohl und keinen anderen zurückgetreten.*«[3] Selbst die Kandidatur eines möglichen zweiten Bewerbers für das Amt des BDI-Präsidenten, nämlich Rolf Rodenstocks, »war rechtzeitig zugunsten der Kandidatur Sohls *abgeblockt* worden«.[4] Sohl konnte schon von seiner politischen und wirtschaftlichen Vergangenheit her bessere Referenzen aufweisen.

Der 1906 als Sohn eines Ministerialbeamten geborene Bergassessor trat nach seinem Studium im Jahre 1913 in das schon damals kriegswichtige Rohstoffdezernat von Krupp ein und übernahm 1935 die Leitung dieser auch für den nächsten Krieg wichtigen Abteilung. Nach einem Firmen- und Positionswechsel zum stellvertretenden Vorstandsvorsitzenden der Vereinigten Stahlwerke, einem der größten damaligen Rüstungskonzerne, wurde er 1942 zum Wehrwirtschaftsführer der faschistischen Reichsvereinigung Eisen ernannt. Dort widmete er sich der zwangsweisen Heranschaffung ausländischer Arbeitskräfte für die Rüstungsindustrie sowie Fragen und Problemen der wirtschaftlichen Ausplünderung der von der Hitlerwehrmacht okkupierten Gebiete. Zu diesem Zweck nahm er an entsprechenden Beratungen der Zentralen Planung im Reichsministerium für Rüstung und Kriegsproduktion teil.

Nach 1945 wurde er aufgrund seiner faschistischen Vergangenheit achtzehn Monate lang interniert, um danach als von den Alliierten eingesetzter 'Liquidator' der Vereinigten Stahlwerke systematisch die Restauration des Thyssen-Konzerns zu betreiben. 1953 wurde er dafür mit dem Amt des Vorstandsvorsitzenden der als Nachfolgegesellschaft der Vereinigten Stahlwerke gegründeten August-Thyssen-Hütte AG belohnt. Später übernahm er den Vorsitz in der Wirtschaftsvereinigung Eisen- und Stahlindustrie, wurde BDI-Vizepräsident, Mitglied des CDU-Wirtschaftsrates und schließlich Präsident des monopolistischen Hauptverbandes des bundesrepublikanischen Finanzkapitals. Als erster BRD-Bürger wurde er außerdem Ehrenmitglied im exklusiven Iron and Steel Institute. Nach der Beschreibung der 'Zeit' ist Sohl »der Konzernboß, der mit Macht zu operieren gewohnt ist, allzu leicht die Kleineren an die Wand drückt und die Wettbewerbswirtschaft nur solange lobt, wie sie ihm nicht hinderlich ist«.[5]

Eigentlich wollte Sohl auf der BDI-Mitgliederversammlung im Juni 1976 zurücktreten, wird nunmehr aber erst mit Ablauf dieses Jahres sein Amt an seinen designierten Nachfolger Hanns Martin Schleyer abgeben. Zu den Gründen schreibt das Handelsblatt: »Dem Vernehmen nach ist diese Verlängerung der Amtszeit von Dr. Sohl bis Ende 1976 deshalb in Aussicht genommen worden, weil man den Wechsel an der BDI-Spitze nicht in das Jahr der Bundestagswahl fallen lassen will. Der neue Präsident soll, wie es heißt, unbelastet von wirtschaftspolitischen Auseinandersetzungen zwischen BDI und Regierungskoalition, mit denen im Wahljahr gerechnet werden muß, sein Amt antreten.«[6]

Verbandsapparat und Ausschüsse

Das BDI-Präsidium kann sich zu seiner Herrschaftsausübung einer großen, zentralisierten und hierarchisch gegliederten Organisation bedienen. Der hauptamtliche Apparat, der rund 200 Mitarbeiter, darunter rund 60 wissenschaftlich ausgebildete Fachkräfte, umfaßt, gliedert sich in die Hauptgeschäftsführung und vier Hauptabteilungen, denen 18 Unterabteilungen zugeordnet sind. Wie aus dem BDI-Schaubild hervorgeht, deckt dieser Apparat praktisch alle Bereiche der nationalen und internationalen Wirtschaftspolitik ab.

Analog zur Abteilungsstruktur existieren im Rahmen des BDI 35 Ausschüsse und Arbeitskreise, in denen einige hundert Unternehmensvertreter mitarbeiten. Daneben bestehen vier besondere Kulturkreise des BDI.

Außerdem ist der BDI selbst Mitglied in 15 Ausschüssen, die gemeinsam von den bedeutendsten Spitzenverbänden der bundesrepublikanischen Wirtschaft getragen werden. Dazu gehört z. B. der Ost-Ausschuß der Deutschen Wirtschaft, dem allein schon mehr als 200 Unternehmens- und Verbandsvertreter angehören. Die Aufgabe dieser Ausschüsse besteht u. a. darin, die Verbindung zwischen Verbandsarbeit und industrieller Praxis herzustellen. Viele der Eingaben und Stellungnahmen gegenüber Staat und Öffentlichkeit wurden in diesen Gremien diskutiert und verabschiedet.

Um den Belangen der föderalen Struktur der BRD besser entsprechen zu können, wurden 12 *Landesvertretungen*, einschließlich Westberlin, eingerichtet. Diese Landesvertretungen sollen die besonderen Belange der Industrie der betreffenden Bundesländer im Rahmen der allgemeinen Richtlinien des Bundesverbandes wahren und fördern.

Um sich Kontakt und Einfluß zu den wichtigsten wirtschaftspolitischen Entscheidungszentren der imperialistischen Hauptmächte zu sichern, wurden *Auslandsvertretungen* des BDI in New York, London und Brüssel eingerichtet.

Zur Ergänzung seines außenwirtschaftlichen Einflusses wurde der BDI Mitglied der *Union des Industries de la Communauté Européenne (UNICE)*, die die Interessen der europäischen Industrieverbände gegenüber den Behörden der Europäischen Wirtschaftsgemeinschaft vertritt. Außerdem ist der Bundesverband Mitglied des Rates der Europäischen Industrieverbände (REI) sowie des *Business and Industry Committee (BIAC)*, das die Spitzenverbände aller kapitalistischen Länder umfaßt, die in der OECD zusammengeschlossen sind, um dieser Vereinigung gegenüber industrielle Belange geltend zu machen.

2. Die Bundesvereinigung der Deutschen Arbeitgeberverbände (BDA)

Die BDA ist der Dachverband der fachlichen und regionalen Spitzenverbände der bundesrepublikanischen Arbeitgeber. Der Begriff Arbeitgeberverband bezeichnet im sozialwissenschaftlichen Sprachgebrauch alle Unternehmerverbände mit primär sozialpolitischer Aufgabenstellung. Darum werden die Arbeitgeberverbände auch als *sozialpolitische Verbände* bezeichnet.

Der Begriff 'Arbeit'geber' — apologetisches Kauderwelsch
Was den Begriff 'Arbeit'geber' angeht, so wurde er bereits 1883 von Friedrich Engels als apologetisches Kauderwelsch kritisiert. Im Vorwort zur dritten Auflage des 'Kapitals' schrieb er: »Es konnte mir nicht in den Sinn kommen, in das 'Kapital' den landläufigen Jargon einzuführen, in welchem deutsche Ökonomen sich auszudrücken pflegen, jenes Kauderwelsch, worin z. B. derjenige, der sich für bare Zahlung von anderen ihre Arbeit geben läßt, der Arbeitgeber heißt, und Arbeitnehmer derjenige, dessen Arbeit ihm für Lohn abgenommen wird. Mit Recht ... würden die Franzosen den Ökonomen für verrückt halten, der den Kapitalisten donneur de travail, und den Arbeiter receveur de travail nennen wollte.«[7] Der Sozialwissenschaftler Manfred Banaschak meint in seiner Arbeit über die bundesrepublikanischen Arbeitgeberverbände, daß der Begriff Arbeitgeber wohl deshalb entstand und verwendet wird, weil er geeignet ist, Ideenassoziationen unter dem Motto »Geben ist seliger denn Nehmen« hervorzurufen.[8]

Arbeitgeberverbände als Träger von 'Ordnungsaufgaben'
Den Arbeitgeberverbänden obliegt als Aufgabe die Regelung der Beziehungen zwischen Kapital und Arbeit von der Unternehmensseite her. Dazu gehören Fragen der Lohn- und Tarifpolitik, aber auch Aufgaben aus dem Bereich der Sozialversicherung, des Arbeitsrechts und verwandter Gebiete. Aus diesem Grunde sitzen Abgesandte der Arbeitgeberverbände als 'Träger von Ordnungsaufgaben' in den Selbstverwaltungsorganen der *Sozialversicherungskörperschaften.* Damit wurde der Kapitalseite vom Gesetzgeber her das Recht zuge-

sprochen, in allen Angelegenheiten, die die Kranken-, Renten- und Arbeitslosenversicherung betreffen, mitzusprechen und mitzuentscheiden. Demgegenüber betont das Grundsatzprogramm des DGB, daß die Sozialversicherungsorgane Einrichtungen der Arbeiterklasse sind und deshalb auch von ihr ohne jede Bevormundung allein verwaltet werden müssen. »Das Recht der Arbeitnehmer in der gesetzlichen Kranken-, Renten- und Arbeitslosenversicherung, ihre Angelegenheiten in alleiniger Zuständigkeit zu regeln, ist unabdingbar. Der Grundsatz uneingeschränkter und alleiniger Selbstverwaltung durch die Arbeitnehmer gilt unteilbar sowohl für die Zusammensetzung der Organe als auch für ihre Aufgaben und den Umfang ihrer Befugnisse.«[9]

Auch in der *Arbeits- und Sozialgerichtsbarkeit* sind die Arbeitgeberverbände vertreten. Hier nehmen Verbandsvertreter als ehrenamtliche Richter an der Rechtsprechung teil. Das ist insofern bedeutungsvoll, als das bundesrepublikanische Arbeitsrecht bis heute kein einheitliches, in sich geschlossenes Rechtsgebiet darstellt, sondern weitgehend sogenanntes Richterrecht ist. Damit werden die Arbeitgeberverbände nicht nur im legislativen, sondern auch im judikativen Bereich an der Arbeits- und Sozialrechtssetzung beteiligt. Ohne Zweifel dürfte die restriktive Rechtsprechung der Arbeitsgerichte gegenüber der Arbeitsseite, insbesondere was das Arbeitskampfrecht betrifft, maßgeblich unter dem Einfluß der Arbeitgebervertreter in den Arbeitsgerichtsinstanzen zustande gekommen sein. Daneben wirkt sich auch die ideologische Voreingenommenheit vieler Arbeitsrichter gegenüber den Organisation der Arbeiterklasse so aus, daß von einer Parität der 'Sozialpartner' bei den Arbeitsgerichten kaum oder nur selten gesprochen werden kann.

Organisationsgrad und -dichte
In der Bundesrepublik Deutschland bestehen über 800 Arbeitgeberverbände. Der größte Teil dieser Verbände ist über seine jeweiligen Spitzenorganisationen der BDA angeschlossen. Im Jahre 1975 gehörten ihr 56 Spitzenverbände als Mitglieder an, davon 44 als Fachspitzenverbände und 13 als Landesspitzenverbände. Diese 56 Spitzenverbände der BDA repräsentieren weitere 738 Fach- bzw. Regionalverbände, die als mittelbare Mitglieder der BDA gelten.

Mitglieder der Bundesvereinigung der Deutschen Arbeitgeberverbände

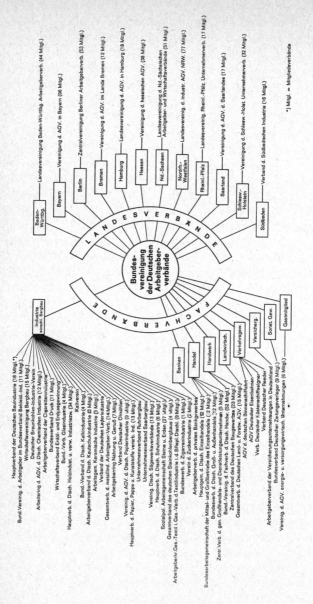

*) Mitgl. = Mitgliederverbände

Was den Organisationsgrad der über die Unter-, Haupt- und Spitzenverbände der BDA angeschlossenen Unternehmen angeht, so dürfte er nach verschiedenen Schätzungen im Bereich der Industrie, Banken und Versicherungen bei über 80 Prozent liegen.[10] Großbetriebe und Konzerngruppen sind sogar zu 100 Prozent organisiert. In den übrigen Wirtschaftsbereichen liegt die Organisationsgradquote wegen der Vielzahl nichtorganisierter Kleinbetriebe etwas darunter.

Unter den unternehmerischen Dachverbänden stellt sich die BDA als die umfassendste Kapitalorganisation dar. Das ergibt sich u. a. aus der Aufgabenstellung dieses Verbandes, von der es in § 1 der Satzung heißt, daß sie »solche gemeinschaftlichen sozialpolitischen Belange zu wahren (hat), die über den Bereich eines Landes oder den Bereich eines Wirtschaftszweiges hinausgehen«. Während der BDI ausschließlich die Interessen der Industrie vertritt, umfaßt die BDA verschiedene Kapitalgruppen: Industrie, Handwerk, Einzelhandel, Landwirtschaft, privates Bankgewerbe, Groß- und Außenhandel, private Versicherungsunternehmen, Verkehrsgewerbe und sonstige Unternehmen.

Antigewerkschaftliche Kampfaufgaben

Mit zunehmender Verschärfung der Widersprüche zwischen Kapital und Arbeit, zwischen Imperialismus und Sozialismus wird die Verteidigung der kapitalistischen Wirtschafts- und Gesellschaftsordnung immer mehr zum zentralen Problem der Arbeitgeberverbände. Jedoch steht im Vordergrund der Aufgaben der BDA die Lohn- und Tarifpolitik. Obwohl die Bundesvereinigung selbst nicht tarifvertragsfähig ist und § 3 der BDA-Satzung Eingriffe in die Tarifhoheit der Mitgliedsverbände für unzulässig erklärt, ist sie der eigentliche Tarifdirigent, nach dessen Takt sich die Tarifverbände und Firmen zu richten haben. Dazu bedient sie sich ihres *Ausschusses zur Koordinierung der Lohn- und Tarifpolitik*, der in Hinblick auf die sich verschärfenden arbeits- und sozialpolitischen Auseinandersetzungen durch den Präsidenten Hanns Martin Schleyer schon bald nach dessen Amtsantritt aktiviert wurde. Dieser Koordinierungsausschuß hat die Aufgabe, das lohn- und tarifpolitische Verhalten der einzelnen Tarifträgerverbände der Unternehmer zu koordinieren und darüber zu wachen, daß seine Empfehlungen eingehalten werden. Er soll, schrieb der 'Volkswirt', dafür sorgen, »daß alle schwarzen Tarifschafe entdeckt werden und die großen Tarifträgerverbände ihre wesentlichen Daten abstimmen.«[11]

So einigten sich die Koordinatoren beispielsweise im Herbst 1973 darauf, in der damals anstehenden Tarifrunde des Jahres 1974 die von der Krise besonders getroffene Bauwirtschaft als ersten Sektor an die Tariffront zu schicken. Unter dem Damoklesschwert der weiteren Schließung von Baufirmen sollten mit der ohnehin kompromißbereiten IG Bau, Steine, Erden vergleichsweise niedrige Lohnerhöhungen ausgehandelt werden, die den anderen Gewerkschaften gegenüber als Richtschnur hingestellt werden könnten. »Die Rechnung ging auf. Dank des massiven Einsatzes von BDA-Experten, die anders als in den Vorjahren aktiv an den Tarifverhandlungen für die Bauindustrie teilnahmen, konnte die Bauarbeitergewerkschaft auf 6,6 Prozent-Lohnzuwachs heruntergehandelt werden«.[12] Angesichts dieses Ergebnisses mußte sich sogar die IG Metall mit einem mageren 6,8 Prozent Zuwachs zufrieden geben. Die BDA konnte triumphieren. Sie war damit ihrer seit Jahren erhobenen Forderung nach einem Ende der »tarifpolitischen Kleinstaaterei« ein gutes Stück näher gekommen. Dieser Tarifabschluß entsprach zugleich den lohnpolitischen Vorstellungen der BDA, von denen der langjährige BDA-Geschäftsführer, Gerhard Erdmann, schreibt: »Kern der lohnpolitischen Grundsätze der BDA ist die 'produktivitätsorientierte Lohnpolitik'.«[13] Mit diesen lohnpolitischen Grundsätzen soll der verteilungspolitische Status quo zugunsten der Unternehmer zementiert werden. Die gewerkschaftliche Forderung nach einer Umverteilung des Sozialprodukts zugunsten höherer Löhne für die Arbeiterklasse wird unter der Parole »Waffenstillstand im Verteilungskampf« in der gesellschaftspolitischen Grundsatzerklärung der BDA abgelehnt.

Um den Aufgaben eines antigewerkschaftlichen Kampfverbandes entsprechen zu können, schuf die BDA spezielle Einrichtungen, die den Unternehmer im Falle von Arbeitskämpfen materielle Hilfe zuteil werden lassen. Dazu gehören hauptsächlich die sogenannten *Unterstützungsfonds*, die auf Grund eines Beschlusses der BDA-Mitgliederversammlung des Jahres 1956 bei allen Tarifträgerverbänden eingerichtet wurden. Der Zweck solcher 'Kriegskassen' wurde auf dieser Versammlung so beschrieben: »Der Unterstützungsfonds soll (den Unternehmerverband) finanziell in die Lage versetzen, gegebenenfalls Arbeitsstreitigkeiten mit Erfolg durchzuführen«.[14] Einzahlungen in diese Fonds, so heißt es im BDA-Jahresbericht von 1956, sind »ein untrennbarer Teil der sich aus der Mitgliedschaft zum Verband ergebenden Rechte und Pflichten«.[15] Über die Höhe der für die Anti-Streikkasse bestimmten Beiträge gibt es keine Informationen. Nur vom Unternehmerverband Ruhrbergbau wurde bekannt, daß dieser im Jahre 1956 eine einmalige Umlage von fünf Pfennigen für jede geförderte Tonne Kohle zahlte: damals rund sechs Millionen Mark.

Neben diesen Unterstützungsfonds bestehen sogenannte *Gefahrengemeinschaften* der Fachspitzenverbände. Wie der schon erwähnte ehemalige BDA-Geschäftsführer Erdmann dazu schreibt, wurden sie »zur Sicherung eines solidaren Zusammenhalts ihrer Mitglieder und einer Koordinierung der Lohn- und Tarifpolitik in ihren Fachbereichen gegründet«.[16] 'Der Spiegel' charakterisiert ihre Funktion treffender damit, daß sie mit den »Unterstützungsfonds im Rücken den Gewerkschaften die Zähne zeigen«[17] sollen. Die Reaktivierung der Anti-Streikfonds und der Gefahrengemeinschaften gehörte zu den ersten Maßnahmen, die Hanns Martin Schleyer nach seiner Wahl zum BDA-Präsidenten einleitete.

Vom SS-Untersturmführer zum BDA-Präsidenten: Hanns Martin Schleyer

Schon in jüngeren Jahren hatte der Doktor der Jurisprudenz und Konsul von Brasilien Hanns Martin Schleyer die Weichen dafür gestellt, daß er als Nachfolger für den als nicht hart genug geltenden Ex-Präsidenten Otto A. Friedrich in Frage kam. Im Alter von 16 Jahren trat er 1931 der faschistischen Bewegung bei. Nach dem Abitur ging er an die Universität Heidelberg, wo er als Leiter des NS-Studentenwerkes maßgebend »an der Gleichschaltung und Reinigung der Universitäten Heidelberg und Freiburg von Nazigegnern, Judenstämmlingen und Miesmachern«[18] mitwirkte. Nach dem 'Anschluß' Österreichs an Hitler-Deutschland nahm er als frischgebackener SS-Untersturmführer (SS-Mitgliedsnummer 227014) gleiche Aufgaben als Leiter des NS-Reichsstudentenwerkes in Innsbruck wahr. Nach dem Überfall auf die Tschechoslowakei siedelte er nach Prag über, wo er ebenfalls die Leitung des NS-Reichsstudentenwerkes an der alten Karlsuniversität übernahm. 1941 avancierte er als knapp 26jähriger zum Leiter des Präsidialbüros im Zentralverband der Industrie für Böhmen und Mähren. Er war dort u. a. für die rassische und wirtschaftliche Eingliederung des tschechoslowakischen Industriepotentials in die deutsche Kriegswirtschaft zuständig.

Nach Kriegsende schaffte der Nazi-Manager einen nahtlosen Übergang in Führungspositionen der westdeutschen Wirtschaft. Zunächst wurde er Leiter des Außenhandelsbüros der Badischen Industrie- und Handelskammer, bis er dann als 36jähriger durch den Kriegsverbrecher Friedrich Flick in die Daimler-Benz AG geholt wurde. Dort hatte er sich bis 1963 in die Vorstandsetage emporgearbeitet und wurde zugleich Vorsitzender von Gesamtmetall in Baden-Württemberg. In diesem Amt bestand er schon 1963 seine erste große Bewährungsprobe: Er organisierte die Aussperrung von rund 300 000 Metallarbeitern dieses Tarifbezirks. Schleyer: »Ich hab' die Unternehmer damals zum erstenmal zur Solidarität gezwungen. Und das war schon eine Sache für uns«.[19] Was er »Solidarität« nennt, war eigentlich nichts anderes als das Diktat der Daimler-Benz AG gegenüber ihren Zuliefererbetrieben oder an die sonstwie abhängigen Unternehmen in Baden-Württemberg, sich der Aussperrung anzuschließen oder aber wirtschaftliche Pressionen in Kauf zu nehmen. Von diesem Zeitpunkt an zählte Schleyer zu den großen Hoffnungen der hemdsärmeligen Kämpfernaturen in der BDA. Die Hoffnung hat sich erfüllt, die Erwartungen sogar übertroffen.

Die BDA — sozialpolitisches Sprachrohr der Großkonzerne

Hanns Martin Schleyer ist aber nicht der einzige Monopolvertreter, der die von der Großindustrie geforderte Verbandspolitik vertritt. Im obersten Organ der BDA, dem 30 Personen umfassenden *Präsidium*, sitzen sich Direktvertreter von Großunternehmen bzw. Konzernen und Mittelbetrieben im Verhältnis von 1:1 gegenüber. Dazu gehören u. a. der Flick-Konzern, der gleich zweimal, und die Siemens-Gruppe, die gleich dreimal vertreten ist. Die anderen im BDA-Präsidium direkt vertretenen Monopole sind: Farbwerke Hoechst, Enka-Glanzstoff,

Oetker, Ruhrkohle, Merck und die Deutsche Bank. Berücksichtigt man jedoch die personellen Verflechtungen der bundesrepublikanischen Wirtschaft und die sich aus finanzkapitalistischen Schachtelbeteiligungen ergebenen ökonomischen Beziehungen, so wird der Kreis der Einfluß nehmenden Monopole erheblich größer. BDA-Präsident Schleyer sitzt beispielsweise in 17 Aufsichtsräten, davon viermal als Vorsitzender und einmal als Stellvertreter. Damit vertritt er u. a. die Interessen der zum Stinnes-Konzern gehörenden Rhenus AG, der Südwestbank AG, des Hanomag-Henschel-Konzerns sowie der Pegulanwerke AG, die dem durch die Arisierung von jüdischen Vermögen bekannt gewordenen Konsul Fritz Ries gehört. An dessen Unternehmen ist u. a. auch die Ehefrau des CSU-Vorsitzenden Franz-Josef Strauß beteiligt.

Der kürzlich gestorbene frühere BDA-Präsident und Ehrenpräsident Otto A. Friedrich war nicht nur persönlich haftender Gesellschafter der Friedrich Flick KG, sondern vertrat auch die Interessen der Phoenix Gummiwerke, die zu je einem Drittel dem Bayer-Konzern, der Deutschen Bank und der Allianz-Versicherung gehören. Der Vorstandsvorsitzende der Ruhrkohle Karl-Heinz Bund, zugleich Vorsitzender des Gesamtverbandes des Deutschen Steinkohlebergbaus, sitzt in sechs Aufsichtsräten, sein Präsidialkollege Horst Burgard, Vorstandsmitglied der Deutschen Bank, sogar in neun. Zu den vielbeschäftigten BDA-Präsidialmitgliedern gehört auch Rolf Rodenstock, auf dessen umfangreichen Tätigkeitskatalog schon im Abschnitt über den BDI hingewiesen wurde. Außer den bisher genannten Konzernen, Banken und Versicherungen sind u. a. die folgenden über ihre Aufsichtsratsmandat-Inhaber oder über vorherrschende Kapitalbeteiligungen bei mittleren Unternehmen im Präsidium der BDA vertreten: Dresdner Bank, Bayrische Vereinsbank, Industriekreditbank, Gerling, Albingia, MAN, Gutehoffnungshütte, Klöckner-Humboldt-Deutz, Felten & Guilleaume, Metallgesellschaft, Veba-Gelsenberg, Degussa, Otto Wolff AG, Thyssen, Mannesmann, Krupp, Kodak und Esso.

Diese Aufzählung kann trotz ihrer Fülle nicht den Anspruch auf Vollständigkeit erheben, da die finanzkapitalistischen Verflechtungen zu umfangreich sind, als daß sie in diesem Zusammenhang komplett aufgezeigt werden könnten. Sie zeigt aber, welche Bedeutung die Großkonzerne dem Präsidium der BDA als sozialpolitischer Kommandozentrale beimessen.

Über die Aufgaben des Präsidiums heißt es in der BDA-Satzung, daß es die Beschlüsse des Vorstandes vorbereitet und ihre Durchführung überwacht. In Angelegenheiten, die wegen ihrer Dringlichkeit keinen Aufschub dulden, ist es sogar befugt, Maßnahmen ohne vorherigen Beschluß des Vorstandes durchzuführen.

Demgegenüber nehmen sich die Befugnisse des *BDA-Vorstandes* wesentlich bescheidener aus. Er beschließt die Richtlinien für die Arbeit der Bundesvereinigung, und zwar so, wie sie im Präsidium zuvor ausgegoren wurden.

Dieser Vorstand besteht aus den Vorsitzenden der 56 Mitgliedsverbände der BDA oder deren Stellvertretern. Um die Zusammensetzung je nach der sozial- oder wirtschaftspolitischen Bedürfnislage der tonangebenden Monopolgruppen steuern zu können, wurde in die BDA-Satzung eine Regelung aufgenommen, die es dem Vorstand gestattet, bis zu 16 weitere Persönlichkeiten aus dem Bereich der Wirtschaft in dieses Gremium zu berufen.

Im BDA-Vorstand beträgt das gegenwärtige Verhältnis zwischen Großunternehmen und Mittelbetrieben 1:3. Diese Zahl basiert jedoch auf dem Direktverhältnis der jeweiligen Vorstandsmitglieder und läßt personelle und finanzkapitalistische Querverbindungen zugunsten der Monopole unberücksichtigt. Die arithmetische Vorherrschaft mittlerer Unternehmen im BDA-Vorstand bleibt angesichts ihrer Unterrepräsentanz im Präsidium und der mangelnden Kompetenz des Vorstandes bedeutungslos. Selbst bei einer anderen Relation wäre zu bedenken, daß die ökonomische Vorherrschaft der Monopole in der außerverbandlichen Sphäre Konsequenzen für das innerverbandliche Verhältnis hat. Zu viele kleine und mittlere Unternehmen sind als Kreditnehmer oder Zulieferer von Banken und Großindustrie unmittelbar abhängig.

Die Repräsentanz einiger mittelgroßer Unternehmen in den Organen der BDA dürfte aber insofern im Interesse der tonangebenden Monopole liegen, als dadurch ihre Herrschaft notwendigermaßen auf eine breitere organisatorische Plattform gestellt wird. Damit soll einer Ausweitung des Klassenkonflikts zwischen Arbeit und Kapital auf Monopole und Nichtmonopole entgegengewirkt werden. In diesem

Zusammenhang wurde von jedem der bisherigen fünf BDA-Präsidenten darauf hingewiesen, wie notwendig und problematisch zugleich sich die Integration verschiedener Kapitalgruppen und -größen unter einem einheitlichen Dach darstellt.

Verbandsapparat und Ausschüsse
Auch das BDA-Präsidium kann sich zu seiner Herrschaftsausübung auf einen gut durchorganisierten, hierarchisch gegliederten Verbandsapparat stützen. Rund 150 vorwiegend wissenschaftlich ausgebildete Fachkräfte arbeiten in der Kölner BDA-Zentrale. Zugleich genießt die BDA die Unterstützung der Verwaltungsapparate der 56 direkten und 738 indirekten Mitgliedsverbände. Außerdem unterhält sie beste Kontakte zu den Personal- und Sozialabteilungen der meisten bundesdeutschen Großunternehmen.

Die sachliche und fachlich-wissenschaftliche Arbeit der Verbandszentrale wird in elf Fachabteilungen geleistet. Sie sind nach folgenden Sachgebieten aufgeteilt:[20] Abteilung I: Innere Verwaltung, Organisations- und Verbandsfragen; Abteilung II: Arbeitsrecht und arbeitsrechtliche Gesetzgebung; Abteilung IIa: Wirtschafts- und Sozialverfassung; Abteilung III: Lohn- und Tarifpolitik; Abteilung IIIa: Volkswirtschaft und Statistik; Abteilung IV: Arbeitsmarkt, Arbeitslosenversicherung, Frauenarbeit, Berufsausbildung, Rehabilitation u. ä.; Abteilung V: Gesellschaftspolitische Bildungs- und Jugendarbeit; Abteilung VI: Soziale Sicherung; Abteilung VII: Soziale Betriebsgestaltung; Abteilung VIII: Presse- und Öffentlichkeitsarbeit; Abteilung IX: Internationale Sozialpolitik.

Analog zu den Aufgaben dieser Hauptabteilungen wurden 34 verbandsinterne Ausschüsse und Arbeitskreise eingerichtet, in denen rund 1100 Verbands- und Unternehmensvertreter zum Zwecke der Verbindung von Theorie und Praxis aktiv mitarbeiten. Außerdem ist die BDA Mitglied in mehreren Ausschüssen und Gremien, die gemeinsam von den wichtigsten Spitzenvertretungen der Wirtschaft getragen werden.

Der BDA angeschlossen ist die nach dem ersten Verbandspräsidenten benannte *Walter-Raymond-Stiftung*. Ihre Aufgabe besteht in der Koordinierung der Bildungs- und Informationsarbeit der Mitgliedsverbände der Bundesvereinigung. Zugleich soll sie »in gemeinsamen Besprechungen und Arbeitstagungen Gespräche und Begegnungen zwischen Vertretern der Bundesvereinigung und den für die gesellschafts- und sozialpolitische Bildung in der Deutschen Bundesrepublik bedeutsamen Kräften, insbesondere . . . Vertretern der Schulen, Hochschulen, der Kirchen, der Volkshochschulen und sonstiger Einrichtungen der Erwachsenenbildung sowie der Jugendorganisationen stattfinden«[21] lassen.

Der tiefere Sinn der Gründung dieser Stiftung ergab sich nach den Worten des ehemaligen BDA-Geschäftsführers Gerhard Erdmann aus den »politischen, insbesondere . . . den weltpolitischen Auseinandersetzungen der Gegenwart«, in denen es »letzten Endes um Fragen der gesellschaftlichen Ordnung« geht. »Der Verlauf dieser Auseinandersetzungen ist bestimmend für unsere künftige Wirtschafts-, Sozial- und Staatsverfassung«.[22]

Damit diese Auseinandersetzungen im Sinne der Unternehmer verlaufen und der gesellschaftliche Status quo aufrechterhalten wird, soll die Walter-Raymond-Stiftung u. a. den »Gedankenaustausch zwischen Theorie und Praxis, zwischen Wissenschaft und Wirtschaft« fördern.[23] Die grundsätzliche Notwendigkeit dieses Gedankenaustausches ergibt sich laut BDA aus den »epochalen Wandlungen in den Industrieländern und den zunehmend erkennbaren innenpolitischen Schwierigkeiten der westlichen Demokratien, mit ihnen auf 'freiheitliche' Weise fertigzuwerden«.[24] Hier stellt sich die Frage, welche andere als die 'freiheitliche' Weise der BDA vorschwebt.

Die Erkenntnisse und Anregungen aus diesen Kontakten zwischen Unternehmern und Wissenschaftlern werden in speziellen Publikationen veröffentlicht. »Adressaten und Leser dieser Schriften sind die für die Meinungsbildung wichtigen Minoritäten, die in Schule und Universitäten, in Betrieb und Verbänden« unternehmerfreundliche Propaganda betreiben sollen.[25]

Themen und Diskussionsmaterial für die Bildungs- und Informationsarbeit der Walter-Raymond-Stiftung werden von einem eigens eingerichteten wissenschaftlichen Beirat erarbeitet, dem u. a. bis zu seinem Tode im Frühjahr 1976 der vor 1945 als Amtsleiter der faschistischen Dozentenschaft an der Universität Leipzig tätige Philosoph Prof. Arnold Gehlen angehörte. Außerdem hat sich Prof. Karl C. Thalheim zur Verfügung gestellt, der früher Mitarbeiter des nationalsozialistischen Staatssicherheitsdienstes und 'wissenschaftlicher Begründer' der faschistischen 'Lebensraum- und Großraum-Theorie' war. Nach 1945 gehörte er dem sogenannten 'Forschungsbeirat für Fragen der Wiedervereinigung' an, in dem die Annexionspläne zur Einverleibung der DDR bis ins Detail hinein »wissenschaftlich« ausgearbeitet wurden.

Welche Bedeutung die führenden Monopole der Arbeit dieser Stiftung zumessen, wird an der Besetzung des Vorstandes und des Kuratoriums deutlich. Dazu gehören u. a.: Siegfried Balke, Ex-Präsident der BDA, Bundesminister a. D. und zugleich Vertreter der Hoechst AG; Freiherr von Bethmann, Präsidialmitglied im Bundesverband der Banken sowie Vorstandsmitglied im CDU-Wirtschaftsrat; Paul Broicher, Hauptgeschäftsführer des DIHT; Burghard Freudenfeld, Direktor des Instituts der Deutschen Wirtschaft; Otto A. Friedrich, Ex-Präsident der BDA und persönlich haftender Gesellschafter der Friedrich Flick KG; Ernst Gerhard Erdmann, Hauptgeschäftsführer der BDA; Rudolf W. Eversmann, Vorstandsmitglied der Allianz-Versicherungs AG; Otto Esser, persönlich haftender Gesellschafter der Firma E. Merck, Darmstadt; Günther Geisseler, Generalbevollmächtigter der Mannesmann AG; Herbert Grünewald, Vorstandsvorsitzender der Bayer AG; Wolfgang Heintzeler, Aufsichtsratsmitglied der BASF; Paul Riffel, Aufsichtsratsmitglied der Dyckerhoff-Zementwerke; Rolf Rodenstock, Optische Werke Rodenstock; Hanns Martin Schleyer, BDA-Präsident, Vorstandsmitglied der Daimler-Benz AG; Dieter Spethmann, Vorstandsvorsitzender der August-Thyssen-Hütte AG; Ludwig Vaupel, Aufsichtsratsmitglied der Enka-Glanzstoff AG, und Hellmuth Wagner, geschäftsführendes Präsidialmitglied des BDI.

Internationale Mitgliedschaften

Im internationalen Verbandswesen arbeitet die BDA in der *Internationalen Arbeitgeberorganisation (IOE)* mit, in der sie mit ihrem Hauptgeschäftsführer E. G. Erdmann einen der fünf Vizepräsidenten stellt. Diese Organisation koordiniert die Tätigkeit von 89 Arbeitgeberverbänden aus 82 Ländern der Welt in den Ausschüssen und sonstigen Gremien der Internationalen Arbeitsorganisation (IAO). Zugleich soll sie dazu beitragen, den Erfahrungs- und Meinungsaustausch zwischen den nationalen Dachverbänden der Arbeitgeber zu fördern. So wurde beispielsweise 1974 eine IOE-Beratergruppe nach Portugal entsandt, um dort den Aufbau eines portugiesischen Arbeitgeberverbandes voranzutreiben. Ihr gehörte u. a. der BDA-Geschäftsführer für internationale Angelegenheiten W. D. Lindner an.

Ebenso wie der BDI ist auch die BDA Mitglied des EWG-Unternehmerverbandes, der Union des Industries de la Communaute Européene (UNICE) und des OECD-Unternehmerverbandes, des Business and Industry Advisory Committees (BIAC). Außerdem gehört sie dem Rat der Europäischen Industrieverbände an, einer Organisation, die unternehmerische Öffentlichkeitsarbeit im internationalen Rahmen betreibt.

3. Der Deutsche Industrie- und Handelstag (DIHT) und die Industrie- und Handelskammern (IHK'n)

Die Kammern als Träger staatlicher Verwaltungsaufgaben

Der Deutsche Industrie- und Handelstag (DIHT) ist der Dachverband der 83 Industrie- und Handelskammern (IHK'n) der BRD und Westberlins sowie der 37 westdeutschen Außenhandelskammern. Während BDI und BDA arbeitsteilig die wirtschafts- und sozialpolitischen Interessen der Unternehmer wahrnehmen, besteht die Aufgabe der IHK'n darin, das regionalpolitische Allgemeininteresse aller Betriebe und Branchen des jeweiligen Kammerbezirkes zu vertreten. Zu dieser Aufgabe sind sie nach § 1 des *Gesetzes zur vorläufigen Regelung des Rechts der Industrie- und Handelskammern* vom 18. Dezember 1956 (IHK-Gesetz) rechtlich verpflichtet. Dort heißt es, daß ihre Aufgabe darin besteht, »das Gesamtinteresse der ihnen zugehörenden Gewerbetreibenden ihres Bezirkes wahrzunehmen, für die Förderung der gewerblichen Wirtschaft zu wirken und dabei die wirtschaftlichen Interessen einzelner Gewerbezweige oder Betriebe abwägend und ausgleichend zu berücksichtigen«. Während die Kammern diese Aufgabe für den Bereich ihrer Bezirke erfüllen sollen, sind die *Arbeitsgemeinschaften der IHK'n*, die für jedes Bundesland bestehen (z. B. Arbeitsgemeinschaft hessischer IHK'n), für den entsprechenden Problemkreis im Rahmen ihrer Landesgrenzen zuständig. Dem DIHT als Dachverband obliegt es schließlich, aus den teilweise divergierenden Kammerinteressen ein wirtschaftliches Gesamtinteresse herauszubilden und dieses gegenüber den Bundesorganen und -behörden zu vertreten.

Wie die Darstellung der Geschichte der Unternehmerverbände im ersten Kapitel dieses Buches zeigt, konnten weder die IHK'n noch der DIHT diese sehr allgemeine Aufgabe bewältigen. Dafür waren die Interessensunterschiede zwischen den konkurrierenden Branchen sowie zwischen monopolistischen und nichtmonopolistischen Unternehmen einfach zu groß. Eine so allgemeine Aufgabe wie die Vertretung des Gesamtinteresses der westdeutschen Wirtschaft griff auch in das ungeschriebene Recht des BDI ein, alleiniger Wortführer der bundesrepublikanischen Wirtschaft zu sein. Als beispielsweise der DIHT die Gründung einer bundesdeutschen Handelskammer in London beschloß, war der BDI dagegen, da er eine Konkurrenz seiner einflußreichen Londoner BDI-Außenvertretung befürchtete. Doch trotz solcher Bevormundung durch den BDI meldete sich der DIHT in den letzten Jahren mit eigenen Meinungsäußerungen zu Wort, die sich in wirtschaftspolitischen Detailfragen von den Positionen des BDI unterschieden. Da er gezwungenermaßen verpflichtet ist, auch die Interessen nichtmonopolistischer Unternehmenszweige zu berücksichtigen, stellte er »der früher mehr wachstumsorientierten Auffassung des BDI (da die monopolistische Industrie inflationsunempfindlicher ist, A.d.V.) ... das stabilitätsbewußtere Konzept des DIHT gegenüber«.[26]

Was allerdings politisch grundsätzlichere Fragen angeht, so gilt das, was der Journalist E. Mänken einmal so formuliert hat: »Die Unternehmerverbände müssen gute Beziehungen zum alten preußischen Generalstab gehabt haben. Ihm entstammt die Devise des 'getrennt marschieren, aber vereint schlagen!'«.[27] Allerdings ist festzustellen, daß die unternehmerischen Dachverbände sogar unter Einschluß des Handwerks auch immer mehr gemeinsam marschieren, wie es der Kampf der Dachverbände gegen die Reform der Berufsausbildung deutlich zeigt.

Im Gegensatz zu anderen Verbänden, die allgemein die Rechtsform eines Vereins bürgerlichen Rechts (e.V.) haben, wurde den IHK'n der Status einer *Körperschaft des öffentlichen Rechts* verliehen. Damit wurde ihnen das Recht zugesprochen, staatliche Verwaltungsaufgaben im Rahmen der Selbstverwaltung zu übernehmen. So obliegt den Kammern beispielsweise die Aufsicht und Betreuung von jährlich etwa 730 000 Auszubildenden. Darüber hinaus nehmen sie die regionalen Verkehrsinteressen wahr, haben die Aufsicht über das Börsenwesen, stellen Handelsbescheinigungen und Ursprungszeugnisse aus, ermächtigen die Handelsmakler, haben ein Mitspracherecht bei der Ausstellung von Gewerbeerlaubnisbescheinigungen, schlagen ehrenamtliche Handels- und Finanzrichter vor und haben schließlich in einigen Berufszweigen alleinige Prüfungshoheit, während sie bei den meisten paritätischen Prüfungsorganen zumindest die Geschäftsführung innehaben. Der Einfluß der IHK'n auf das politische Wirtschaftsgeschehen ist dadurch gesichert, daß die Staatsorgane, Behörden und Gerichte gesetzlich verpflichtet sind, bei allen die regionale Wirtschaftspolitik betreffenden Maßnahmen Vorschläge, Gutachten und Berichte der Kammern einzuholen und diese gebührend zu berücksichtigen. Das IHK-Gesetz gestattet den Kammern sogar, als kaufmännisches Unternehmen (z. B. durch die Beteiligung an einer Kreditarbeitsgemeinschafts GmbH) zu wirken. In § 1 Abs. 2 des IHK-Gesetzes heißt es: »Die Industrie- und Handelskammern können Anlagen und Einrichtungen, die der Förderung der gewerblichen Wirtschaft oder einzelner Gewerbezweige dienen, begründen, unterhalten und unterstützen . . .« Das Gesetz schreibt auch vor, daß die Kammern »für Wahrung von Anstand und Sitte des ehrbaren Kaufmanns zu wirken« haben.

Wegen dieser umfangreichen Aufgabenstellung, die eine mittelbare Teilhabe der IHK'n an der staatlichen Verwaltung darstellen, entstand die treffende Bezeichnung »Rathaus der Wirtschaft«. Man könnte die IHK'n auch als eine Art »regionale Gesamtkapitalisten« bezeichnen.

Als Körperschaft des öffentlichen Rechts unterliegt dieser »regionale Gesamtkapitalist« formell der staatlichen Aufsicht. Was aber die Möglichkeit und Praxis eventueller staatlicher Eingriffe angeht, so schreibt dazu der ehemalige DIHT-Geschäftsführer Frentzel: »Die Staatsaufsicht über die Industrie- und Handelskammern hat nur dafür zu sorgen, daß die Kammern sich bei der Ausübung ihrer Tätigkeit im Rahmen der für sie geltenden Rechtsvorschriften halten . . . Es ist heute undenkbar, daß die Aufsichtsbehörde eine Kammer maßregelt, weil sie eine der Regierung unbequeme wirtschaftspolitische Auffassung vertritt.«[28] Wie das Beispiel der Berufsausbildung zeigt, bleibt sogar der von den IHK'n mitgetragene Reformboykott ungerügt. Dieses Beispiel und das vorstehende Zitat zeigen im Vergleich zu den genannten Vollmachten und Rechten dieser Unternehmerorganisation, daß sich die staatsmonopolistischen Beziehungen von der Kapitalseite her zum Staat wesentlich intensiver gestalten als umgekehrt.

Zum Prinzip der Pflichtmitgliedschaft
Zur besseren Wahrnehmung staatsmonopolistischer Lenkungsmaßnahmen besteht nach § 2 des IHK-Gesetzes für alle zur Gewerbesteuer veranlagten Betriebe eine Mitgliedspflicht. Über die 83 Inlandskammern gehören so dem DIHT rund 1,5 Millionen Mitglieder an. Er ist damit der quantitativ stärkste Dachverband des unternehmerischen Verbandswesens.

Im Zusammenhang mit dieser Pflichtmitgliedschaft wird von jedem Gewerbesteuerpflichtigen ein gesetzlich vorgeschriebener Zwangsbeitrag erhoben, der sich aus einem Grundbetrag und einem Meßbetrag von drei bis acht Prozent der Gewerbesteuer zusammensetzt. Wegen dieses Zwangsbeitrages war es wiederholt zu Verfassungsbeschwerden gekommen. Während das Grundgesetz das Prinzip der negativen Koalitionsfreiheit, also das Recht, einer Vereinigung fernzubleiben, ausdrücklich bekräftigt, gilt dies nicht für die Kammern. Das Bundesverfassungsgericht steht auf dem Standpunkt, daß die Kammern keine Koalitionen im Sinne des Artikel 9 des Grundgesetzes seien und daher die Pflicht zur Zahlung eines IHK-Beitrages nicht der Verfassung widerspricht. Es begründet seine Meinung unter anderem damit, daß es zur Erfüllung der Kammeraufgaben »sinnvoll, ja notwendig«[29] sei, die IHK'n nach dem Prinzip der Pflichtzugehörigkeit aufzubauen. Interessanterweise wird in den maßgeblichen verfassungsrechtlichen Kommentaren keine solche Trennung von Kammern einerseits und Verbänden andererseits vorgenommen. Da sie sich in der Art der Einflußnahme auf die Wirtschaftspolitik des Staates kaum unterscheiden, werden sie gleichermaßen unter den Begriff Interessenverbände subsumiert. Die Gleichsetzung der Kammern mit anderen Unternehmerverbänden bietet sich auch dadurch an, daß sie auf der Ebene der schon erwähnten Landesarbeitsgemeinschaften ihren öffentlich-rechtlichen Status abstreifen. Schließlich hat man es auch für angebrachter gehalten, dem DIHT die Rechtsform eines privatrechtlichen Vereins (e.V.) zu geben. Frentzel und Jäkel begründen dieses mit der Verschiedenheit der Aufgaben zwischen den Kammern einerseits und dem DIHT als Dachverband andererseits. Seine Aufgabe ist »im wesentlichen die Koordinierung der Kammerarbeit und der wirtschaftspolitischen Voten der Kammern«.[30] An anderer Stelle heißt es aber, daß der DIHT nicht nur den Pluralismus der regionalen Interessen, sondern auch den der fachlichen und berufsgruppenmäßigen Interessen ermitteln, abwägen und eingliedern soll.[31] Diese Aufgaben aber hat sich das monopolistische Finanzkapital zu eigen gemacht. Dementsprechend hat es die maßgeblichen Schaltstellen des DIHT mit seinen Vertretern besetzt. Da es im Interesse der Monopole liegt, ungewollte und direkte staatliche Eingriffe, die bei den IHK'n als öffentlich-rechtliche Körperschaften möglich sind, auszuschließen, hielt man für den DIHT eine privatrechtliche Organisationsform für angebrachter. Damit wurde auch dem Bundesrechnungshof die Möglichkeit genommen, Einsicht in das höchst diskrete Finanzgebaren dieses Dachverbandes zu nehmen.

Auch ohne den Status einer Körperschaft des öffentlichen Rechts nimmt der DIHT diverse hoheitliche Aufgaben wahr. Hier sei eine herausgegriffen, nämlich die Betreuung der Außenhandelskammern: Dem Gegenstand nach könnte sie eine Aufgabe des Auswärtigen Amtes oder des Bundeswirtschaftsministeriums sein. Man hat sie jedoch dem DIHT übertragen, dem dafür von der Bundesregierung erhebliche Geldmittel zur Verfügung gestellt werden. Ekhard Pohle meint sogar, daß sich dieser »Verband . . . fast die Aufgaben eines zweiten Wirtschaftsministeriums zu eigen gemacht hat«.[32]

Der DIHT als Instrument der Monopole
Dadurch, daß man wesentliche Aufgaben der staatlichen Wirtschaftspolitik an den DIHT delegierte, wurden diese, und vor allem der Nutzen daraus, in die Hände der Monopole gegeben. Zur Sicherung ihres Einflusses verfügen sie über eine ausreichend starke Repräsentanz in den Organen dieses Verbandes. Von den 25 Vorstandsmitgliedern entstammen 10 dem Großkapital. Dazu kommen noch 7 direkte Bankvertreter, während der mittelgroße Unternehmensbereich

nur 8 Repräsentanten stellt. Kleine Einzelhändler und sonstige Kleingewerbetreibende, die das Gros der 1,5 Millionen indirekten Mitglieder des DIHT ausmachen, finden sich nicht in den DIHT-Spitzenorganen und auch nur selten in denen der IHK'n.

Als tonangebende Leute wirken Kapitalgewaltige wie Otto Wolff von Amerongen, Präsident der IHK Köln, zugleich DIHT-Präsident und Vorstandsvorsitzender des Otto-Wolff-Stahlkonzerns. Nebenher sitzt er noch in 16 Aufsichtsräten, u.a. bei der Glanzstoff AG, beim Stumm-Konzern und den Aluminiumwerken Singen. Darüber hinaus sitzt er im Beirat von drei Banken, u. a. der Deutschen Bank, und einer Versicherung. Außerdem gehört er dem zum Rockefeller-Trust gehörenden International Advisory Comittee of Chase Manhatten Bank als Berater an.

Sein Vorstandskollege Dietrich Wilhelm von Menges, IHK-Präsident für Essen, Mülheim und Oberhausen, vertritt als Vorstandsvorsitzender der Gutehoffnungshütte zugleich die Interessen der Hauptbeteiligten dieses Unternehmens, nämlich MAN, Haniel und Allianz-Versicherungs AG. Er sitzt weiter in insgesamt 19 Aufsichts- und Beiräten, u.a. bei der AEG und der Hapag-Lloyd. Aber auch andere DIHT-Vorstandsmitglieder können ähnlich reichhaltige Visitenkarten verteilen: Rolf Stödter, Mitinhaber der Reederei Joh. T. Essberger und Vizepräsident der Hamburger Handelskammer, bezieht seine Aufsichtsratstantiemen von der Beyerstorf AG (Allianz) und der Valvo GmbH (Philips). Sein Nachbar, der Bremer Vizepräsident Hubert Waldthausen, ist über seine Aufsichtsratsmandate engstens mit der Degussa, der Metallgesellschaft, Rheinstahl, der Hansa-Reederei und der Deutschen Bank verbunden. Der Dortmunder Kammerpräsident Hans Hartwig wirkt als Geschäftsführer der zum Flick-Konsortium gehörenden Baustoff-Union. Dagegen nimmt sich die Position des stellvertretenden DIHT-Präsidenten Herbert Westerich, Mitinhaber eines größeren Einzelhandelsunternehmens, Präsident der Handelskammer Hamburg und Präsidialmitglied der Hauptgemeinschaft des Deutschen Einzelhandels schon etwas bescheidener aus. Er sitzt »nur« in den Aufsichtsräten der Hamburger Bank von 1861 und der Iduna Allgemeinen Versicherungs AG. Westerich gehört zu den sogenannten mittleren Unternehmern. Wie bei ihm wird über die Zuteilung von Aufsichtsratsmandaten und der damit verbundenen

Tantiemen das Wohlwollen der Vertreter der mittelständischen Unternehmensgruppe eingekauft.

Unter den direkten Bankvertretern wäre insbesondere das Ehrenvorstandsmitglied des DIHT Alwin Münchmeyer, Mitinhaber der Schröder, Münchmeyer, Hengst & Co Bank in Hamburg zu nennen. Dieser Privatbankier, zugleich Vorsitzender des Bundesverbandes Deutscher Banken, sitzt allein viermal als Vorsitzender in den Aufsichtsräten der Philips GmbH, der Allgemeinen Kreditversicherungs AG, der Norddeutschen Versicherungs AG, der Vereinsbank Hamburg, der Bayrischen Vereinsbank, der Deutschen Maizena, der Ruhrkohle, der Nordwestdeutschen Kraftwerke sowie Blohm und Voss (Thyssen). Außerdem nimmt er fünf weitere Sitze in Beiräten ein, so z. B. bei den Reemtsma-Zigarettenfabriken, der Hamburger Landeszentralbank, der Hamburger Sparkasse und der Hermes Kreditversicherung. Der Mitgesellschafter des Münchmeyerischen Bankhauses, Freiherr Hans Rudolph von Schröder, verwaltet als Geschäftsführer der Veritas Vermögensgesellschaft einen Teil des Allianz-Versicherungskapitals. DIHT-Ehrenvorstandsmitglied und Ehrenvorsitzender der IHK zu Düsseldorf, Ernst Schneider, ist Aufsichtsratsvorsitzender der Deutschen Industriebank und sitzt im Verwaltungsrat des Bankhauses C. G. Trinkaus & Burkhardt, Düsseldorf. Die Deutsche Bank sendet mit ihrem Freiburger Bezirksdirektor und dortigen Kammerpräsidenten, Heinz Quester, einen Direktvertreter in den DIHT-Vorstand. Insgesamt sind über Aufsichts-, Verwaltungs- oder Beiratspositionen der DIHT-Vorstandsmitglieder 29 Banken im obersten Gremium dieses Dachverbandes vertreten. Allein die Deutsche Bank wird sechsfach repräsentiert. Von den sieben Versicherungsgruppen ragen die Allianz-Gruppe, die fünfmal vertreten ist, und der Gerling-Konzern mit sechsfacher Vertretung hervor. Was die großindustrielle Repräsentanz betrifft, so wären neben den schon erwähnten Monopolgruppen noch folgende zu nennen: Stinnes, Veba, Esso, Kodak, Bergmann Kabelwerke (gehört dem Siemens-Konzern und der Deutschen Bank) sowie die Nordsee-Deutsche Hochseefischerei, die sich in den Händen des Unileverkonzerns und der Dresdner Bank befindet.

In Anbetracht der personellen Vorherrschaft des monopolistischen Finanzkapitals in den Organen der IHK'n und des DIHT stellt sich die Frage, inwieweit sie auch mit einem sachlichen Einfluß der Interessen dieser Kapitalgruppe verbunden ist. Nimmt man als Beispiel die kleinen und mittleren Handelskapitale, so waren weder die Kammern noch deren Dachverband willens und fähig, den gesetzlich vorgeschriebenen Auftrag des Ausgleichs herzustellen. Obwohl die meisten der 1,5 Millionen Mitglieder der IHK'n Einzelhändler sind, wurden keine nennenswerten Verbandsaktivitäten entfaltet, dem Prozeß des Einzelhandelssterbens Einhalt zu gebieten. Statt dessen nimmt die Konzentration großkapitalistischer Handelsunternehmen immer mehr zu.

An diesem Beispiel zeigt sich, daß weder die Kammern noch der DIHT willens oder fähig waren, den gesetzlich vorgeschriebenen Auftrag des Ausgleiches herzustellen. Ein solcher Ausgleich hätte zwangsläufig den Kapitalverwertungsinteressen des tonangebenden Finanzkapitals widersprochen. Dies aber ist eben aufgrund der monopolistischen Vorherrschaft in den Organen der IHK'n und des DIHT nicht möglich.

Verbandsapparat, Ausschüsse und internationale Mitgliedschaften

Zur Erledigung seiner Aufgaben verfügt der DIHT über einen 200 Personen umfassenden hauptamtlichen Mitarbeiterstab, in dem 60 wissenschaftliche Mitarbeiter tätig sind. Hierbei ist jedoch zu berücksichtigen, daß sich der DIHT auf einen Unterbau von 81 Inlandskammern und 34 Außenhandelskammern stützen kann, in denen einige tausend Mitarbeiter angestellt sind.

Die Bonner Zentrale des DIHT gliedert sich in elf Hauptabteilungen mit 39 nachgeordneten Referaten. In ihnen werden folgende Aufgabengebiete bearbeitet: Handel, Fremdenverkehr, sonstige Dienstleistungsgewerbe, Außenwirtschaft und EWG, Finanzen und Steuern, Recht, Berufsausbildung, allgemeine Wirtschaftspolitik, Öffentlichkeitsarbeit, öffentliches Auftragswesen, zivile Verteidigung, Raumordnung, regionale Wirtschaftsförderung, Mittelstandsfragen und Grundsatzfragen der Wirtschaftsordnung und -politik.

Analog zur Abteilungs- und Aufgabenstruktur wurden auch beim DIHT Fachausschüsse eingerichtet. Gegenwärtig bestehen 17 solcher Fachausschüsse, in denen etwa 550 Unternehmer ehrenamtlich mitarbeiten. Daneben existieren 60 weitere Arbeitskreise, über deren Mitgliederzahl keine Angaben vorliegen. Auch hier ist zu bedenken,

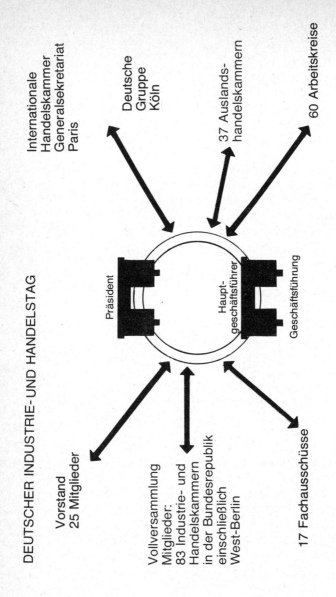

daß solche Ausschüsse und Arbeitskreise bei allen ·in- und ausländischen Kammern bestehen, in denen ebenfalls mehrere tausend Unternehmer oder deren Vertreter mitarbeiten.

Der DIHT ist Mitglied solcher internationalen Kapitalverbände, die seinem Charakter und seinen Aufgaben entsprechen. Dazu gehört die Ständige Konferenz der Industrie- und Handelskammern der EWG, die als überstaatliche Vereinigung der nationalen Kammerdachverbände Westeuropas gegründet wurde. Diese Organisation soll in Anlehnung an die Aufgaben der IHK'n den Interessenausgleich im Rahmen der kapitalistischen Integration Westeuropas herbeiführen. Da aber jeder neue Schritt der imperialistischen Integration mit neuen Widersprüchen und Konflikten verbunden ist, hat diese Ständige Konferenz eher den Charakter eines Krisenkartells der Kammern-Dachverbände.

Außerdem sind sowohl die Kammern als auch der DIHT Mitglieder der Internationalen Handelskammer, in der die Kammern aus mehr als 80 kapitalistischen Ländern zusammengeschlossen sind.

Anmerkungen:

1) Mühlbradt, Werner: Neue Rolle der Verbände, in: Die Welt, Nr. 49, 27. 2. 1971.

2) Prittie, Terence: Germany Divided: The Legacy of the Nazi Era, Boston 1960, S. 298.

3) Mänken, E. W.: Kein Ende der Ära Berg, in: Die Zeit, 7. Januar 1972 (Hervorhebung durch den Verfasser dieses Buches).

4) Ebenda (Hervorhebung durch den Verfasser dieses Buches).

5) Ebenda.

6) Handelsblatt, Nr. 128, 9. Juli 1975.

7) Marx/Engels: Werke, Band 26, Berlin (DDR) 1974, S. 34.

8) Vgl. Banaschak, Manfred: Die Macht der Verbände, Berlin (DDR) 1964, S. 80.

9) DGB: Grundsatzprogramm des DGB, Düsseldorf 1973, S. 12.

10) Vgl. Welt der Arbeit, 8. Juni 1973.

11) Der Volkswirt, 13. 3. 1964.

12) Der Spiegel, Nr. 10/1975.

13) Erdmann, Gerhard: Die deutschen Arbeitgeberverbände im sozialgeschichtlichen Wandel der Zeit, Neuwied 1966, S. 260.

14) Der Arbeitgeber, 1956, Heft 23/24, S. 807.

15) Ebenda.

16) Erdmann, Gerhard: a.a.O., S. 84.

17) Der Spiegel, 31. 10. 1956.

18) Engelmann, Bernt: Bilderbuch-Boß Hanns Martin Schleyer, in: Konkret, Nr. 6, 28. 5. 1975.

19) Ebenda.

20) Vgl. Welt der Arbeit: Der Apparat des Herrn Dr. Friedrich, Nr. 23, 8. Juni 1973.

21) Schriftenreihe der BDA: 10 Jahre BDA, Heft 22, Köln 1959, S. 43.

22) Ebenda, S. 39.

23) BDA: Arbeitgeber, Jahresbericht 1974, Köln 1974, S. 168.

24) Ebenda.

25) Ebenda.

26) Mühlbradt, Werner: Die neue Rolle der Wirtschaftsverbände, in: Die Welt, 27. 2. 1971.

27) Mänken, E.: Sie reden mit drei Zungen, in: Die Zeit, 28. 1. 1972.

28) Frentzel, Gerhard, und Jäkel, Ernst: Die deutschen Industrie- und Handelskammern und der Deutsche Industrie- und Handelstag, Frankfurt am Main und Bonn 1967, S. 31.

29) Bundesverfassungsgericht 10, 89 ff. (Erft-Urteil vom 29. 7. 1959); s. a. Frentzel, G./Jäkel, E.: a.a.O., S. 34.

30) Ebenda: S. 79.

31) Vgl. ebenda: S. 81.

32) Pohle, Ekhard: Interessenverbände der öffentlichen Hand; in: Verwaltungsarchiv, 53/1962, S. 220.

V. Öffentlichkeitsarbeit der Unternehmerverbände

1. Öffentlichkeitsarbeit unter Anpassungszwang

Angesichts der krisenhaften Entwicklung in Wirtschaft und Gesellschaft der Bundesrepublik und der daraus resultierenden Kritik und Unzufriedenheit immer größerer Teile der Bevölkerung fühlten sich die Unternehmerverbände bereits vor einigen Jahren zu einer Modifizierung und Intensivierung ihrer Öffentlichkeitsarbeit veranlaßt. Der langjährige Geschäftsführer des DIHT, Rüdiger Altmann, formulierte den Charakter der Krise und das Gefühl der historischen Perspektivlosigkeit einmal folgendermaßen: »Was bleibt, ist der Aspekt einer Gesellschaft, die es in Zukunft hinnehmen muß, daß Leistungssteigerung — und es wird noch enorme Leistungssteigerungen geben — und Sozialverfall Hand in Hand gehen. Während also naturwissenschaftlich-technologischer Fortschritt und die weitere Entfaltung der wirtschaftlichen Potenz das Schwungrad der 'Entwicklung' energisch vorwärtstreiben, wird der weitere Zerfall der Gesellschaft zur Kategorie ihrer Geschichte«.[1]

Um in diesem Prozeß der gesellschaftlichen Veränderungen die alten Macht- und Besitzverhältnisse aufrechterhalten zu können, wurden bereits vor Jahren von den Unternehmerverbänden Untersuchungen zur Verbesserung des Unternehmerimages in Auftrag gegeben. Die BDA beispielsweise bestellte 1964 wissenschaftliche Gutachten zur Verbesserung des Unternehmerbildes in der Öffentlichkeit beim Mannheimer Institut für Marktpsychologie (Prof. Spiegel) und beim Neusser Büro für Kommunikationsfragen. Während die Mannheimer eine sozialpsychologische Bestandsaufnahme zum öffentlichen Unternehmerbild machten, zogen die Neusser daraus ihre Schlußfolgerungen und entwickelten einen Plan für eine langfristige und werbewirksame Öffentlichkeitsarbeit der Unternehmerverbände.[2]

Von Frankreich aus kamen Ende der sechziger Jahre Impulse, auch entsprechende organisatorische Maßnahmen zur Verbesserung der Meinungsbeeinflussung einzuleiten. Unter dem Eindruck der Pariser Massenaktionen des Jahres 1968 kamen die französischen Großindustriellen »zu der Erkenntnis, daß jetzt die Unternehmer selbst zum Kampf aufgerufen sind«.[3] Als Kampfplattform gründeten sie neben ihren ohnehin schon bestehenden Monopolorganisationen, die *Fondation Européenne pour l'Economie (FEE)*. Als ideologischer »brain trust« dieser Organisation wurde die *Université Européenne des Affaires (UEA)* geschaffen. An ihr werden die Basismaterialien für gesellschaftliche Auseinandersetzungen erarbeitet und Seminare zum Kennenlernen unternehmerischer Denk- und Verhaltensweisen veranstaltet.

Auf der Suche nach Bundesgenossen konnten die Franzosen ein Jahr später den BDI als Partner gewinnen. Auch die entsprechenden Dachverbände von weiteren sechs europäischen Ländern konnten innerhalb kürzester Zeit von der Notwendigkeit einer europäischen Zusammenarbeit überzeugt werden. Damit war die Grundlage für eine arbeitsteilige und somit noch wirksamere Öffentlichkeitsarbeit gelegt worden. Die Schweizer machten beispielsweise Erhebungen über das »Bild des Privatunternehmers und seiner Rolle in unserer Gesellschaft«, während die Deutschen hauptsächlich Studien über Mitbestimmung und Mitbeteiligung (Vermögensbildung) erarbeiteten.

Die deutsche Sektion dieses Monopolklubs organisierte sich unter der Bezeichnung *Studiengruppe der Unternehmer in der Gesellschaft.* Die Initiative zur Gründung einer deutschen Filiale der FEE kam vom damaligen Henkel-Manager und jetzigen CDU-Generalsekretär, Prof. Kurt Biedenkopf, dem stellvertretenden Vorstandsmitglied der Glanzstoff AG, Hans-Günter Zempelin, dem stellvertretenden Vorstandsmitglied der Farbwerke Hoechst AG, Erhard Boullion, dem Generalbevollmächtigten der Deutschen Bank, Ernst H. Plessner, und Jörg Mittelsten Scheid, geschäftsführender Gesellschafter der Vorwerk & Co. Dieser Personenkreis gehört auch dem internationalen Koordinierungskomitee der FEE an. Das Ziel ihrer Arbeit besteht darin, »die sozialistische Gegenwelt zu ergründen und zu bekämpfen«[4] — so der ehemalige Direktor des vom BDI und BDA betriebenen Deutschen Industrieinstituts (DI).

Josef Abs, langjähriger Vorstandsvorsitzender der Deutschen Bank, der als Adenauer-Intimus maßgeblich die bundesrepublikanische Politik beeinflußte, wurde zum Präsidenten der FEE gewählt. Zwei Monate vor seiner Wahl, im August 1971, hatte der »als Klassenkämpfer ... ansonsten zurückhaltende Aufsichtsratsvorsitzende der Deutschen Bank«[5] in einem Interview mit der Zeitschrift »Capital« richtungsweisend erklärt: »Wenn der Unternehmer nicht bereit ist zu kämpfen, verdient er unterzugehen ... Seid nicht so ängstlich und denkt nicht, daß die weiche Tour die Chance zum Überleben bietet.« Mit seiner Wahl zum FEE-Präsidenten hatte der Pensionär trotz seines hohen Alters nochmals eine wichtige Aufgabe übernommen: die moralische Aufrüstung der europäischen Unternehmer.

Das Jahr 1972 war ein Markierungspunkt in der Strategie und Taktik der massenideologischen Manipulation. Einen hohen Stellenwert in diesem Zusammenhang hatte unter anderem die in jenem Jahr stattfindende Bundestagswahl. In den Tageszeitungen erschienen ganzseitige Anzeigenserien von Briefkasten-»Wählerinitiativen«, die von großen Einzelunternehmen finanziert wurden. Unter der Parole »Wir können nicht länger schweigen«, meldeten sich zusammen mit 62 Finanzmagnaten auch BDI-Präsident Sohl, BDA-Präsident Friedrich und DIHT-Präsident Wolff von Amerongen zu Wort. Insgesamt sollen von den »heimlichen Wahlhelfern« der CDU/CSU im Jahre 1972 weit über 100 Millionen Mark aufgebracht worden sein, mit denen die Werbekampagnen zugunsten von Strauß und Barzel finanziert wurden.[6]

Die Neuorientierung des Jahres 1972
Die 1972 eingeleitete massenideologische Offensive knüpfte vorerst an die Praxis der Vergangenheit an. Mit ultrakonservativen Parolen wurde versucht, aus der regierenden SPD ein linkes Schreckgespenst zu machen.

Eine der für diesen Zweck gegründeten Werbeagenturen war z. B. die in Bonn ansässige *complan*.[7] Gründungsbeiträge für diese Gesellschaft wurden u. a. von folgenden Personen und Unternehmen gezahlt: Karl Friedrich Fürst zu Oettingen-Wallerstein, Mitglied im Aufsichtsrat der Bayrischen Vereinsbank-Staatsbank; Gräflich von Spee'sche Zentralverwaltung mit der Tochterfirma FK Messebau GmbH; Otto-Versandhaus, Hamburg, und Quelle-Versand, Fürth; Bankhaus Sal. Oppenheim jr. & Cie. sowie das Bankunternehmen des im CDU-Wirtschaftsrat sitzenden Johann Philipp Freiherr von Bethmann; der Luftfahrt- und Rüstungsindustrielle Udo van Meeteren und das geschäftsführende Präsidialmitglied des Zentralverbandes der Deutschen Haus- und Grundeigentümer, Theodor Paul. Der Springer-Konzern stellte seine Starjournalisten Peter Tamm und Wolfgang Müller zur Verfügung. Außerdem gewährte er Sonderkonditionen für complan-Anzeigen in allen konzerneigenen Blättern.

Der ultrakonservative Stil, nicht nur der complan, sondern auch anderer Werbeagenturen, erwies sich schnell als für eine Massenmanipulation unwirksam. Das zeigte besonders deutlich die von CDU und CSU verlorene Bundestagswahl. Von diesem Zeitpunkt an gewannen die Befürworter einer flexibleren Linie der Beeinflussung der öffentlichen Meinung an Einfluß. Diese Kräfte innerhalb des Unternehmerlagers hatten die Notwendigkeit der Anpassung an die veränderte politische Umwelt, sowohl inner- als auch außerhalb der BRD, erkannt und dementsprechende Konsequenzen daraus gezogen. So forderte sogar der Geschäftsführer des CDU-Wirtschaftsrates, Haimo George, eine Einstellung der ultrakonservativen, vom Großkapital getragenen CDU-Werbekampagne, da diese dem Image der CDU als »Volkspartei« schade.

Zum politisch-ideologischen Gehirntrust der neuen Linie wurde das *Deutsche Industrieinstitut (DI)*. Dort waren im kleinen Kreise schon im Spätherbst 1971 Überlegungen für ein neues und einheitliches Konzept der manipulativen Beeinflussung angestellt worden. Der neue Direktor des DI, der vom Bayrischen Rundfunk herübergewechselte Prof. Burghard Freudenfeld, wollte »ein neues Unternehmerimage schaffen, das den durch eine industrie-kritisch eingestellte Umwelt verunsicherten Wirtschaftsbossen ein neues Selbstverständnis vermitteln«[8] sollte. Sein Mitarbeiter Walter Eberle hielt die bislang betriebene Form der Werbekampagnen für »Schminke ohne wissenschaftliche Grundlage«.[9] Die das DI tragenden Verbände genehmigten für das Vorhaben etwa 15 Millionen Mark.

Rund 30, vorwiegend jüngere Wissenschaftler aus Unternehmen wie Siemens, Bayer und Hoechst sowie Vertreter von BDI und BDA fanden sich im Rahmen dieses Projekts in einem Arbeitskreis Gesellschaftspolitik zusammen, in dem sie sich »auf wissenschaftlicher Grundlage um eine gesellschaftspolitische Neuorientierung . . . bemühen«[10] wollten.

Doch schon nach wenigen Wochen mußten die »Reformatoren« eine erste Schlappe durch das solchen Veränderungen gegenüber noch nicht aufgeschlossene Verbands-Establishment hinnehmen. Ihre zuerst verfaßte Schrift unter dem Titel »Vorwurf Leistungszwang« konnte nicht erscheinen, da der BDA-Geschäftsführer Wolfgang Eichler den Geldhahn zudrehte. Der Grund hierfür war folgender: Die »progressiven« Wissenschaftler hatten in ihrer Schrift nüchtern konstatiert, daß bei Vollbeschäftigung wegen des Mangels an Arbeitskräften den Unternehmen nichts anderes übrigbleibt, als übertarifliche Löhne zu gewähren. Außerdem hatten sie den früheren Generaldirektor des Thyssen-Konzerns und späteren Staatssekretär, Ernst Wolf Mommsen, zustimmend zitiert, der dem konservativen Management folgende Entwicklung prophezeit hatte: »Eine viel schärfere Kritik mit zunehmender politischer Brisanz wird dieses Jahrzehnt für jene Unternehmen bringen, deren Management noch so arrogant oder so unbedarft ist, daß es glaubt, mit den Methoden und Einstellungen der Vergangenheit den Forderungen der Zukunft gerecht werden zu können.«[11]

Auch die deutsche Sektion der FEE wollte mit der herkömmlichen Imagepflege brechen. Mit ihrer ersten Veröffentlichung »Unternehmenspolitik heute und morgen — Denkansätze für eine zeitgemäße Konzeption« stießen sie auf ähnlichen Widerstand. Die Informationsdienste des DI ignorierten die Arbeit auf Befehl von oben. Kurz darauf mußte das DI auch die Betreuung der deutschen Sektion der FEE niederlegen. Der Grund hierfür war ein ähnlicher wie der oben geschilderte. In der Schrift war versucht worden, das Image des Konzernunternehmens derart neu zu bestimmen, daß sein Zweck Dienstleistung an der Gesellschaft und an den in ihm Beschäftigten sei. Unternehmer, die in der Gewinnmaximierung das Unternehmerziel sähen, seien nicht mehr typisch und könnten nicht mehr erfolgreich sein; diese Zielbestimmung sei ein Irrweg, denn die Gewinnmaximierung sei heute nur noch »im Grunde eine verbale Formulierung mathematischer Vorgänge aus dem Bereich des Rechnungswesens. Man sollte in ihr keine Art Unternehmensphilosophie sehen«.[12]

Obwohl die in solchen Konzepten der angeblichen »Progressiven« zum Ausdruck kommenden Varianten der ideologischen Manipulation für den politisch bewußten Bürger kaum weniger primitiv und demagogisch als ultrakonservative Strategien sind, spiegeln die verschiedenen Konzepte und Ansätze zur öffentlichen Beeinflussung die Differenzierungen innerhalb des Finanzkapitals angesichts der veränderten Existenzbedingungen des BRD-Imperialismus wider. Während Strauß und Carstens als Repräsentanten des Rüstungskapitals auch noch 1975 an ihrer ultrareaktionären Manipulationslinie festhielten — Geist und Inhalt der Straußschen Rede von Sonthofen beweisen es —, treten z. B. Biedenkopf und Leisler-Kiep als Vertreter der chemischen Industrie für eine etwas angepaßtere und flexiblere Linie der Strategie und Taktik der unternehmerischen Öffentlichkeitsarbeit ein.

2. Die politisch-ideologische Leitstelle: Das Institut der deutschen Wirtschaft

Das Institut der deutschen Wirtschaft (IW) kann als die politisch-ideologische Leitstelle der massenmanipulativen Öffentlichkeitsarbeit betrachtet werden. Für diese Einschätzungen sprechen Auftrag, Lage und Größe dieses Instituts.

Das IW war im Jahre 1951, damals noch unter der Bezeichnung Deutsches Industrieinstitut (DI), gemeinsam von BDI und BDA gegründet worden. Diese beiden Dachverbände gelten laut Satzung zusammen mit 42 weiteren wirtschafts- und sozialpolitischen Unternehmerverbänden als ordentliche Mitglieder, während Firmen und Einzelpersonen nur den Status eines außerordentlichen Mitgliedes haben.

Im Jahre 1973 wurde das Deutsche Industrieinstitut in Institut der deutschen Wirtschaft umbenannt. Mit dieser *Umbenennung* sollte den veränderten Umweltbedingungen, denen das Unternehmen ausgesetzt ist, entsprochen werden. »Angesichts dieser veränderten gesellschaftlichen und politischen Argumentationsbedingungen erwies sich der ursprüngliche Auftragsrahmen des DI mit seiner Fixierung auf die Industrie als zu eng. Ökonomische Prozesse können nicht mehr nur industriell begründet werden, die gesamtwirtschaftliche und gesellschaftspolitische Dimension muß mit einbezogen werden.«[13] Daraus ergibt sich folgender Auftrag: 1. »Wissenschaftliche Erforschung wirtschafts- und gesellschaftspolitischer Zusammenhänge« und 2. »Publizieren und Verbreiten von aktuellem Material, von Daten und Argumenten für die öffentliche Diskussion«.[14]

Der Zweck der Umbenennung besteht nicht nur darin, durch die Einbeziehung außerindustrieller Sektoren eine breitere finanzielle Basis für die Arbeit des IW zu schaffen, sondern auch in der Konzentration der von den Verbänden dezentral geleisteten Öffentlichkeitsarbeit. So heißt es in der Zeitschrift »Die Industrie«: »Diese vor allem durch den Wandel im gesellschaftlichen und politischen System bedingte Veränderung des Aktionsstils des Instituts zwingt zur Konzentration der Kräfte ... Die stärkere Zusammenfassung der unternehmerischen Argumentation... ist das Gebot der Stunde.«[15] Zur Zielrichtung der Institutsarbeit heißt es: »Der eigentliche Kampfplatz der Gegenwart ist die öffentliche Auseinandersetzung um die gesellschaftliche und politische Ordnung der Bundesrepublik Deutschland.«[16]

Um in dieser Auseinandersetzung bestehen zu können, steht dem IW im Hause des BDI ein *hauptamtlicher Apparat* von 195 Mitarbeitern zur Verfügung, von denen 70 wissenschaftlich und publizistisch ausgebildete Fachkräfte sind. Dieser Apparat kann sich auf eine der besten deutschen Spezialbibliotheken für wirtschafts- und sozialwissenschaftliche Literatur mit 130 000 Bänden, bei einem jährlichen Zugang von 4500, stützen. Außerdem besteht eine Sammlung von historischem Schrifttum zur Industriegeschichte von rund 30 000 Bänden. Im Archiv des IW werden 300 periodisch erscheinende Zeitungen und Zeitschriften ausgewertet und archiviert. Die Abteilung Publizistik überwacht täglich rund 55 Programmstunden in Funk und Fernsehen und wertet die für die Wirtschaft wichtigen Beiträge aus. Von Nutzen dürfte auch die Mitgliedschaft des IW in insgesamt 18 wirtschafts- und sozialwissenschaftlichen Organisationen (z. B. Ifo-Institut für Wirtschaftsforschung, Deutsche Statistische Gesellschaft, Verein für Socialpolitik, Institut Finanzen und Steuern u. ä.) sein. Außerdem kann es sich auf die Presse- und Public-Relations-Abteilungen fast aller größeren Unternehmen und Verbände stützen. Das wird unter anderem durch den IW-Beirat gewährleistet, dem 150 Vertreter von Unternehmen und Verbänden angehören. Im übergeordneten Kuratorium sitzen 50 maßgebliche Repräsentanten der bundesrepublikanischen Wirtschaft. Im achtköpfigen Vorstand sitzen einige der ganz »Großen«, so Egon Overbeck von der Mannesmann AG, Peter von Siemens und Rolf

Rodenstock. Außerdem sitzen die Hauptgeschäftsführer von BDI und BDA, Staatssekretär a. D. Fritz Neef und Ernst Gerhard Erdmann, sowie BDA-Schatzmeister Friedrich A. Neumann in diesem erlauchten Kreise.

Dem Institut angeschlossen sind der *Deutsche Instituts-Verlag (DIV)* und die *edition agrippa*. Während ersterer sämtliche Periodika und Einzelveröffentlichungen des IW vertreibt, besorgt der letztere die Konzeption und Produktion von Mitteln unternehmerischer Öffentlichkeitsarbeit im Auftrage von Firmen und Verbänden sowie die Planung und Realisierung von Public-Relations-Kampagnen und Verteileraktionen (z. B. Informationsstände, Preisausschreiben, Befragungen u. ä.).

Zum IW gehört außerdem die *Deutsche Industriefilmzentrale*. Als größter nichtgewerblicher Industriefilmverleih verleiht sie im Auftrage von über 100 Firmen und Verbänden jährlich mehr als 270 Industriefilme in über 90 Länder. In der Bundesrepublik erreichte sie 1973 bei ca. 8000 Filmeinsätzen rund eine Million Zuschauer. Außerdem berät sie Unternehmen bei geplanten Filmprojekten.

Von besonderer Bedeutung ist auch die *Audiovisionszentrale* des IW. Sie berät Unternehmen und Verbände bei der Einrichtung von Audiovisionszentren, arbeitet bei der Herstellung von Programmen mit, koordiniert Firmenvorhaben, erarbeitet wissenschaftliche Grundlagen und beobachtet zukünftige Systeme, insbesondere das Kabelfernsehen.

Zu den Dienstleistungen des IW gehören auch etwa einmal monatlich stattfindende *Fernsehseminare*, in denen »Führungskräften aus Unternehmen und Verbänden Kenntnisse und Fertigkeiten für wirkungsvolles Verhalten vor Mikrofon und Kamera«[17] von erfahrenen Fernsehjournalisten vermittelt werden. Außerdem finden *Argumentationsseminare* statt, die zur Argumentation gegenüber antikapitalistischen Systemkritikern befähigen sollen.

Was die journalistische Außenarbeit des IW angeht, so ist diese durch folgende Daten und Titel charakterisiert: Im Institut erscheinen, zumeist wöchentlich, sieben *Informationsdienste,* die sich mit allgemeinen Fragen der Wirtschafts- und Gesellschaftspolitik an verschiedene Gruppen der Bevölkerung wenden. Es sind dies der »Informationsdienst des Instituts der deutschen Wirtschaft« (IWD), »iw-eil«,

»Gewerkschaftsreport«, »Informationen zur beruflichen Bildung«, »Rundfunkspiegel« (erscheint täglich), »Medienspiegel«, »Vortragsreihe« und »Audiovisionszentrale-Informationen«. Darüber hinaus werden sogenannte *Argumentationshilfen* in periodischer Reihenfolge herausgegeben. Dabei handelt es sich um die monatlich erscheinenden »Argumente zu Unternehmerfragen«, die sich an Unternehmer und Führungskräfte richten, sowie um die »Argumente für Wirtschaftsfragen«, die als »Informations- und Diskussionsmaterial insbesondere für Mitarbeiter, Seminarveranstaltungen, Lehrer, Schüler und ähnliche Zielgruppen gedacht (sind), die nur über geringe wirtschaftliche Grundkenntnisse verfügen«.[18] Als prokapitalistische Argumentationshilfe ist auch die etwa dreimal jährlich erscheinende Schrift »Sozialistische Modelle« gedacht, in der die Gesellschaft und Wirtschaft der sozialistischen Länder diffamiert werden.

In ähnliche Richtung geht die in lockerer Reihenfolge erscheinende Serie »Die neue Linke«. Von ihr erfährt man im BDA-Jahresbericht 1974, sie habe sich »als erfolgreiches Instrument der Meinungsbildung in den wichtigsten Zielgruppen (Lehrer, Schüler, Studenten, politische und konfessionelle Jugend- und Erwachsenen-Gruppen) erwiesen«.[19]

Als *Unterrichtshilfen* erscheinen »Wirtschaft im Unterricht« (iwd-Beilage) und in unregelmäßigen Abständen die »Wirtschafts- und gesellschaftspolitischen Grundinformationen«. *Wissenschaftliche Untersuchungen,* so z. B. Probleme der Konjunkturpolitik, werden in den vierteljährlich herausgebrachten »iw-trends« veröffentlicht. In der Reihe »Beiträge« werden Monographien von Institutsmitarbeitern zu wirtschafts-, sozial- und gesellschaftspolitischen Themen publiziert.

Zu erwähnen wäre noch die »div-Sachbuchreihe« mit jährlich etwa 15 Titeln, die laut BDA-Jahresbericht 1974 in einer Auflage von mehreren zehntausend Exemplaren erscheinen. In dieser zumeist kostenlos vertriebenen Sachbuchreihe erscheinen beispielsweise solche Arbeiten wie der 1974 herausgebrachte Titel »Auf dem Wege in den Gewerkschaftsstaat?«, in dem die Gefahren gewerkschaftlicher »Übermacht« beschworen werden.

In der »edition agrippa« wurden 1974 acht sehr wirkungsvoll aufgemachte Einzelveröffentlichungen in großer Auflage herausgebracht. Von Mitarbeitern des IW erschienen 1974 außerhalb des Instituts in Fachbüchern, Zeitschriften und Zeitungen 131 Veröffentlichungen.[20]

Unter die inhaltliche Regie des IW dürfte auch die seit 1972 erscheinende Zeitung »*Aktiv*« fallen, obwohl eine sogenannte informediaverlags gmbh als Herausgeber firmiert. Damit soll anscheinend eine Distanz dieses Blattes zu den Unternehmerverbänden vorgespiegelt werden. Tatsache ist jedoch, daß die beiden Gesellschafter dieser verlags-gmbh engstens mit BDI und BDA verbunden sind. Der Gesellschafter Klaus Nimtz, zugleich Chef der Krefelder Textilmaschinenfabrik Volkmann & Co, sitzt als Vertreter der BDA im Kuratorium des IW. Sein Kompagnon, Brauereibesitzer Wilhelm Hübsch, ist nicht nur Vorstandsmitglied der Vereinigung der Arbeitgeberverbände in Bayern sowie Präsidialmitglied des Landesverbandes der bayrischen Industrie, sondern zugleich Abgesandter im BDA-Arbeitskreis für Mitbestimmung und im Ausschuß für Presse- und Öffentlichkeitsarbeit der BDA. Außerdem ist er Mitglied des CSU-Wirtschaftsrates in Bayern.

Was die redaktionelle Linie dieser in einer Auflage von 1 Million Exemplaren vierzehntäglich erscheinenden Zeitung angeht, so werden die Leistungen der Unternehmer verherrlicht, die DGB-Gewerkschaften als schädlich dargestellt und mehr oder weniger offen Position zugunsten der CDU/CSU bezogen. Das wurde insbesondere im Wahlkampf 1972 deutlich, als mehrere Millionen Exemplare vor fast allen Großbetrieben in der BRD verteilt wurden.

Bezüglich der Intensität der Arbeit des IW gegenüber den Massenmedien kommt Gerhard Braunthal zu dem Ergebnis, daß das IW (er verwendete noch die alte Bezeichnung DI; A.v.V.) unermüdlich auf Presse, Rundfunk, Fernsehen und Film einwirke.[21] Der Verbandsforscher Josef Varain ist der Meinung, daß als Folge dieser intensiven Public-Relations-Bemühungen »Information« und Meinungsbeeinflussung miteinander verbunden sind. »Die Gefahr besteht, daß die Überzeugung, was für die Industrieunternehmen von Interesse sei, auch dem gesamten deutschen Volk dient, in der Form wissenschaftlicher Untersuchungen erscheint. Auf solche Weise kann eine Ideologie vom Unternehmertum als der Zentralfigur einer Gesellschaft entstehen.«[22] Da sich das IW zum größten Teil an Funk, Fernsehen und Zeitungen wendet, bestände nach seiner Meinung auch die Verpflichtung, daß diese Medien die Quellen angeben, aus denen die so veröffentlichten Informationen und Meinungen kommen.

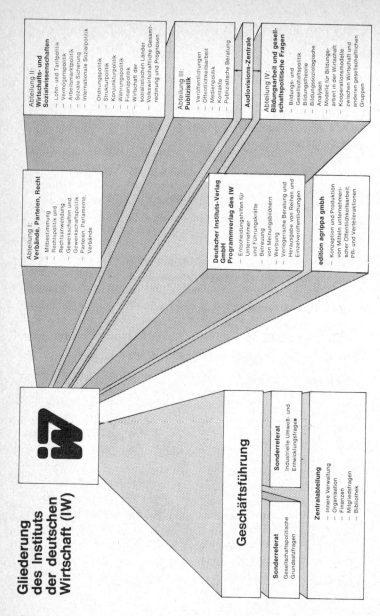

3. Einzelverbandliche Öffentlichkeitsarbeit

Öffentlichkeitsarbeit der BDA

Neben der allgemeinen »public manipulation«, die das IW besorgt, bestehen auch bei den einzelnen Unternehmerverbänden Abteilungen für Presse- und Öffentlichkeitsarbeit, die das Image des betreffenden Verbandes propagandistisch pflegen und im Sinne der Verbandspolitik nach außen (für eine breitere Öffentlichkeit) wirken.

Unter den Dachverbänden scheint die BDA die aktivste und umfassendste Öffentlichkeitsarbeit zu leisten. So erfährt man beispielsweise aus dem BDA-Jahresbericht 1974, daß im Berichtszeitraum, also innerhalb von 12 Monaten, eine Million Exemplare von verschiedenen Schriften zur Mitbestimmung vertrieben wurden. Solche Aktivitäten erklären sich aus der gesellschaftlichen Gegenstellung der BDA zu den 16 Einzelgewerkschaften des Deutschen Gewerkschaftsbundes, die ein Potential von über sieben Millionen Mitgliedern repräsentieren.

Obwohl die Abteilung für Presse- und Öffentlichkeitsarbeit der BDA bezüglich ihrer Größe weit hinter dem IW zurücksteht, sagt das nichts über den Einfluß und die Reichweite dieser Abteilung aus. Denn neben ihr besteht der *BDA-Ausschuß für Presse- und Öffentlichkeitsarbeit*, dem 57 Abgesandte, unter anderem von Zeitungs- und Zeitschriftenverlagen sowie aus betrieblichen Presseabteilungen, angehören. Darüber hinaus hat sie die Unterstützung der Presse- und Informationsabteilungen der vielen Mitgliedsverbände, mit denen bei Bedarf Kontaktgespräche stattfinden. Außerdem kann sich die BDA vor allem auf zwei ihrer Mitgliedsverbände, nämlich den Bundesverband Druck e.V., Sozialausschuß mit 11 regionalen Unterverbänden, und den *Bundesverband Deutscher Zeitungsverleger e.V.* mit 9 regionalen Untergliederungen stützen. Als Vorsitzende in diesen Presse-Arbeitgeberverbänden amtieren u. a. die Verleger oder Generaldirektoren des »Kölner Stadt-Anzeiger« und des »Express« (beide Neven duMont), der »Süddeutschen Zeitung« (Hans Dürrmeier), des in Westberlin erscheinenden »Abend« (Hans Sonnenfeld), des »Generalanzeigers für Bonn und Umgebung« (Otto Weidert) sowie Verlagsdirektor Rolf van Bargen vom Springer-Konzern.

Es scheinen aber auch gute Kontakte zu den in der Bundesrepublik meistgelesenen *Zeitschriften* zu bestehen. So erfährt man aus dem schon erwähnten Jahresbericht 1974, daß »im Berichtszeitraum ... die Presseabteilung ihre Zusammenarbeit mit den vier großen Wochen-Illustrierten — 'Neue Revue', 'Quick', 'Bunte Illustrierte' und 'Stern' — weiter ausbauen konnte«.[23] »Dabei bedienten sie sich (gemeint sind die genannten Zeitschriften, A.d.V.) vielfach des Informations- und Hintergrundmaterials, das ihnen die Presseabteilung auf Wunsch, vor allem für Kommentare zur gesellschafts- und sozialpolitischen Entwicklung, zur Verfügung stellte.«[24]

Selbst die 432 periodisch erscheinenden *Werkszeitschriften*, mit einer Auflage von 5,3 Millionen Exemplaren, werden unter betriebsspezifischen Gesichtspunkten zur Meinungsbeeinflussung der abhängig Beschäftigten eingesetzt. Zur Gewährleistung einer einheitlichen Linie in den aktuellen gesellschaftspolitischen Auseinandersetzungen treffen sich die Werkredakteure regelmäßig im Rahmen der Arbeitskreise der Arbeitsgemeinschaft Deutscher Werkredakteure, in denen auch Vertreter der BDA-Presseabteilung mitarbeiten. Darüber hinaus nimmt eine speziell beauftragte Vertreterin der BDA an zahlreichen Sitzungen der Werkredakteure in Einzelbereichen teil.

Welche Bedeutung die Arbeitgeber dem Medium der Werkszeitung in krisenhaften Zeiten zumessen, ging aus einem Beitrag des BDA-Vorsitzenden Schleyer auf dem 8. Bundestreffen der Arbeitsgemeinschaft Deutscher Werkredakteure hervor: »In Rezessionszeiten ist es nötiger denn je, das innerbetriebliche Kommunikationswesen in voller Funktion zu erhalten.«[25] Rolf Rodenstock unterstrich in seiner Eigenschaft als Vorsitzender des IW die Bedeutung der Werkszeitungen angesichts der »Konkurrenz durch Kampfzeitschriften der roten Agitatoren«.

Aber nicht nur Werkszeitungen, sondern auch die zumeist in Großbetrieben bestehenden *Werksbüchereien* werden als Instrumente der kapitalistischen Meinungspflege genutzt. Auch zu diesem Zweck bestehen enge Bindungen zwischen der BDA und dem Verband Deutscher Werksbibliotheken, einer Organisation, die ihre Bibliothekspolitik als Bildungspolitik im Unternehmen versteht.[26]

Besondere Beziehungen pflegt die Bundesvereinigung zur *Deutschen Public-Relations-Gesellschaft.* So wurden dem BDA-Präsidenten Hanns Martin Schleyer bei einer Diskussion mit 60 Mitgliedern dieser Organisation im April 1974 Anregungen für eine Aktivierung der

Public-Relations-Arbeit der BDA gegeben. Auch zu der entsprechenden europäischen Organisation, zum *Centre Européen des Relations Publique,* bestehen enge Bindungen. Als deutsche Ratsmitglieder sitzen im Vorstand dieser Organisation der den Unternehmerverbänden seit Jahrzehnten verbundene Public-Relations-Professor Alfred Oeckl (zugleich BASF-Manager) sowie Sabine Schürer-Wagner von der Presseabteilung der BDA.

Die bundesrepublikanischen Massenmedien werden von der BDA mit zwei *Informationsdiensten* versorgt. Das ist einmal der »Pressedienst Arbeitgeber« (PDA) mit jährlich etwa 80 Ausgaben, die an rund 3000 Agenturen, Journalisten und Presseabteilungen gehen. In gleich großer Auflage erscheint zweimal wöchentlich der »Kurz-Nachrichten-Dienst« (KND). Während ersterer arbeits- und sozialpolitische Fragestellungen behandelt, deckt der KND die gesamte Palette der Wirtschafts- und Gesellschaftspolitik ab.

Was die Resonanz der Zeitungsredaktionen gegenüber den Informationen der Bundesvereinigung angeht, so wird dazu verbandsoffiziell festgestellt, daß »die Meinung der Unternehmer ... wieder mehr und mehr gefragt«[27] ist. Das schlägt sich auch in der Zahl der Fernsehsendungen nieder, an denen die BDA mitwirkte. Waren es 1973 noch 140, so stieg diese Zahl 1974 auf 180 Sendungen. Dazu meint die Bundesvereinigung: »Generell ist eine nach wie vor hohe Bereitschaft bei den Journalisten der elektronischen Medien vorhanden, die Argumente der Arbeitgeber in den Programmen zur Geltung zu bringen.«[28]

Wie vielseitig die massenmanipulative Arbeit der Unternehmerverbände ist, zeigt die von der BDA seit 1974 eingeleitete Gründung sogenannter *Unternehmer-Kontakt-Gruppen.* Sie sollen an der Basis, z. B. in örtlichen Vereinen, Verbänden und Clubs mit politischer, kultureller und gesellschaftlicher Zielsetzung, ferner in Gewerkschaften, Parteien, Kirchen, Schulen und Bildungsstätten, Jugendzentren und Medien des örtlichen Bereichs die unternehmerische Propaganda direkt an den Mann bringen — eine Notwendigkeit, die sich laut BDA aus dem politisch zugespitzten Klima der BRD ergibt.

Der Sinn der Arbeit dieser Basisgruppen liegt darin, die von den Unternehmerverbänden aus der Ferne und somit nur indirekt angesprochene Öffentlichkeit direkt durch örtliche Unternehmer ansprechen zu lassen, die durch persönlichen Kontakt »den Überzeugungs-

und Glaubwürdigkeitsnachweis«[29] ihrer Argumente gleich mitliefern. Dazu dürfte ihnen »kein Opfer zu groß und kein Anlaß zu gering sein«, denn »die politische Zukunft unseres Landes ... ist auch zu einem Zeitproblem geworden, d. h. die Unternehmer befinden sich bei der Abwehr extremer Ordnungsvorstellungen und der Durchsetzung freiheitsbewahrender neuer Ordnungsperspektiven in einem Wettlauf mit der Zeit«.[30] So liest es sich in der Arbeitsanleitung »Neue Formen unternehmerischer Aufklärungsarbeit an der Basis — Aufbau und Aufgaben der Unternehmer-Kontakt-Gruppen vor Ort«, die von der Bundesvereinigung in einer Auflage von 15000 Exemplaren über die regionalen und örtlichen Arbeitgeberverbände an solche Unternehmen vertrieben wurde, die von ihrer Größe her als initiierende Organe in Frage kommen.

Um in der Auseinandersetzung an der Basis bestehen zu können, werden interessanterweise sozialwissenschaftliche Untersuchungen zum Erscheinungsbild und zur Politik örtlicher, also an der Basis wirkender Arbeitgeberverbände in Auftrag gegeben. Davon zeugt das Beispiel des »Arbeitgeberverbandes Lüdenscheid und Umgebung e.V.«, der sich in Zusammenarbeit mit der schon erwähnten informedia-verlags gmbh von der »Arbeitsgruppe Prof. Dr. R. Bergler, Psychologische Marktanalysen — empirische Sozialforschung, Nürnberg« eine Studie zum Thema »Erwartungen an einen örtlichen Arbeitgeberverband« erstellen ließ.

Öffentlichkeitsarbeit des BDI

Über die vom BDI betriebene Öffentlichkeitsarbeit gibt es kaum Informationen. Weder in den Jahresberichten noch in den Verbandspublikationen und viel weniger noch beim BDI selbst[31] kann man etwas zu Inhalt, Umfang und Wirkungsweise der Presse- und Öffentlichkeitsarbeit erfahren. Allerdings gilt es als sicher, daß ein Großteil dieses Aufgabengebietes vom IW wahrgenommen wird, zumal es in der Kölner BDI-Zentrale residiert und bis vor drei Jahren als Industrieinstitut firmierte. So sind die meisten der 42 IW-Mitgliedsverbände industrielle Spitzenverbände und damit zugleich Mitglieder des BDI. Auch diese Verbände verfügen über eigene große Presseabteilungen, auf die sich der BDI wechselseitig stützen kann. Dabei wird an die zwischen BDI und seinen Mitgliedsverbänden praktizierte Arbeitsteilung angeknüpft. So werden von der Presseabteilung des BDI alle die Belange wahrgenommen, welche die Industrie in ihrer Gesamtheit betreffen, während sich die entsprechenden Abteilungen der Mitgliedsverbände um die fachspezifische Öffentlichkeitsarbeit kümmern.[32] Neben den Presse- und Öffentlichkeitsabteilungen seiner Mitgliedsverbände genießt der BDI die Unterstützung des ihm als Spitzenvertretung der gesamten Druckindustrie angehörenden *Bundesverbandes Druck*, dem seinerseits die Bundesvereinigungen der Zeitungs- und Zeitschriftenverleger angehören. Schließlich kann sich der BDI noch auf seinen *Arbeitskreis Presse* stützen, in dem Fachleute aus Firmen und Verbänden in sechs speziellen Arbeitsgruppen aktiv mitarbeiten. Diese Arbeitsgruppen sind: Gesellschaftspolitik, Rundfunk und Fernsehen, Wirtschaftspublizistik, Interne Kommunikation, Auslandsinformation und Industriefilm. Welche Bedeutung diesem Arbeitskreis und seinen Arbeitsgruppen beigemessen wird, geht z. B. aus der Tatsache hervor, daß der Vorsitzende der Arbeitsgruppe Wirtschaftspublizistik kein geringerer als Prof. Matthias Schmidt, Vorstandsmitglied der AEG-Telefunken, ist.

Vom BDI selbst werden folgende Periodika herausgegeben: »BDI-Berichte zur konjunkturellen Situation« (monatlich), »Mitteilungen des BDI« (vierteljährlich), »BDI-Deutschland liefert« (jährlich) sowie die »Aktuelle Steuerrundschau« und der »Export-Bezugsquellennachweis«, die in etwas unregelmäßigeren Abständen erscheinen. Schon von den Titeln her wird hier deutlich, daß sich diese Publikationen nur an einen kleinen Kreis von Verbands- und Firmenexperten richten, keineswegs aber an das Gros der 95 000 indirekten Mitgliedsunternehmen. Diese werden durch Publikationen versorgt, die von den BDI-Mitgliedsverbänden oder deren fachspezifischen Unterverbänden herausgegeben werden.

Es fällt schwer, das tatsächliche Ausmaß der Public-Relations-Arbeit des BDI zu bestimmen. Die Tageszeitung »Industriekurier« dürfte nur ein unbedeutender Posten in der Öffentlichkeitsarbeit-Bilanz der Industrieverbände sein. Mehr Bedeutung dürften dagegen die Wirtschaftsseiten der Tageszeitungen haben, auf die im Zusammenhang mit den »Vereinigten Wirtschaftsdiensten« noch eingegangen wird. Insgesamt könnte man vorsichtig schlußfolgern, daß der BDI weniger eine publizistisch ausführende, sondern eher eine publizistisch kommandierende Kraft ist. Von dort werden Inhalt und Richtung der wirtschaftspolitischen Öffentlichkeitsarbeit vorgegeben, deren Umsetzung aber Sache der direkten und indirekten Mitgliedsverbände sowie der dafür in Frage kommenden Unternehmen ist.

Öffentlichkeitsarbeit des DIHT und der IHK'n

Der DIHT ist eher bereit, Auskünfte über seine Presse- und Öffentlichkeitsarbeit zu geben. So erfährt man aus dem Jahresbericht 1974, daß in jenem wirtschaftlich schwierigen Jahr die Meinung des DIHT mehr denn je gefragt war. Es fanden sechs große Pressekonferenzen mit führenden Repräsentanten dieses Verbandes und 59 kleinere Pressegespräche statt. Außerdem wurden 89 Presseinformationen herausgegeben. Darüber hinaus wurden sehr viele Interviews in Funk und Fernsehen gegeben.[33]

Was die Verbreitung von Schriftgut angeht, so erschienen 1974 insgesamt 19 Broschüren zu verschiedenen Themen mit einer Gesamtauflage von 511 000 Exemplaren. In den meisten dieser Schriften wurden Fragen der von den Unternehmerverbänden boykottierten Reform der Berufsausbildung abgehandelt. Damit sollte einer breiten Öffentlichkeit der reformfeindliche Unternehmerstandpunkt zu diesem Problem nahegebracht werden. Hier wird auch die Arbeitsteilung zwischen den Dachverbänden deutlich. Während die BDA eine ähnliche Propagandakampagne zur Mitbestimmung startete, liegt der Kampf gegen die Berufsausbildungsreform in den Händen des DIHT. So vermutet selbst Bundeskanzler Helmut Schmidt, daß der DIHT der heimliche spiritus rector der Verbändepolitik gegen die Reform der Berufsausbildung sei.[34]

Die betrieblichen Lehrlingsausbilder werden mit dem Ausbildungsmagazin »position« angesprochen, das in periodischer Reihenfolge in einer Auflage von 95 000 Exemplaren erscheint. Aufgrund des wirtschafts- und gesellschaftspolitischen Klimas sollen in dieser Zeitschrift zukünftig »verstärkt allgemeinere Informationen als Ergänzung zur reinen Sachinformation für die praktische Arbeit des Ausbilders«[35] geliefert werden. Was allerdings den Begriff »allgemeinere Information« angeht, so ist damit nichts anderes als eine stärkere ideologische

Beeinflussung dieser Zielgruppe mit unternehmerischen Argumenten gemeint.

Neben dieser externen Informationsarbeit betreibt der DIHT eine an die Mitgliedskammern gerichtete interne Kommunikationsarbeit. Zu nennen wäre hier der alle zwei Wochen erscheinende »Artikeldienst«, der für eine inhaltliche Vereinheitlichung der von den Kammern herausgegebenen Zeitschriften sorgt. Eine ähnliche Funktion erfüllt der »Redaktionsdienst« mit seinen Sachinformationen zu rechtlichen, außenwirtschaftlichen, handels- und ausbildungspolitischen Problemen. Als Redaktionsmaterial für die Zeitschriften der bundesrepublikanischen Außenhandelskammern erscheint monatlich der »DIHT-Auslandsbrief« sowie der »Wirtschaftspolitische Bericht«, der auch in englischer Sprache herausgegeben wird.

Der »Juniorenspiegel« wendet sich an die Mitglieder der vom DIHT betreuten »Juniorenkreise der Deutschen Wirtschaft«. Als täglicher Pressespiegel erscheint »WIKÜ« (Das Wichtigste in Kürze), während die »Informationsschau« mit ähnlicher Aufgabe wöchentlich herausgegeben wird.

Ähnlich wie bei BDI und BDA kann sich auch der DIHT auf eine hauptamtliche Informationsabteilung und einen entsprechenden ehrenamtlichen Ausschuß (deren Mitglieder von Unternehmen dorthin aber hauptamtlich entsendet werden, A.d.V.) stützen. Außerdem arbeitet der DIHT mit den Presse- und Öffentlichkeitsabteilungen seiner 83 Inlandskammern und 37 Auslandskammern eng zusammen. Auch dort wurden ehrenamtliche Presseausschüsse eingesetzt, in denen weit über 1000 Medienfachleute sitzen. Ein großer Teil dieser Experten kommt aus Verlagen, Werbeagenturen oder den public-relations-Abteilungen großer Unternehmen. Das verdeutlicht beispielsweise die Zusammensetzung des 23köpfigen Informationsausschusses der Hamburger Handelskammer, an der zugleich erkennbar wird, welche Bedeutung die Monopole und Großunternehmen der Öffentlichkeitsarbeit auch auf der unteren Kammer-Ebene beimessen.

In diesem Ausschuß sitzen u. a. Abgesandte von BP, Reemstma, Unilever, Otto Versand, Maihak AG (50prozentige Tochter der Commerzbank), Deutsche Überseeische Bank (100prozentige Tochter der Deutschen Bank) sowie der Vereinsbank Hamburg. Die Esso AG wird durch ihren Vorstandsvorsitzenden Wolfgang Oehme persönlich vertreten. Durch sein häufiges Erscheinen im Werbefernsehen (Esso — »Packen wir's an!«) wirkt er bis in die Wohnstuben hinein. Zugleich wirkt er als Vorsitzender des Informations-Ausschusses des DIHT.

Ferner finden wir in diesem Kreise einen Vertreter des Axel-Springer-Konzerns sowie der Frauenzeitschriften publizierenden Jahreszeitenverlags-Gesellschaft. Mit Hans Christians und Carl Wolfgang Dingwort sitzen dort zwei weitere Inhaber von großen Druckereien und Verlagen. Der letztere ist der Ehemann der WDR-Chefredakteurin für Wirtschaft und Politik, Julia Dingwort-Nussek (CDU), die recht häufig als Kommentatorin auf der Mattscheibe zu sehen ist. Aber auch der Spiegel-Verlag Rudolf Augstein, die Norddeutsche Werbefernsehen GmbH, die Studio Hamburg Atelierbetriebsgesellschaft und die Dr. Plesse Industriewerbung sind in diesem Ausschuß vertreten.[36] Dieses Informationspotential bedarf keiner weiteren Erläuterung.

Die Presse- und Öffentlichkeitsarbeit-Ausschüsse sind u. a. für die von den Kammern herausgegebenen Zeitschriften mitverantwortlich. Gegenwärtig erscheinen 14tägig oder monatlich 66 inländische Kammerzeitschriften mit einer Auflage von rund 820 000 Exemplaren. Dieses Schrifttum wendet sich vornehmlich an die Gruppe der sogenannten Vollkaufleute, während die Kleingewerbetreibenden von einigen IHK'n mit speziellen Publikationsorganen angesprochen werden. So hat z. B. die von der IHK Köln für Vollkaufleute herausgegebene Zeitschrift »Mitteilungen« nur eine Auflage von 15 500, während die für Kleingewerbetreibende gemachte Schrift 'Handelsrundschau' quartalsweise mit 120 000 Exemplaren erscheint. Ist der Zweck der ersten Zeitschrift mehr noch ein informierender, so soll die zweite eher integrierender wirken, eine Notwendigkeit, die sich aus der unterschiedlichen Höhe der Kapitalgrößen innerhalb der Kammer ergibt.

Insgesamt zeigt die Lektüre verschiedener Kammerzeitschriften und der DIHT-Informationsdienste, daß der Zweck der Öffentlichkeitsarbeit dieser Körperschaften mehr in der Vereinheitlichung und Integration konkurrierender Branchen und divergierender Kapitalgrößen liegt. Unter dem Gesichtspunkt des regionalen Wirtschaftsgeschehens wird auch in der Pressearbeit ein gemeinsames Interesse aller kammerangehörigen Unternehmen propagiert. Was aber die kammerexternen Aspekte der Öffentlichkeitsarbeit angeht, so liegt ihr Zweck laut

Gerhard Frentzel, dem ehemaligen DIHT-Geschäftsführer, darin, »die immer noch vorhandene Unklarheit über die Funktion des Unternehmers in unserer Wirtschaftsordnung zu beseitigen«.[37] Hier wird mit einer typischen Unternehmer-Formulierung die massenideologische Aufgabenstellung der Öffentlichkeitsarbeit von DIHT und Kammern zugegeben.

4. Arbeitsteilung und Kooperation in der verbandlichen Öffentlichkeitsarbeit

Die bisherigen Ausführungen bezogen sich vorwiegend auf die Öffentlichkeitsarbeit der drei Dachverbände sowie des IW. Zu bedenken ist jedoch, daß auch von den anderen im »Gemeinschaftsausschuß der Deutschen Gewerblichen Wirtschaft« zusammengeschlossenen Dachverbände aktive public-relations-Arbeit betrieben wird.

Auch hier wird nach *arbeitsteiligen Prinzipien* vorgegangen. Während beispielsweise der Bundesverband Deutscher Banken 1972 eine großangelegte Imagekampagne für das kapitalistische Universalbankensystem startete, kümmerte sich die Hauptgemeinschaft des Deutschen Einzelhandels mit ihrer Plakat-Aktion »Einzelhandel 73« um den Nachweis der »Unschuld« von Handel und Zwischenhandel an Preisentwicklung und Inflation. Dieses arbeitsteilige und damit je nach Zielgruppe differenzierte Vorgehen potenziert den Wirkungsgrad solcher massenmanipulativen Aktion.

Die im Gemeinschaftsausschuß der Deutschen Gewerblichen Wirtschaft zusammengeschlossenen 15 Verbände arbeiten aber nicht nur arbeitsteilig und selbständig, sie haben sich zugleich in der nach eigenen Angaben »bedeutendsten Wirtschaftsnachrichtenagentur des Kontinents« zusammengeschlossen. Gemeint ist die in Frankfurt am Main ansässige Gesellschaft »*Vereinigte Wirtschaftsdienste« (VWD),* an der sowohl BDI als auch DIHT (jedoch nicht die BDA) sowie die restlichen 12 Verbände des Gemeinschaftsausschusses zu insgesamt einem Drittel beteiligt sind. Die restlichen zwei Drittel entfallen auf die Deutsche Presseagentur (dpa) und die britische Reuters-Nachrichtenagentur.

Von der VWD werden Wirtschaftsredaktionen von Presse, Funk und Fernsehen versorgt. Die vielen Meldungen und Kommentare auf den Wirtschaftsseiten der bundesrepublikanischen Tageszeitungen, denen das Kürzel (vwd) vorgeschaltet ist, verdeutlichen den Aktionsradius und den Einfluß dieser Agentur. Das Signum (vwd) besagt nämlich, daß die entsprechenden Artikel wörtlich von den Vereinigten Wirtschaftsdiensten übernommen wurden. Hier realisiert sich die von dem Soziologen Josef Varian erkannte Gefahr der unternehmerischen Pressearbeit, daß nämlich kein Zeitungsleser erfährt, wer sich hinter (vwd) verbirgt und aus welcher Quelle die betreffende Information letztlich stammt. Nicht der »unabhängige« Redakteur, sondern die Presseabteilungen von Firmen und Verbänden formulieren die von ihnen gewünschte Lesart.

Den Vereinigten Wirtschaftsdiensten ist die »Complex-Gesellschaft für Kommunikation« (CPL) angeschlossen, die von Unternehmen und Verbänden bezahlte Informationen kostenlos über Langwelle in die Redaktionsstuben von über 40 Zeitungen und Rundfunkanstalten funkt. Von Fachleuten wird dieser Service als »ein gigantisches Unternehmen zur Schleichwerbung«[38] charakterisiert. Da er finanziell von den die Meldungen bezahlenden Unternehmen getragen wird, kommt Egon von Mauchenheim, Generalsekretär des Deutschen Presserats, zu der Aussage: »Der Dienst enthält zumindest die potentielle Gefahr, daß unter wirtschaftlichem Druck was passieren könnte«.[39] Die Zeitschrift »Der Spiegel« sieht sogar die Gefahr, daß unter Anwendung wirtschaftlicher Pression werbewirksam getönte Meldungen von Großunternehmen auch in die vielfältigen Dienste der großen Mutter VWD eingespeist werden könnten.[40] Letztlich dürfte auch die Verflechtung der 14 Verbände mit der dpa und Reuters nicht ohne gewisse Auswirkungen auf die Nachrichtenselektion und -formulierung dieser Agenturen bleiben. Abschließend wäre noch zu erwähnen, daß der ehemalige Pressechef des unter Karl Schiller geführten Bundeswirtschaftsministeriums Günther Käckenhoff als Chef der VWD amtiert.

5. Quantitative Ausmaße der verbandlichen Öffentlichkeitsarbeit

Das gesamte Ausmaß der verbandlichen Öffentlichkeitsarbeit wird erst deutlich, wenn man sich die Tatsache vergegenwärtigt, daß in der BRD rund 5000 unternehmerische Verbandsgebilde bestehen, die je nach Größe und Kapitalkraft entsprechende Aktivitäten betreiben. Selbst in den auf Dörfern und in Kleinstädten wirkenden Handwerker- und Gewerbevereinen wird, zumeist durch einen ehrenamtlichen Pressewart, eine den örtlichen Verhältnissen entsprechende Öffentlichkeitsarbeit betrieben. Auch hier besteht aufgrund der durch das Anzeigengeschäft gegebenen Beziehungen ein gewisser Einfluß auf die örtlichen Zeitungsredaktionen. Während der Anzeigenerlös bei den Boulevardblättern nur 45 Prozent des Gesamtumsatzes ausmacht, sind es bei diesen zumeist kleineren Abonnementzeitungen immerhin schon über 65 Prozent.[41]

Während in der BRD bisher fast ausschließlich die gewerkschaftlichen Publikationen als Instrument der Interessenpolitik kritisch bewertet worden sind, wurden die zahlenmäßig höheren und auflagenstärkeren Veröffentlichungen der Vielzahl von kapitalorientierten Interessengruppen bzw. Verbänden sorgfältig ausgespart. Der erste Versuch einer Quantifizierung wurde von einem Wissenschaftlerteam des Wirtschaftswissenschaftlichen Instituts des Deutschen Gewerkschaftsbundes vorgenommen.[42] Unter der Rubrik 'Kapitalorientierte Verbandspresse' ermittelten sie auf der Grundlage einer Analyse des von W. Stamm herausgegebenen Handbuchs für Presse und Werbung[43] folgende Daten, aus denen nach ihrer Meinung »eine zumindest tendenzielle Zuordnung zu spezifischen gesellschaftlichen Interessen« möglich ist:

Im Bereich der Gruppe »Handwerks- und Industriezeitschriften« wurden 1154 Publikationen ermittelt. Bei den »Handels- und Verkehrszeitschriften« (mit Ausnahme von Post und Verkehr) wurden 645 Publikationen mit einer monatlichen Auflagenhöhe von fast 10 Millionen Exemplaren festgestellt. Bei der Gruppe »Kundenzeitschriften« waren es 405 eindeutig als kapitalorientiert klassifizierbare Periodika. Die Gesamtzahl der in diesen drei Gruppen monatlich erscheinenden Exemplare wurde von den Autoren mit 33 Millionen angegeben. Ihre Schlußfolgerung formulieren sie folgendermaßen:

»Die Zahl kann selbstverständlich nur als Größenordnung, nicht als absolut zu nehmende Angabe gewertet werden. Man kann also dementsprechend die Aussage wagen, daß im Rahmen der kapitalorientierten Verbandspresse in der Bundesrepublik Zeitschriften mit einer monatlichen Auflagenhöhe zwischen 30 und 40 Millionen Exemplaren erscheinen, wobei der tatsächliche Wert . . . mehr bei 40 Millionen als bei 30 Millionen zu finden sein dürfte«.[44] Dem wäre noch hinzuzufügen, daß die Auflagenhöhe der kapitalorientierten Verbandspresse damit rund dreimal so hoch ist wie die der arbeitsorientierten Verbandspresse.

Es konnte nicht die Aufgabe dieser Abhandlung über die Öffentlichkeitsarbeit sein und soll es auch nicht sein, die tiefergehenden kommunikationswissenschaftlichen Implikationen eines in kapitalistische Verhältnisse eingebetteten Kommunikationssystems darzustellen. Hier sollte nur aufgezeigt werden, welche Rolle speziell die Unternehmerverbände und dabei hauptsächlich BDI, BDA und DIHT innerhalb dieses Systems spielen. Ohne eine weitergehende qualitative Wertung der dargestellten Informationen und Daten vorzunehmen, kann zumindest davon ausgegangen werden, daß die publizistischen Aktivitäten der Unternehmerverbände hier jenes Prinzip belegen, realisieren und untermauern, das von Karl Marx in seinem Werk »Die deutsche Ideologie« folgendermaßen beschrieben wurde: »Die Gedanken der herrschenden Klasse (und damit auch die der Unternehmerverbände, A.d.V.) sind in jeder Epoche die herrschenden Gedanken, d.h. die Klasse, welche die herrschende materielle Macht der Gesellschaft ist, ist zugleich ihre herrschende geistige Macht«.[45]

Anmerkungen:

1) Altmann, Rüdiger: Zerfall der Gesellschaft, in: Der Arbeitgeber, 15/1973.
2) Vgl. Capital, 1/1966.
3) Capital, 6/1971.
4) Ebenda.
5) Ebenda.
6) Vgl. Presseausschuß der Demokratischen Aktion (Hrsg.): Das schwarze Kassenbuch, Köln 1973, S. 97ff.

7) Vgl. ebenda, S. 50 ff.
8) Müller-Haeseler, Wolfgang: Die Schlappe der Progressiven, in: Die Zeit, Nr. 23/1972.
9) Ebenda.
10) Ebenda.
11) Ebenda.
12) Unternehmenspolitik heute und morgen, Köln 1971, S. 35.
13) Die Industrie, Nr. 27, Wien 1973, S. 19.
14) Institut der deutschen Wirtschaft, Köln o. J., Broschüre.
15) Die Industrie, a.a.O., S. 20.
16) Ebenda.
17) Institut der deutschen Wirtschaft: Roter Faden durch das Institut der deutschen Wirtschaft, Köln 1974, S. 22.
18) Institut der deutschen Wirtschaft: Veröffentlichungen 1974, Köln 1975, S. 8.
19) BDA: Arbeitgeber — Jahresbericht der BDA 1974, Köln 1974, S 134.
20) Ermittelt nach: Institut der deutschen Wirtschaft, a.a.O., S. 21 ff.
21) Vgl. Braunthal, Gerhard: Wirtschaft und Politik: Der Bundesverband der Deutschen Industrie, in: Politische Vierteljahresschrift, 4. Jhg., Köln 1963, S. 370.
22) Manuskript einer ARD-Sendung vom 6. 3. 1964 (Rehbein, Max: Dokumentation über den BDI).
23) BDA: a.a.O., S. 130 f.
24) Ebenda, S. 131.
25) Handelsblatt, 15. 10. 1975.
26) Vgl. BDA: a.a.O., S. 132.
27) Ebenda, S. XXIV.
28) Ebenda, S. 130.
29) Ebenda, S. 125.
30) BDA: Neue Formen unternehmerischer Aufklärungsarbeit an der Basis — Aufbau und Aufgaben der Unternehmer-Kontakt-Gruppen vor Ort, Köln 1974; zitiert nach: Deutsche Volkszeitung, Nr. 2, 9. 1. 1975.
31) Sowohl schriftliche wie mündliche Anfragen des Verfassers zu diesem Themenkomplex blieben unbeantwortet.
32) Vgl. Engelmann, Erika: Zweck und Aufgaben der Wirtschaftsverbände in der Bundesrepublik, Stuttgart 1966 (Diss.), S. 101.
33) Vgl. DIHT: Bericht 1974, Bonn 1975, S. 204.
34) Vgl. Die Zeit, 8. 8. 1975.
35) DIHT: a.a.O., S. 205.
36) Vgl. Handelskammer Hamburg: Bericht 1971, Hamburg 1972, S. 173.
37) Frentzel, G./Jäkel, E.: Die deutschen Industrie- und Handelskammern und der Deutsche Industrie- und Handelstag, Ffm./Bonn 1967, S. 92.
38) Der Spiegel, Nr. 36/1975, S 45.
39) Ebenda, S. 45.
40) Vgl. ebenda, S. 45.

41) Vgl. Bundestagsdrucksache V/2120 vom 28. September 1967: Bericht der Kommission zur Untersuchung der Wettbewerbsgleichheit von Presse, Funk/Fernsehen (Michel-Kommission), S. 81, Tabelle 105.

42) Koubek, Norbert, und andere: Wirtschaftliche Konzentration und gesellschaftliche Machtverteilung in der Bundesrepublik Deutschland, in: Politik und Zeitgeschichte, Nr. 28/1972.

43) Stamm, W.: Leitfaden für Presse und Werbung. Nachweis und Beschreibung periodischer Druckschriften sowie aller Werbemöglichkeiten in Deutschland und der wichtigsten im Ausland, Essen-Stadtwald 1971 (erscheint jährlich neu).

44) Koubek, Norbert, und andere: a.a.O., S. 26.

45) Marx, Karl: MEW Band 3, Berlin (DDR) 1973, S. 46.

VI. Einbettung der Unternehmerverbände in das politische Herrschaftsgefüge der BRD

1. Zur 'Notwendigkeit' staatsmonopolistischer Verflechtungen — Probleme der Kapitalverwertung

Es vergeht kaum eine Verbandsversammlung der Unternehmer, auf der nicht eindringlich die 'Notwendigkeit' der Mitarbeit der Wirtschaft in Parteien und Staat beschworen wird. Auch in den Jahresberichten und anderen Verbandspublikationen wird immer wieder zum aktiven oder passiven — z. B. finanziellen — Engagement aufgefordert. In einem der Jahresberichte des BDI klingt das folgendermaßen:

»Der Wahlkampf wirft das Thema 'Unternehmer und Politiker' mit erneuter Eindringlichkeit auf . . . Der Unternehmer als Sachwalter des produktiven Teils unseres Volksvermögens, als treibende Kraft im Wirtschaftsablauf kann sich nicht ungestraft den politischen Verpflichtungen entziehen, die ihm kraft seiner Funktion in der Wirtschaft obliegen.«[1]

Weiter heißt es dort, daß die »staatspolitische Aufgabe der Wirtschaftsverbände« darin liegt, den Staat »mit ihren umfassenden Kenntnissen über die Wirtschaftsvorgänge beratend zu fördern«. Von der Mitwirkung des Unternehmers »und von seiner Sachkenntnis hängt weitgehend die Qualität und damit die Wirkung der Gesetze ab«. Außerdem sind »sein Tatsachensinn und sein Blick für das Konstruktive und die Grenzen des Möglichen . . . ein positives Element gegenüber politischer Schwärmerei und Verwirrung. Es gilt mehr denn je, diese Fähigkeit in den Dienst unserer staatlichen Ordnung zu stellen«.

Auch von der politischen Seite hat es nie an Bekenntnissen zur 'Notwendigkeit' der Zusammenarbeit gefehlt. Dazu CSU-Vorsitzender Franz Josef Strauß während seiner Amtszeit als 'Verteidigungs'-minister:

»Der wirtschaftliche Sachverstand muß in der Politik mehr zur Geltung kommen . . . Es ist notwendig, daß der Unternehmer den

Kontakt zum Politiker und zur politischen Partei findet; denn allein diese Wechselbeziehung zwischen Politiker und Unternehmer und das bewußte Hinwenden zur verantwortlichen politischen Aufgabe vermögen dem Unternehmer den ihm angemessenen Platz in der Gesellschaft zu sichern.«[2]

Doch auch von seiten der FDP und der SPD wurde tausendfach auf die Bedeutung der Zusammenarbeit von Kapital, Verbänden und Staat hingewiesen. Auf der BDI-Mitgliederversammlung 1972 bejahte der damalige Bundeskanzler Willy Brandt ausdrücklich die entscheidende Rolle der Unternehmerverbände für das Funktionieren des Staates. Gleichzeitig rief er zu einem ständigen Dialog zwischen »der Wirtschaft« und dem Staat auf: »Lassen sie mich unterstreichen: Wir brauchen einen fortlaufenden und möglichst fruchtbaren Dialog. Wir brauchen ihn, weil Regierung und Wirtschaft objektiv mehr denn je aufeinander angewiesen sind.«[3]

Mit diesen und ähnlichen Appellen der Verantwortlichen aus Politik und Wirtschaft wird der einfache Sachverhalt umschrieben, daß in der kapitalistischen Gesellschaft die herrschende Klasse ihre ökonomische Macht in politische Macht umsetzen muß, um ihre Interessen in allen, auch in außerökonomischen Teilsystemen der Gesellschaft, durchzusetzen.

Die zentrale Instanz dieser politischen Macht ist aber der *Staat*. Er ist das für jede Klasse notwendige Instrument, eine bestimmte Politik durchzusetzen oder zu verhindern. Er ist der Kommandostand dieser oder jener gesellschaftlichen Entwicklung, je nach dem Kräfteverhältnis der um die Staatsmacht ringenden Klassen. Für Friedrich Engels ist er »das Eingeständnis, daß diese Gesellschaft sich in einem unlösbaren Widerspruch mit sich selbst verwickelt, sich in unversöhnliche Gegensätze gespalten hat, die zu bannen sie ohnmächtig ist. Damit aber diese Gegensätze, Klassen mit widerstreitenden ökonomischen Interessen nicht sich und die Gesellschaft in fruchtlosem Kampf verzehren, ist eine *scheinbar über der Gesellschaft stehende Macht* nötig geworden, die den Konflikt dämpfen, innerhalb der Schranken der 'Ordnung' halten soll; und diese, aus der Gesellschaft hervorgegangene, aber sich über sie stellende, sich ihr mehr und mehr entfremdende Macht ist der Staat«.[4] Engels weist ausdrücklich darauf hin, daß der Staat nicht als 'die Wirklichkeit der sittlichen Idee', sondern aus dem Bedürfnis, »Klassengegensätze im Zaum zu halten«, geboren wurde.« . . . da er aber gleichzeitig mitten im Konflikt dieser Klassen entstanden ist, so ist er in der Regel Staat der mächtigsten, ökonomisch herrschenden Klasse, die vermittelst seiner auch politisch herrschenden Klasse wird . . .«[5]

Ausgehend von dieser Analyse begegneten Marx und Engels schon 1848 im »Kommunistischen Manifest« allen Behauptungen der bürgerlichen Ideologie, der Staat wirke als eine über den divergierenden gesellschaftlichen Kräften stehende klassenneutrale Instanz zum Zwecke des Gemeinwohls, mit dem Hinweis, daß insbesondere »die moderne Staatsgewalt . . . nur ein Ausschuß (ist), der die gemeinschaftlichen Geschäfte der ganzen Bourgeoisieklasse verwaltet«.[6]

Hier liegt der Schlüssel für das Verständnis der umfangreichen Verflechtungen und Verschmelzungen von Staat und Wirtschaft. Darum zunächst noch einige erläuternde Bemerkungen zur Entwicklung des Verhältnisses zwischen diesen beiden Bereichen:

Während in der ersten Hälfte des 19. Jahrhunderts die Aufgabe des Staatsapparats vorrangig darin bestand, den Schutz des Privateigentums an Produktionsmitteln mittels staatlicher Zwangsinstrumente, wie Polizei, Militär und Justiz zu sichern, zwangen die mit der wissenschaftlich-technischen Entwicklung und der allmählichen Herausbildung des Monopolkapitalismus nach 1870 auftauchenden Verwertungsschwierigkeiten des Kapitals den Staat zu einer sukzessiven ökonomischen Intervention. Dieser staatliche Funktionszuwachs war die Folge der fortgeschrittenen Vergesellschaftung der Produktion, die zur Ursache immer neuer und tieferer Wirtschaftskrisen wurde. Es ging darum, nun mittels des Staates die Kapitalverwertung gesellschaftlich abzusichern. Unter den Bedingungen des Monopolkapitals erforderte dies die Bereitstellung eines den Monopolinteressen entsprechenden Gesetzesapparates, und zwar sowohl für den Produktionswie für den Realisierungsbereich.

Nach 1917 kam zu den inneren, den Gesetzmäßigkeiten des imperialistischen Kapitalismus selbst entspringenden Schwierigkeiten ein äußeres »Problem« hinzu: die sozialistische Oktoberrevolution 1917 in Rußland und ihre Folgen; nach 1945 dann das sozialistische Weltsystem, das den Imperialismus immer mehr zwang, sowohl auf seine eigenen Schwierigkeiten als auch auf die Entwicklung des

Sozialismus ökonomisch und politisch zu reagieren. Er wurde zunehmend in die historische Defensive gedrängt.

Im Gefolge dieses Prozesses verstärkte sich die Orientierung der herrschenden Monopolbourgeoisie auf den Staat, so daß sich in einer immer stärkeren gegenseitigen Durchringung und Vereinigung der *staatsmonopolistische Kapitalismus*[7] herausbildete. Das Wesentliche und Neue an ihm ist die unmittelbare ökonomische Rolle des Staates bei der Sicherung der Verwertungsbedingungen für die großen kapitalistischen Konzerne. Der Staat als politische Gewalt greift mit ökonomischen und außerökonomischen Mitteln in den kapitalistischen Verwertungsprozeß ein, der ohne ihn, allein durch den Marktmechanismus, nicht mehr funktionieren kann. Das geschieht nicht mehr nur gelegentlich und in Einzelfällen. Seine ökonomische Tätigkeit ist permanent geworden und richtet sich nicht allein auf die kurzfristigen, sondern mehr und mehr auf die mittel- und langfristigen Interessen des Großkapitals.

Seine ökonomische Tätigkeit ist es, die das Interesse der Monopolgruppen auf Bereiche wie die Umverteilung des Nationaleinkommens zugunsten hoher Industriesubventionen, den Einfluß auf die Finanzpolitik zum Zwecke geringer Unternehmenssteuern, Staatsaufträge, Rüstung usw. lenkt. Aber auch außerökonomische Sektoren, die allerdings in vielfältiger Beziehung zur Ökonomie stehen, wie Sozialpolitik, Bildung und Wissenschaft, werden dem Interesse des Monopolkapitals untergeordnet. Mit den Notstandsgesetzen wurde diesem Interesse entsprechend sogar schon für Zeiten härter werdender gesellschaftlicher Auseinandersetzungen vorgesorgt.

Um auf das vielfältige ökonomische und außerökonomische Aufgabenspektrum des Staates einzuwirken, entsenden die Monopole ihre Vertrauensleute in Legislative und Exekutive und entfalten eine rege Lobbytätigkeit. Hier liegt zugleich eine wichtige Aufgabe der Unternehmerverbände, vornehmlich jedoch der vom Monopolkapital beherrschten Spitzen- und Dachverbände: Sie sollen sozusagen als *Transmissionsriemen* wirken zwischen den Monopolen und dem Staat. Als deren ständigem Anwalt obliegt ihnen der größte Teil der Interessensvertretung gegenüber Regierung, Verwaltung und Parlament.

Speziell in der Bundesrepublik hat die Orientierung des Monopolkapitals auf den Staatsapparat Mitte der sechziger Jahre nochmals zugenommen. Zugleich wurde der faktische Einbau der Unternehmerverbände in die Staatsverfassung vorangetrieben. Hierzu hatten mehrere Gründe geführt: Zum einen das durch die Wirtschaftskrise 1966/67 signalisierte Ende der Rekonstruktionsperiode des westdeutschen Nachkriegskapitalismus; aber auch das Anwachsen der Auseinandersetzungen zwischen Kapital und Arbeit, das durch die Septemberstreiks von 1969 und die Aktionen der damaligen »Außerparlamentarischen Opposition« seinen ersten größeren Ausdruck fand, führte zu einer engeren staatsmonopolistischen Zusammenarbeit. Als weiteren Grund nennt der DDR-Verbandsforscher Caspar Schirmeister die Widersprüche innerhalb der herrschenden Klasse der BRD, die ihren ersten offenen Ausdruck in der Auseinandersetzung zwischen ihren politischen Exponenten in der Staatskrise von 1966 fanden, welche mit dem Eintritt der SPD in eine Koalitionsregierung mit der CDU beendet werden konnte. Mit einem stärkeren Ausbau der funktionellen Bindungen der staatlichen Institutionen an die Organisationen des Monopolkapitals soll nach der Meinung Schirmeisters das Herrschaftssystem der BRD besser gegen eventuelle Störungen gesichert werden, die bei überwiegend personellen Bindungen im Falle eines Regierungswechsels oder einer Änderung der Parteikonstellation in der Bonner Regierung auftreten könnten.[8]

2. Rechtliche Grundlagen der Zusammenarbeit von Staat und Unternehmerverbänden

Im Grundgesetz der Bundesrepublik Deutschland wird nur den Parteien eine Träger- und Mittlerrolle bei der politischen Willensbildung des Volkes zugesprochen. In keinem Artikel des Grundgesetzes wird das staatspolitische Wirken der Unternehmerverbände ausdrücklich legitimiert. Nicht einmal der Begriff Verbände kommt in der Verfassung vor, obwohl sie in der Verfassungswirklichkeit eine bedeutende Rolle spielen.

Noch in den fünfziger Jahren warnten die Vertreter der *konservativen Pluralismustheorie* vor einer Übermacht der Verbände, die die staatliche Autorität untergraben könnte. Im Staat sahen sie eine über den gesellschaftlichen Antagonismen stehende Kraft, die aufgrund ihres klassenindifferenten Wesens willens und fähig ist, divergierende Interessen ins gesellschaftliche Gleichgewicht zu bringen. Doch wurden die Begriffe 'Interesse' und 'Verbände' nie oder nur bruchstückhaft hinsichtlich ihres sozialökonomischen Standortes spezifiziert. Unter dem Stichwort 'Verbändestaat' wurden Gewerkschaften, Freizeitorganisationen, Sozialvereinigungen usw. gleichrangig neben die Unternehmerverbände gestellt. Den grundlegenden Unterschied zwischen den Interessen von Kapital und Arbeit und deren ungleiche Durchsetzungschancen im kapitalistischen Staatsgefüge erkannten sie ebensowenig wie den Charakter des staatsmonopolistischen Kapitalismus selbst. In den Veröffentlichungen der maßgeblichen Theoretiker dieses Pluralismusansatzes spiegelte sich ihrem neutralistischen Staatsverständnis entsprechend ein etatistisches Denken wider, das von der Befürchtung ausging, daß der von den Interessengruppen auf den Staat ausgehende Druck eine Art Fremdkörper im bürgerlich-parlamentarischen System darstelle. Werner Weber, ein Vertreter dieser Richtung, sprach sogar von einer quasi 'außerkonstitutionellen' Teilhabe am staatlichen Machtvollzug, von einer 'Demontage des Staatlichen am Staat', die zum Substanzverlust der verfassungsrechtlichen Autorität des Staates beitrage.[9] So sehr jedoch diese Kritik zutrifft, so sehr blieb sie ihrem klassenmäßigen Wesen verhaftet, denn sie würde sich in ihrer allgemeinen Form genauso gegen den Einfluß von Arbeitnehmerorganisationen richten.

Im Gefolge der ökonomischen und politischen Stabilisierung des westdeutschen Nachkriegskapitalismus gewann eine *Rechtsauffassung* an Gewicht, die den Verbänden eine staatsrechtlich begründete 'öffentliche Bedeutung' zusprach. So geht der Verfassungsrechtler Gerhard W. Wittkämper in seiner Verfassungsinterpretation davon aus, daß die Interessenverbände — der Begriff wird auch hier so allgemein verwendet — als 'legale und legitime Mitformer des politischen Willens' anzuerkennen sind. Er begründet dies mit der in Artikel 9 des Grundgesetzes postulierten Vereinigungs- und Koalitionsfreiheit, die den Verbänden der Arbeitnehmer und Arbeitgeber als 'autonomen Sozialpartnern' ein verfassungsmäßiges 'Legalgewicht' verschafft habe. Zum anderen nennt er den Artikel 21, der nach seiner Meinung trotz der ausdrücklichen Hervorhebung der Rolle der Parteien im politischen Prozeß die Auslegung zulasse, »daß neben den

Parteien auch die Interessenverbände Zugang zur politischen Willensbildung des Volkes haben«.[10]

Mit dieser Meinung repräsentiert Wittkämper die heute im bürgerlichen Staatsrecht allgemein herrschende Rechtsauffassung zum verfassungsmäßigen Status der Verbände. Wie allgemein sie ist, geht aus einem Aufsatz des Bonner Staatsrechtlers Ulrich Scheuner hervor, wonach »auch in Deutschland . . . die Existenz der Verbände als Teil des demokratischen Lebensvorgangs von Autoren anerkannt (wird), die sich von Vorstellungen der älteren liberalen Theorie über Parlament und Regierung gelöst haben und nach einer sinngerechten Erfassung der neuzeitlichen Verfassungslage streben«.[11] Ein anderer, der Politikwissenschaftler Rolf Ebbighausen, meint, daß »die Verbände . . . neben den Parteien quasi 'notwendige Institutionen der politischen Ordnung geworden« sind, und zwar »unter dem Gesichtspunkt ihres für die öffentlichen Belange unerläßlichen Sachverstandes« und wegen »ihrer Funktion der Ermöglichung eines politischen Ausgleiches vorhandener gesellschaftlicher Interessen«.[12]

Trotz solcher Legitimationsakrobatik gilt festzustellen, daß erst in den Paragraphen 23 der *Gemeinsamen Geschäftsordnung der Bundesministerien vom 1. August 1958 (GGO)* und 73 der *Geschäftsordnung des Bundestages* offiziell Kenntnis von den Verbänden genommen wird. Nach diesen Geschäftsordnungen sind Ministerien und Bundestag verpflichtet, bei der Ausarbeitung von Gesetzesentwürfen Vertreter 'sachlich interessierter' Verbände hinzuzuziehen. Da auch hier nur sehr allgemein von 'den Verbänden' gesprochen wird, wäre zunächst zu untersuchen, welche Art von Verbänden durch die Geschäftsordnungen bevorzugt werden. Als Beispiel hier die GGO:

Diese Geschäftsordnung geht auf eine entsprechende Bestimmung der Gemeinsamen Geschäftsordnung der Reichsministerien aus dem Jahre 1926 zurück. Sie war unter dem maßgeblichen Einfluß des damals als Reichsminister amtierenden Gustav Stresemann zustande gekommen, auf dessen Funktionen und Erfolge in Unternehmerverbänden schon im Abschnitt über die Geschichte des unternehmerischen Organisationswesens hingewiesen wurde. Ihm ging es darum, mit dieser Geschäftsordnung eine formalrechtliche Verbindung zwischen Monopolen, Unternehmerverbänden und Staatsapparat sicherzustellen.

Die Bonner Fassung dieser Geschäftsordnung hat sich kaum geändert. Zu fragen ist darum, ob noch die gleichen Verbandsgruppen bevorzugt werden, wie das in der Reichsfassung der Fall gewesen war.

Hier ist zunächst zu erwähnen, daß die Beteiligung 'der Verbände' an den Vorarbeiten der Gesetzgebung mit der Notwendigkeit der Beschaffung von Unterlagen und der *Integration von Sachverstand* begründet wird. Bei der Schlüsselrolle, die aber die materielle Produktion für faktisch alle Lebensbereiche einnimmt, liegt es auf der Hand, daß insbesondere die Industrieverbände über eine Fülle von ökonomischen Daten und politstrategischen Informationen verfügen, die sie aus den ihnen angehörenden Unternehmen und Forschungsinstituten erhalten. So meint auch der Sozialwissenschaftler Peter Bernholz, daß die Unternehmerverbände von der Natur ihrer Tätigkeit her über wirtschaftlich relevantere Informationen verfügen als andere gesellschaftliche Gruppen. Dabei bleibt es den Kapitalverbänden vorbehalten, nur solche Informationen weiterzugeben, die ihnen nützen, und jene zurückzuhalten, die ihnen schaden könnten. »Man wird ... davon ausgehen können, daß die Interessenorganisationen ihre Kenntnisse nur für entsprechende Gegenleistungen 'verkaufen' und vor allem nur Informationen weiterleiten, die den von ihnen angestrebten Zielen nicht hinderlich werden können«.[13] Über solche Verhaltensalternativen dürften die Gewerkschaften angesichts der Natur ihrer Informationsmöglichkeiten kaum verfügen.

Was die Integration des Sachverstandes der Verbände angeht, so erfährt man aus einem Bericht der Deutschen Presse Agentur (dpa), daß der BDI deshalb bei staatlichen Entscheidungen mitberaten will, »da der Staat vielfach gegenüber den wirtschaftlichen Problemen nicht den erforderlichen Sachverstand besitze ... Die Beratung durch Repräsentanten der Wirtschaft helfe dazu, den politischen Willen vorzuformen, indem die zur Entscheidung berufenen Stellen mit Material versorgt werden, das sie für eine sachgerechte Entscheidung brauchen«.[14] Daß es sich bei dieser Integration von Sachverstand hauptsächlich um unternehmerischen Sachverstand handelt, wird an den Aussagen des sogenannten Sachverständigenrates zur Begutachtung der gesamtwirtschaftlichen Lage deutlich, von dem 42 Wirtschaftswissenschaftler der BRD meinen, daß er »mittlerweile so einseitig zusammengesetzt ist, daß in seine Stellungnahmen nicht die in der Wissenschaft vertretene Breite der Anschauungen einfließt«.[15]

Von einer pluralistischen Teilhabe der Verbände an der politischen Willensbildung durch die Bestimmung des § 23 der GGO dürfte auch deshalb kaum gesprochen werden können, da er ausdrücklich die Beschränkung des Verkehrs mit den Interessensorganisationen auf die Spitzen- und Dachverbände vorschreibt. Im Bereich der Wirtschaft befinden sich aber diese Verbände fest in Monopolhänden. Insofern tut die GGO ein übriges dazu, nicht nur den Konzerngruppen bevorzugten Zugang in die Bundesministerien zu verschaffen, sondern zugleich den Konzentrationsprozeß im Bereich der Unternehmerverbände voranzutreiben.

Insgesamt kann geschlußfolgert werden, daß die Monopolverbände aufgrund ihrer Informationsfülle als die letztlich entscheidenden Repräsentanten der sachlich interessierten und sachverständigen Verbände im Rahmen der Geschäftsordnung der Bundesministerien firmieren. Diese Schlußfolgerung gewinnt aber erst im Zusammenhang mit dem Resümee des Politologen Wilhelm Hennis zum § 23 der GGO an Bedeutung, der feststellte, daß diese Geschäftsordnung den Zugang der Verbände zur Ministerialbürokratie mit einer Wirksamkeit und in einem Umfang institutionalisiert, wie dies in keinem anderen von ihm untersuchten kapitalistischen Land anzutreffen ist.[16]

3. Personelle Verflechtungen zwischen Unternehmerverbänden und Staat

Es wurde bereits darauf hingewiesen, daß infolge der zunehmenden Verwertungsschwierigkeiten des Kapitals eine stärker werdende Orientierung der Monopole und ihrer Verbände auf den Staat erfolgte. Diese bis zur Verschmelzung von Monopol- und Staatsmacht gehende Orientierung betrifft hauptsächlich den exekutiven Bereich, in dem sich das Verbandsinteresse insbesondere auf die Ministerien konzentriert. Dies reflektiert die politische Seite der Entwicklung des staatsmonopolistischen Kapitalismus, der eine immer umfangreicher werdende Zentralisierung der ökonomischen Mittel (z. B. Steuern) und der politischen Macht mit sich brachte. Indem beispielsweise immer größere

Teile des Nationaleinkommens im zentralen Staatshaushalt konzentriert und umverteilt werden, wächst natürlicherweise das Verbandsinteresse an der finanzpolitischen Exekutivgewalt. Dadurch, daß die Regierung insbesondere auf dem Gebiet der Wirtschafts- und Finanzpolitik umfassende Vollmachten erhalten hat, kann sie ihre Anordnungen ohne große Reibungsverluste durch eine parlamentarische Kontrolle durchsetzen. Gleichzeitig hat dagegen der Bundestag durch diese Art der Kompetenzverschiebung zwischen den Funktionsbereichen des politischen Systems an Souveränität verloren.

Repräsentanz der Unternehmerverbände im ministeriellen Spitzenbereich

Die hier nur kurz skizzierte Entwicklung macht verständlich, daß die Unternehmerverbände daran interessiert sind, Vertrauensleute ihrer Couleur in die Schaltstellen der Ministerien einzuschleusen. Lenins Satz »Heute Minister — morgen Bankier; heute Bankier — morgen Minister« hat nichts von seiner Aktualität eingebüßt. Der Wechsel von der Vorstandsetage eines Konzerns oder der Geschäftsführung eines Kapitalverbandes in eine höhere Staatsfunktion oder umgekehrt, entspricht den Regeln der Interessenskoalition von Staat und Wirtschaft. Wie richtig diese Charakterisierung ist, soll am Beispiel einiger Ministerialmagnaten dargestellt werden.

Die engen personellen Verflechtungen im ministeriellen Spitzenbereich — damit ist aber noch nicht die eigentliche Ministerialbürokratie gemeint — müssen zunächst im Zusammenhang mit den sachlich interaktiven Beziehungen, die zwischen bestimmten Verbänden und bestimmten Ministerien bestehen, gesehen werden. Solche Beziehungen existieren z. B. zwischen den Agrarverbänden und dem Landwirtschaftsministerium, zwischen den Flüchtlingsorganisationen und dem Innerdeutschen Ministerium sowie zwischen den Unternehmerverbänden und dem Wirtschaftsministerium. Im Laufe der Zeit bildeten sich sozusagen 'Hausmachtpositionen' bestimmter Verbände im Verhältnis zu den ihrer Aufgabe entsprechenden Ministerien heraus. So gilt z. B. das Bundeswirtschaftsministerium als Erbhof der Wirtschaftsverbände.

Die Interaktionen zwischen Kapitalverbänden und Bundesministerien vollziehen sich hauptsächlich im Bereich der sogenannten klassischen Ministerien, zu denen u.a. das *Wirtschafts- und das Finanzministerium* gehören. Das besondere Interesse an diesen beiden Geschäftsbereichen erklärt sich aus ihrer wirtschaftspolitischen Schlüsselstellung, die sie gegenüber anderen Ressorts einnehmen, indem sie deren politischen Handlungsspielraum finanzpolitisch aktivieren oder restringieren können. Daher, so meint der Amerikaner Gerard Braunthal, der eine Forschungsarbeit über den BDI angefertigt hat, ist »dem BDI sehr viel daran gelegen, daß das Wirtschafts- und das Finanzministerium von Männern geleitet werden, die seinen Zielen wohlwollend gegenüberstehen. Im Fall des Finanzministeriums war der BDI entscheidend beteiligt, als 1957 Schäffer gehen mußte, als er im gleichen Jahr die Ernennung Etzels empfahl, als er mit Nachdruck für Rolf Dahlgrün, statt für Heinz Starke, eintrat . . . und als er Dahlgrüns Ernennung, die dann 1962 doch erfolgte, unterstützte«.[17]

Was die gegenwärtige Besetzung des Bundesministeriums für Wirtschaft angeht, so dürfte die Kontinuität unternehmerischen Einflusses durch Hans Friderichs gewährleistet sein. Er amtierte von 1959 bis 1963 als Geschäftsführer der Industrie- und Handelskammer in Mainz. Mit Martin Grüner (FDP) wurde ihm ein Verbandskollege als parlamentarischer Staatssekretär nachgeordnet. Grüner war von 1968 bis 1972 Hauptgeschäftsführer des Verbandes der Deutschen Uhrenindustrie. Der sozialdemokratische Proporzmann in diesem Ministerium, der Staatssekretär Rohwedder, war vor seiner Übersiedelung nach Bonn Gesellschafter der Kontinentalen Treuhand-Gesellschaft mbH/Wirtschaftsprüfungsgesellschaft, die u.a. die Ilseder Hütte, ITT/SEL und »die gesamten amerikanischen Öl-Gesellschaften, die wir hier haben« (so Rohwedder)[18] bilanztechnisch beriet.

Auch im Finanzministerium ist der Einfluß der Kapitalverbände auf Staatssekretärsebene gesichert. Staatssekretär Karl Otto Pöhl war von 1968 bis 1970 Geschäftsführer beim Bundesverband des privaten Bankgewerbes.

Auch einer der 'Großen', nämlich BDA-Präsident Hanns Martin Schleyer, peilt einen Ministerposten an. Seine Freunde in der CDU meinen, daß er im Falle eines möglichen Wahlsieges der Unionsparteien Ambitionen auf das Arbeits- oder Verteidigungsministerium habe.[19]

Nach dem *Regierungswechsel von 1969* ergab sich für die Unternehmerverbände die Notwendigkeit, Leute ihres Vertrauens in den Spitzenpositionen der von der Sozialdemokratie geführten Bundesministerien unterzubringen. Dieses Vorhaben gelang ohne Schwierigkeiten, da die von der Wirtschaft erwartete 'Säuberungswelle' in der gehobenen Ministerialbürokratie ausblieb.[20] Im Gegenteil: die SPD betrieb sogar einen Anpassungsprozeß für Verbandsvertreter, um deren 'Sachverstand' einzukaufen.[21]

Für das Wissenschaftsministerium wurde Klaus von Dohnanyi, ein ehemals leitender Ford-Manager und späterer Mitgesellschafter des renommierten Markt- und Meinungsforschungsinstituts 'Infratest', als Staatssekretär gewonnen. Vom Krupp-Konzern siedelte der Leiter der Volkswirtschaftlichen Abteilung Karl Heinz Sohn in das Entwicklungshilfe-Ministerium über, um dort mittels 'management by exception' die Entwicklungshilfe neu zu konzipieren. Finanzminister Alex Möller, zuvor Generaldirektor der Karlsruher Versicherungs AG (Allianz) und zugleich Funktionsträger beim DIHT, engagierte mit Hans Herbert Weber einen Geschäftsführer des Bundesverbandes Deutscher Banken als Ministerialdirigenten. Außerdem empfahl er dem damals amtierenden Verteidigungsminister, Helmut Schmidt, den Thyssen-Direktor und früheren leitenden Funktionär des Reichsverbandes der Deutschen Industrie, Ernst Wolf Mommsen, als Staatssekretär. Der Fusionszauberer, dem die bisher größte Fusion der westdeutschen Nachkriegsgeschichte gelungen war, sollte die Neuordnung des Rüstungswesens in Gang setzen und schaffte es darüber hinaus, »im Rüstungswirtschaftlichen Arbeitskreis (RAK) die objektivere und intensivere Zusammenarbeit (so Mommsen) zwischen den Spitzen der bundesdeutschen Rüstungsindustrie und der Bundeswehr[22] zu forcieren. Sein Amt nahm er als sogenannter one-Dollar-man wahr, d. h. er bezog nur ein symbolisches Gehalt in Höhe von einem Dollar. Dagegen zahlte ihm der Thyssen-Konzern seine Vorstandsbezüge weiter.

Doch Mommsen war noch nicht der Schlußpunkt der Integration von »Sachverstand«. Finanzminister Möller versprach: »Ich werde mich bemühen, noch weitere Männer aus der Wirtschaft in das Ministerium hineinzuholen.«[23] Das tat er jedoch nicht nur für den Bereich seines Ressorts. Mit Philip Rosenthal (»Ich bin nur zu 40 Prozent Marxist«)[24] wurde sogar ein Präsidialmitglied des BDI mit den Ehren eines parlamentarischen Staatssekretärs ausgestattet. Die Zeitschrift 'Capital' resümiert: »Der Einzug der Managerelite in den Bonner Machtapparat begann erst mit dem Machtantritt der Sozialdemokraten.«[25]

Interessant erscheint in diesem Zusammenhang auch der Verbleib vieler aus dem Staatsapparat ausgeschiedener Ministerialspitzen, deren Sachverstand nun umgekehrt integriert wird. So wurde Atomminister Siegfried Balke nach seinem Ausscheiden aus der Regierung im Jahre 1964 zum BDA-Präsidenten gewählt. Auch bei Fritz Neef vollzog sich der Übergang vom Staatssekretär zum geschäftsführenden Präsidialmitglied des BDI relativ nahtlos. Aber auch sozialdemokratische oder der SPD zumindest nahestehende Exekutivgrößen können einer hoffnungsvollen Zukunft in Industrie und Verbänden entgegensehen. So ging der ehemalige Staatssekretär im Schillerschen Wirtschaftsministerium Johann B. Schöllhorn ebenso wie sein Chef eine berufliche Ehe mit der Großindustrie ein. BDI und BDA engagierten ihn über das Institut der deutschen Wirtschaft als Fachmann für internationale Währungsfragen. Auch Mommsen reizte es, seine Bonner Erfahrungen nun wieder in die Industrie einzubringen. Er ist sicher: »Damit hätte ich früher im Aufsichtsrat noch mehr durchgebracht.«[26]

Solche, aber insbesondere die zuerst genannten Beispiele erklären den Sinngehalt einer Äußerung des stellvertretenden Hauptgeschäftsführers des DIHT, Rüdiger Altmann, daß der Pluralismus der Gruppeninteressen (der Unternehmerinteressen, A.d.V.) längst zu einem Sozialsystem geworden ist, das mit jeder Regierung funktioniert.[27]

Wirtschaftsloyale Ministerialbürokratie

Die personelle Liierung zwischen Wirtschaft, Verbänden und Staat erstreckt sich auch auf die allgemeine Verwaltung der Ministerien, die ihre Entscheidungen keineswegs nur unter Abwägung sachlicher Gesichtspunkte fällt. »Die Staatsbürokratie ist in allen ihren Teilen kein unpersönliches, unideologisches, apolitisches Element der Gesellschaft, das über den Konflikten steht, in denen sich Klassen, Interessen und Gruppen engagieren. Kraft ihrer ideologischen Dispositionen, die durch ihre eigenen Interessen verstärkt sind, ist diese Bürokratie im Gegenteil ein entscheidend wichtiges und engagiertes Element der Erhaltung und Verteidigung der Struktur von Macht..., die dem fortgeschrittenen Kapitalismus inhärent ist.«[28] Selbst Max Weber hat die These von der unpolitischen Bürokratie bekämpft und nachgewiesen, daß sich hinter ihr in Wirklichkeit politische Machtstellungen verbergen. Mit seinem Bürokratiemodell glaubte er allerdings, die Bürokratie zu dem machen zu können, was sie zu sein vorgab: zu einer unpolitischen Bürokratie.[29]

Zur Durchsetzung der ökonomischen und politischen Restauration wurde nach 1945 in den Westzonen die dazu notwendige Bürokratie durch eine entsprechende *Ämterpatronage* und *Personalpolitik* geschaffen. Dazu kam der Wirtschaft die besondere Situation nach Kriegsende zustatten. Wie schon erwähnt, konnten sich die Alliierten und die von ihnen eingesetzten Verwaltungsorgane zu ihrer Bewirtschaftungspraxis auf einige der wiedergegründeten Unternehmerverbände stützen, während die von den Nazis zerschlagenen Organisationen der Arbeiterklasse nur unter größten Schwierigkeiten wieder aufgebaut werden konnten. Nachdem der staatliche Neuaufbau abgeschlossen war, bestanden im Verwaltungsbereich personelle Gewohnheitsrechte zugunsten der Unternehmerverbände, mit denen sich der Bundesstaat einfach abzufinden hatte. Damit wollten die ökonomischen Machtträger verhindern, daß im Falle eines Regierungswechsels auch die untergeordneten Ministerialfunktionäre umbesetzt werden. Mit der sich abzeichnenden Entwicklung zum Berufsbeamtentum konnten sie nun sicher sein, daß nach einem Regierungswechsel die ihnen loyal gegenüberstehende Bürokratie erhalten blieb. In diesem Zusammenhang sei an eine Beschwerde der SPD erinnert, die sich nach Gründung der BRD darüber beklagte, daß ehemals leitende Angehörige von Unternehmer- und Agrarverbänden im Wirtschafts-, Finanz- und Ernährungsministerium untergekommen seien; dagegen wurde nur wenigen Gewerkschaftlern ein Platz im Arbeitsministerium eingeräumt.[30]

Diese Entwicklung hat laut Theodor Eschenburg dazu geführt, daß es »auch heute noch Ministerien (gibt), die sich im Grunde ihres Herzens mehr als Kommissar ihres Interessenverbandes denn als Sachwalter des Staates fühlen«.[31] Das kann für ihn zur Folge haben, daß ein Gesetz mit Hilfe des Verwaltungsapparates so ausgeführt wird, wie es den Verbänden lieb ist.[32]

Ähnlich äußert sich Herbert Schneider, ein langjähriger Verbandskenner. Er meint sogar, daß sich durch das Einverständnis, das Zögern oder die Ablehnung gegenüber Verbandsforderungen die Karriere eines Beamten mitentscheidet.[33] Diese Aussage gewinnt dadurch an Bedeutung, daß die Bürokratie als die »Erbin einer jahrtausendealten Gehorsamkeitshaltung eine Widerstandsfunktion auszuschließen scheint« (Herbert von Borch). Auch die Karriereambitionen der Beamten — rund ein Viertel der Politiker kommen aus höheren Beamtenstellungen — dürften in diesem Zusammenhang von den Kapitalverbänden zur Durchsetzung ihrer Wünsche instrumentalisiert werden.

Sehr aufschlußreich ist auch eine Betrachtung über den Verbleib pensionierter oder sonstwie aus dem Dienst ausgeschiedener Exekutivfunktionäre. Als besonders gutes Beispiel bietet sich der Bereich des Verteidigungsministeriums an, wo sich seit einigen Jahren in verstärktem Maße eine zielgerichtete Weiterverwendung ehemaliger Offiziere in der Wirtschaft abzeichnet. Vom Hauptmann aufwärts spielen die Ex-Militärs eine wichtige Rolle in dem sich mehr und mehr nach US-Vorbild entwickelnden *militärisch-industriellen Komplex,* der sich als neuartige Macht- und Interessenverflechtung zwischen den Rüstungsmonopolen, den staatlichen, militärischen und politischen Führungszentren entwickelt. Dazu die Zeitschrift 'Der Spiegel': »Es gibt kaum noch ein Unternehmen, das nicht Bundeswehroffiziere unter Vertrag hält.«[34]

In einer Dokumentation des 'Instituts Politik und Wirtschaft'[35] wurden 1973 allein 27 ehemalige Generale und Admirale benannt, die von der Bundeswehr in leitende Wirtschaftsfunktionen, insbesondere im Bereich der Luftfahrtindustrie, übersiedelten. Darunter befanden sich auch die ehemaligen Inspekteure von Heer, Luftwaffe und Marine Albert Schnez, Werner Panitzki und Josef Moll. Viele dieser militärischen 'Würdenträger' landen auch direkt in den Verbänden, zumindest werden sie wegen ihrer Kenntnisse zur 'ehrenamtlichen' Mitarbeit dorthin delegiert. Sie treffen sich dann im Verband der Luft- und Raumfahrtindustrie, in der Deutschen Gesellschaft für Wehrtechnik oder im halbstaatlichen Arbeitskreis für Rüstungswirtschaft wieder. Einige arbeiten auch in den BDI-Ausschüssen für industrielle Luftschutzerzeugnisse, Verteidigungswirtschaft und im Arbeitskreis für Atomfragen mit.

Auch diese Beispiele rechtfertigen die Schlußfolgerung, daß die angebliche sozialökonomische Neutralität der exekutiven Staatsfunktionäre Fiktion und Illusion ist und bleibt.

Volksvertreter oder Verbandsvertrauter? Personelle Verflechtungen zwischen Kapitalverbänden und Bundestag
Trotz des zunehmenden Initiativ- und Machtverlustes der Parlamente ist der legislative Bereich ein wichtiges Terrain kapitalistischer Verbandsarbeit geblieben. Immer wieder wurden die Kapitaleigner, Manager und Verbandsvertreter, vornehmlich vom BDI, zur parlamentarischen Mitarbeit aufgefordert. Er ist der Meinung, daß »es für die Wirtschaft schlechthin eine Lebensfrage (sei), ob sie gebührend durch sachkundige Abgeordnete im Parlament vertreten ist, die willens und fähig sind, die Belange der Industrie und der übrigen Wirtschaft konsequent und überzeugend wahrzunehmen«.[36] Daher forderte Fritz Berg schon zu Beginn seiner Amtszeit als BDI-Präsident die Industrieunternehmen auf, alle politischen Vertretungskörperschaften zu durchdringen: »Grundlage des politischen Unterbaues ist der Wahlkreis. Hier gilt es, den unternehmerischen Einfluß im Verhältnis zu seiner Bedeutung einzubauen.«[37]

Von den Großunternehmen wurden solche Appelle in der Form beantwortet, daß sie Vorstands-, Aufsichtsrats- oder Verbandsvertreter für die parlamentarische Arbeit abstellten. Sie verfügen über genug Finanzkraft, um vorwiegend jüngere Kräfte nach Bonn zu delegieren. Damit tun sie nicht nur etwas für den betrieblichen Führungsnachwuchs, sondern kommen zugleich in den Genuß der Erfahrungen und Verbindungen ihres parlamentarischen Interessenvertreters. Zu diesem Zweck betrieb die CDU eine Zeitlang sogar eine Personaldatenbank, die zu einer Koordination der Personalplanung zwischen Wirtschaft und Partei beitragen sollte. Dazu CDU-Generalsekretär Kurt Biedenkopf: »Wir werden in die Lage versetzt, unseren jüngeren Mitarbeitern bei der Planung ihrer Karriere zu helfen und ihnen so Auskunft darüber zu geben, welche beruflichen Chancen mit der Arbeit in der Partei verbunden sind.«[38] Es kommt aber auch recht häufig vor, daß ältere Führungskräfte mit einem Abgeordnetenmandat sozusagen altersversichert werden.

Im Gegensatz zu den Großunternehmen verhielten sich die kleinen und mittleren Unternehmen gegenüber den Verbandsappellen zur parlamentarischen Mitarbeit eher zurückhaltend. Für sie würde die Übernahme eines Abgeordnetenmandats jeweils zumeist eine Gefährdung der wirtschaftlichen Existenz mit sich bringen.

Um den Kapitaleinfluß in der legislativen Arbeit zu sichern, reserviert insbesondere die CDU/CSU eine bestimmte Menge von *Kandidatenplätzen für Verbandsvertreter*. Einen solchen Fall schildert der frühere US-Hochkommissar für Bayern Charles Thayer in seinem Buch 'Die unruhigen Deutschen'. Darin berichtet er von einem Erlebnis im Bundestagswahlkampf 1957, als sich in seinem Beisein ein Vertreter eines Unternehmerverbandes telefonisch an ein Verbandsmitglied mit der Frage wandte, ob er nicht Lust habe, Bundestagsabgeordneter zu werden. Etwas ungläubig, so schreibt Thayer, fragte der Angerufene zurück: »Wie sollte ich wohl jemals gewählt werden?«, worauf er als Antwort erhielt: »Dafür haben wir schon gesorgt. Wir brauchen nur ihren Namen auf die Stelle der Liste zu setzen, die uns die CSU auf der Landesliste freigehalten hat.«[39]

Diese Art der Abgeordnetenproduktion ist insofern recht kostspielig, als die Kandidaten von den interessierten Verbänden regelrecht gekauft werden müssen. So forderte beispielsweise die CDU vom Zentralverband des Mechanikerhandwerks im Jahre 1957 rund 50 000 Mark, da nur so eine günstige Placierung des vom Verband vorgeschlagenen Kandidaten auf der Landesliste erfolgen könne. Eine ähnlich hohe Summe mußte im gleichen Jahr die Hauptgemeinschaft des Deutschen Einzelhandels für einen Kandidaten bezahlen.[40] Wie die Soziologin Petra Bauer feststellte, macht auch der BDI »besonders in Gebieten mit hoher industrieller Verdichtung ... mit Hilfe von Finanzierungen direkte Ansprüche auf Besetzung von Abgeordnetenkandidaturen in der CDU/CSU geltend«.[41]

Um den eventuellen Einspruch örtlicher Parteiorganisationen zu umgehen, werden die Verbandsvertreter zumeist über Landeslisten, die von höhergeordneten Parteigremien beschlossen werden, nominiert.

Wegen ihrer zumeist vorderen Listenplacierung ist so auch bei einem negativen Wählervotum der Einzug in den Bundestag gesichert.

Die direkte Delegation von Konzern- und Verbandsvertretern ist eine der Methoden, mit der der Kapitaleinfluß im Bonner Parlament gesichert wird. Ein anderer Weg besteht darin, sich Abgeordnete durch *Beraterverträge* und *Geldzuwendungen* gefügig zu machen. Die Fälle Wienand/Paninternational und Gewandt/SNECMA waren nur die sichtbare Spitze des Eisberges der politischen Korruption. Unter den Stichworten Schützenpanzer HS 30, FIBAG, Starfighter, Spielbankaffäre/Zimmermann und Leo Wagner wird die schmutzige Weste der CSU sichtbar. Aber auch der 'Saubermann' Rainer Barzel scheute sich nicht, vom Henschel-Rüstungskonzern ein kleines Trinkgeld in Höhe von 60000 Mark anzunehmen.

Neben Karl Wienand gab es aber auch noch andere Unterstützungsempfänger aus den Reihen der sozialliberalen Koalition. Für den parlamentarischen Staatssekretär im Bundesministerium für Bildung und Wissenschaft Joachim Raffert (SPD), zugleich Mitglied der Medienkommission seiner Partei, war es eine Selbstverständlichkeit, sich für monatlich 3000 Mark dem Heinrich-Bauer-Verlag (Quick, Neue Revue, Praline) als Berater zur Verfügung zu stellen. Auch Wolfram Dorn (FDP), parlamentarischer Staatssekretär im Bundesinnenministerium, verbündete sich für ein gleich hohes Honorar ausgerechnet mit diesem Pressekonzern, der eines der propagandistischen Sprachrohre der CDU/CSU war und ist.

Wie sehr nötig die Bundestagsabgeordneten bei ihren 'niedrigen' Diäten solche Konzernalmosen haben, geht aus einer Begründung hervor, mit der Bundestagspräsident Eugen Gerstenmeier zu seiner Amtszeit eine Diätenerhöhung zu rechtfertigen versuchte: »Es wird, um es hart zu sagen, angestrebt, daß kein Mitglied dieses Hauses in die Verlegenheit gebracht werden kann, sich von irgend jemandem kaufen zu lassen.«[42] Dazu die lapidare Erklärung eines Journalisten: »Nur wenige lassen sich in Verlegenheit bringen. Etliche sind schon gekauft, ehe sie ins Parlament einziehen.«[43]

Auch diese eindeutig gegen Verfassungsprinzipien gerichtete Praxis wurde mit der Zeit rechtlich sanktioniert. Der Strafrechtler Professor Bockelmann erklärte vor der Großen Strafrechtskommission mit folgender Begründung, warum die Abgeordnetenbestechung noch nicht da anfängt, wo die Abgeordnetenbezahlung aufhört: »Man kann nicht versuchen, von Strafrechts wegen die Politik honoriger zu machen, als sie heutzutage nun einmal sein kann. Die Strafbarkeit kann erst dort einsetzen, wo die Beteiligten im Einzelfall über diesen Bereich des politisch unumgänglichen Feilschens, Kuhhandelns oder wie man es nennen will, hinausgehen. Sie gehen darüber hinaus, wenn sie sich nicht damit begnügen, die politisch üblichen Vorteile zu verlangen, sondern sich für eine bestimmte Abstimmung bezahlen lassen.«[44] Dazu die Zeitschrift 'Capital': »Läßt er sich von einem Verband sein Büro samt Wagen finanzieren, ist er (der Abgeordnete) anständig. Läßt er sich einen Swimmingpool bauen, ist er unanständig.«[45]

Wie sehr die »nur ihrem Gewissen verantwortlichen« Volksvertreter nicht nur an Überweisungen, sondern auch an Weisungen der Kapitalverbände gebunden sind, macht das Beispiel des Bundestagsabgeordneten Meyer-Ronnenberg deutlich, der 1953 seinen Übertritt von der GP/BHE zur CDU mit den Worten begründete: »Ich bedaure mein Ausscheiden aus dem BHE. Doch meine Verantwortung gegenüber meinen Verbänden und ihrem berechtigten Anliegen ist größer.«[46] Er gehörte verschiedenen Handelsverbänden an.

Interessanterweise waren nach Bekanntwerden von Abgeordneten-Nebentätigkeiten als Kapitalberater nur 49 Parlamentarier der SPD, nur 34 der CDU/CSU und nur 7 der FDP bereit, ausdrücklich zu erklären, »daß sie seit Übernahme des Mandats als Mitglied des Deutschen Bundestages im Jahre 1969 keine Bindungen in Form von Beraterverträgen, Gesellschafterposten, Prokuristenstellungen, Aufsichtsratsmandaten, Kuratoriumsmitgliedschaften oder ähnlichen Verträgen eingegangen seien, die sie selbst oder ihre Familien zu materiellen Vorteilen geführt hätten«.[47]

Unter den insgesamt 90 Abgeordneten, die sich dieser 'bolschewistischen Selbstbezichtigung' (so eine CDU-Abgeordnete) unterzogen, waren auch z. B. Elmar Pieroth, der als mehrfacher Millionär natürlich nicht andere, sondern sein eigenes Großunternehmen berät. Auch Göke Frerichs versicherte trotz seiner fast zwei Jahrzehnte andauernden Tätigkeit für den Bundesverband des Groß- und Außenhandels, keinerlei Verbandsbeziehungen zu haben. Daß die »Hausfrau« Maria Jacobi als Beraterin nicht in Frage kommt, versteht sich von selbst. Sie berät ihren Ehemann, der jahrelang in den Vorstandsetagen der IG

Farben saß. Aber auch bei anderen dieser 'makellosen' Volksvertreter gibt es ähnliche solcher Ungereimtheiten.

Zur Verschleierung der starken Repräsentanz des Unternehmerblocks im Bundestag wurde unter ständigem Aufwärmen der Demagogie vom *'Gewerkschaftsstaat'* wiederholt darauf hingewiesen, daß von den 518 Abgeordneten 252 Mitglied einer DGB-Gewerkschaft sind. Dazu kommen 9 Parlamentarier, die bei der DAG, und 13, die beim CGB organisiert sind. Aus dieser quantitativ starken Vertretung der Gewerkschaften wird die Behauptung abgeleitet, daß der Bundestag unter einem massiven gewerkschaftlichen Druck stehe.

Die Kritik des angeblich wachsenden 'Gewerkschaftseinflusses' richtet sich hauptsächlich gegen die SPD-Fraktion, auch als 'Gewerkschaftsfraktion' bezeichnet. Doch die parlamentarische Praxis dieser 'Gewerkschaftler' zeigt, daß sie bei kontroversen Abstimmungen stets den Vorstellungen der Fraktion und nicht der Gewerkschaft gefolgt sind. Das zeigte sich insbesondere bei Beschlußfassungen von großer politischer Bedeutung, wie z.B. bei den Notstandsgesetzen, wo die meisten sozialdemokratischen Parlamentarier für die Regierungsvorlage, also gegen die Vorstellungen des DGB stimmten. Der Jurist Dagobert Völpel meint in einer Untersuchung über den Einfluß von Wirtschaftsgruppen auf die Staatsgestaltung, »daß die zahlreichen in der SPD parteipolitisch beheimateten DGB-Parlamentarier keine geschlossene Einheit bilden. Vielfach haben sie auch nur eine lockere Beziehung zum DGB. Es wäre zu weitgehend, hier von einer geschlossenen Phalanx zu sprechen«.[48]

Dieses gilt in noch stärkerem Maße für die CDU/CSU-Fraktion. Auch hier wird man vergebens nach dem Einfluß von gewerkschaftlichen Parlamentariern suchen. Von den 43 CDU/CSU-Abgeordneten die im DGB, CGB und der DAG organisiert sind, stimmten beispielsweise nur 15 dem in der 6. Legislaturperiode diskutierten Betriebsverfassungsgesetz zu. Der Rest orientierte sich an der ablehnenden Haltung der Gesamtpartei. »Eher stimmen die CDU-Abgeordneten geschlossen als 252 Gewerkschaftler quer durch den Bundestag.«[49] Der schon erwähnte Herbert Schneider berichtet sogar, daß »die Gewerkschaftler in der CDU-Fraktion, die sich im 1. oder 2. Bundestag den Forderungen des DGB entzogen hatten, . . . gerade deshalb erwarten (konnten), von neuem von ihrer Partei aufgestellt zu werden«.[50]

Bei den gewerkschaftlich organisierten Abgeordneten aller drei Fraktionen ist zu berücksichtigen, daß die meisten von ihnen aus Opportunitätsgründen, z. B. um im Wahlkreis Stimmen zu bekommen, in eine Gewerkschaft eingetreten sind. Hinzu kommt, daß sie zum großen Teil aus einem sozialen Milieu stammen, dem die Sorgen und Nöte der Arbeiterklasse fremd waren und bleiben. Die wenigsten wurden mit der Arbeits- und Lebenssituation eben jener konfrontiert, die das Gros der Gewerkschaft ausmachen.

Funktionsträger in Unternehmerverbänden
(nach offiziellen Angaben im Handbuch des Deutschen Bundestages)

Alten-Nordheim, Odal von (CDU)

Mitglied der Landwirtschaftskammer Hannover, Vorsitzender und Vorstandsmitglied in verschiedenen berufsständischen und landeskulturellen Verbänden.

Baum, Gerhart Rudolf (FDP)
Von 1962 bis 1972 Mitglied der Geschäftsführung der BDA.

Becker, Kurt (CDU)
Mitglied des Präsidiums des BDI.

Bewerunge, Karl (CDU)
Seit 1964 Präsident der Landwirtschaftskammer Westfalen-Lippe; nach 1962 Vorsitzender des Agrarstrukturausschusses beim Deutschen Bauernverband.

Bismarck, Philipp von (CDU)
Von 1967 bis 1971 Präsident der Industrie- und Handelskammer Hannover, Mitglied des DIHT-Vorstandes. Vorsitzender des CDU-Wirtschaftsrates e.V.

Blumfeld, Erik (CDU)
Von 1946 bis 1954 Vizepräsident der Handelskammer Hamburg.

Bockelberg, Helmut von (CDU)
Seit 1967 erster Vizepräsident der Bundessteuerberaterkammer.

Böger, Rolf (FDP)
Seit 1954 Hauptgeschäftsführer der Industrie- und Handelskammer Detmold.

Bremm, Klaus (CDU)
Seit 1968 Vorstandsmitglied der Landwirtschaftskammer Rheinland-Nassau.

Büchler, Hans (SPD)
Geschäftsführer der Arbeitsgemeinschaft Selbständige in der SPD.

Burgbacher, Fritz (CDU)
Diverse frühere leitende Aufgaben in Wirtschafts- und Arbeitgeberverbänden.

Delden, Rembert van (CDU)
Stellvertretender Vorsitzender des Verbandes Textilindustrie Westfalen-Münster; ehrenamtlicher Präsident der Association des Industries de Jute Européennes, Paris.

Dollinger, Werner (CSU)
Seit 1972 ehrenamtlicher Präsident des Verbandes des Deutschen Nahrungsmittelgroßhandels.

Eigen, Karl (CDU)
1. Stellvertretender Vorsitzender des Bauernverbandes Schleswig-Holstein.

Eilers, Jan (CDU)
Vorsitzender des kommunalen Arbeitgeberverbandes Niedersachsen, Mitglied des Präsidiums der Vereinigung Kommunaler Arbeitgeberverbände.

Ey, Richard (CDU)
Vorsitzender des Landes- und Bundesverbandes der Lohnunternehmer (Niedersachsen).

Freiwald, Friedrich-Wilhelm (CDU)
Seit 1950 Hauptgeschäftsführer des Hauptverbandes der Papier, Pappe und Kunststoff verarbeitenden Industrie.

Frerichs, Göke (CDU)
Von 1951 bis 1969 Tätigkeit im Bundesvorstand des Deutschen Groß- und Außenhandels; Mitglied des Bundesvorstandes der Mittelstandsvereinigung der CDU.

Früh, Isidor (CDU)
Funktionsträger in verschiedenen Bauernverbänden.

Gallus, Georg (FDP)
Vizepräsident des Bauernverbandes Württemberg-Baden.

Gewandt, Heinrich (CDU)
Präsident der Conföderation der Europäischen Drogistenverbände, Präsident des Verbandes Deutscher Drogisten; Vorsitzender des Vereins zur Förderung der Wettbewerbswirtschaft, 2. Vorsitzender der Gesellschaft zum Studium strukturpolitischer Fragen; Vorsitzender der Mittelstandsvereinigung der CDU, Vorsitzender des Diskussionskreises Mittelstand der CDU/CSU-Fraktion.

Graff, Carlo (FDP)
Bis 1968 Tätigkeit als Vorsitzender eines Arbeitgeberverbandes.

Gradl, Johann Baptist (CDU)
Von 1931 bis 1938 Mitglied der Geschäftsführung des Deutschen Sparkassen- und Giroverbandes, ab 1938 Reichsgruppe Banken in Berlin.

Gross, Rötger (FDP)
Vorsitzender des Landesverkehrsverbandes Weserbergland-Mittelweser, stellvertretender Vorsitzender des Landesfremdenverkehrsverbandes Niedersachsen.

Grüner, Martin (FDP)
Von 1968 bis 1972 Hauptgeschäftsführer des Verbandes der Deutschen Uhrenindustrie.

Hauser, Hans-Heinz (CDU)
Vorstandsmitglied des Bäckerinnungsverbandes und der Handwerkskammer Düsseldorf.

Hirsch, Burkhard (FDP)
Von 1960 bis 1967 in der Wirtschaftsvereinigung Eisen- und Stahlindustrie, Düsseldorf, tätig.

Horstmeier, Martin (CDU)
Vorsitzender des Landwirtschaftlichen Kreisverbandes in Lübbecke; sonstige Aufgaben in Bauernverbänden.

Josten, Johann-Peter (CDU)
Vorsitzender des Landesmittelstandsausschusses der CDU in Rheinland-Pfalz.

Kiechle, Ignaz (CSU)
Stellvertretender Vorsitzender des Milchwirtschaftlichen Vereins im

Allgäu; Vorsitzender der Arbeitsgemeinschaft Landwirtschaft in der CSU.

Köhler, Herbert (CDU)
Seit 1960 Hauptgeschäftsführer und geschäftsführendes Vorstandsmitglied der Wirtschaftsvereinigung Eisen- und Stahlindustrie, Düsseldorf; Mitglied des Board of Directors und des Executive Committee des International Iron and Steel Institute.

Lampersbach, Egon (CDU)
Seit 1968 geschäftsführender Bundesvorsitzender der Mittelstandsvereinigung der CDU.

Lange, Erwin (SPD)
Vorsitzender des Fachbeirates der Bundesarbeitsgemeinschaft der Selbständigen in der SPD.

Logemann, Fritz (FDP)
Seit 1948 Bundesvorsitzender des Vereins für Agrarwirtschaft.

Lücker, Hans-August (CSU)
Nach 1947 Direktor der Bayrischen Landesbauernkammer und stellvertretender Generalsekretär des Bayrischen Bauernverbandes.

Milz, Peter (CDU)
Funktionen in Handwerksverbänden.

Möller, Alex (SPD)
Mitglied des Kuratoriums des Instituts 'Finanzen und Steuern' des DIHT.

Müller-Hermann, Ernst (CDU)
Seit 1971 Präsident des Kraftfahrzeughandels und Sprecher des Kraftfahrzeughandwerks; 1. Vorsitzender des Vereins zum Studium strukturpolitischer Fragen, Bonn.

Neumeister, Hanna (CDU)
Mitglied des Vorstandes der Mittelstandsvereinigung der CDU.

Niegel, Lorenz (CSU)
Seit 1962 Pressereferent im Generalsekretariat des Bayrischen Bauernverbandes.

Opitz, Rudolf (FDP)
Funktionen in verschiedenen Handwerksorganisationen.

Pohlmann, Eberhard (CDU)
Von 1963 bis 1967 Geschäftsführer der Arbeitsgemeinschaft der Unternehmer für Industrie, Handel und Gewerbe im mittleren Weserbergland, seit 1968 deren Hauptgeschäftsführer.

Ritgen, Gerd (CDU)
Vorsitzender des Bauernverbandes Deutscher Saatguterzeuger; Vorsitzender des Landesmarktverbandes für Vieh und Fleisch Nordrhein-Westfalen.

Ritz, Burkhard (CDU)
Sachverständiger bei der Landwirtschaftskammer Weser/Ems.

Röhner, Paul (CSU)
Seit 1969 Direktor im Bayrischen Bauernverband.

Rosenthal, Philip (SPD)
Von 1968 bis 1970 Mitglied des Präsidiums des BDI; 1968 bis 1970 Vorsitzender der Arbeitsgemeinschaft der Keramischen Industrie e.V., Frankfurt, und 1967 Vorsitzender des Vereins der Keramischen Industrie, Selb.

Sauter, Franz (CDU)
Stellvertretender Vorsitzender des Kreisbauernverbandes Rottweil.

Schmitz, Hans-Peter (CDU)
Verantwortliche Tätigkeit in verschiedenen Agrarverbänden.

Schöfberger, Rudolf (SPD)
Ausschußvorsitzender bei der Bayrischen Architektenkammer.

Schröder, Horst (CDU)
Bis 1972 Geschäftsführer des Bankenverbandes Hamburg.

Schröder, Dietrich (CDU)
Seit 1967 Präsident des Ostfriesischen Landvolkes, seit 1968 Vorsitzender der Arbeitsgemeinschaft Küstenraum im Niedersächsischen Landvolk; seit 1961 Vorsitzender der Arbeitsgemeinschaft Deutscher Rinderzüchter.

Schwabe, Wolfgang (SPD)
Vizepräsident des Verbandes Deutscher Kur- und Fremdenverkehrsfachleute sowie des Deutschen Fremdenverkehrsverbandes.

Scheel, Walter (FDP)
Von 1945 bis 1953 Tätigkeit als Geschäftsführer verschiedener Unternehmerverbände (ausgeschieden aus dem Bundestag am 27. 6. 74).

Schmidhuber, Peter M. (CSU)
Von März 1970 bis Dezember 1971 als Abteilungsleiter in einem Industrieverband; Mitglied des Landesvorstandes der Arbeitsgemeinschaft Mittelstand der CSU, Mitglied im Bundesvorstand der Mittelstandsvereinigung der CDU/CSU; Geschäftsführender Vorsitzender der Studiengesellschaft für Mittelstandsfragen e.V., München.

Schwörer, Hermann (CDU)
Stellvertretender Vorsitzender der mittelständischen Wirtschaftsvereinigung der CDU des Kreises Sigmaringen sowie Funktionsträger der Arbeitsgemeinschaft selbständiger Unternehmer.

Sick, Willi-Peter (CDU)
Von 1952 bis 1953 Geschäftsführer des Arbeitgeberverbandes Westküste in Heide/Holstein; nach 1953 Geschäftsführer der Industrie- und Handelskammer Flensburg.

Solke, Emil (CDU)
Seit 1970 Präsident des Rheinischen Landwirtschaftsverbandes.

Springorum, Gerd (CDU)
Vorstandsmitglied der Mittelstandsvereinigung der CDU in Westfalen-Lippe.

Umland, Josef (CDU)
Seit 1967 Hauptgeschäftsführer des Bundesverbandes der Bekleidungsindustrie e.V.

Starke, Heinz (CSU)
Nach 1950 Erster Syndikus der Industrie- und Handelskammer Oberfranken.

Susset, Egon (CDU)
Mehrere Funktionen in Agrarverbänden.

Vehar, Max (CDU)
Funktionsträger innerhalb der Industrie- und Handelskammer Essen.

Vohrer, Manfred (FDP)
Von 1968 bis 1972 Leiter eines Referates im Badischen Landwirtschaftlichen Hauptverband.

Warnke, Jürgen (CDU)
Ab 1962 Geschäftsführer des Verbandes der Chemischen Industrie, Landesverband Bayern; seit 1964 Hauptgeschäftsführer des Vereins der Keramischen Industrie e.V., Selb.

Wurbs, Richard (FDP)
Vizepräsident des Zentralverbandes des Deutschen Handwerks; Präsident der Handwerkskammer Kassel.

Zeitel, Gerhard (CDU)
Mitglied in der Internationalen Steuervereinigung; Mitglied des Bundesverbandes Deutscher Volks- und Betriebswirte.

In diesem Zusammenhang sollte auch darauf hingewiesen werden, daß nur 22 ehemalige oder noch amtierende Gewerkschaftsfunktionäre im Bundestag sitzen. Im Gegensatz dazu sind die Unternehmerverbände mit 70 maßgeblichen Funktionsträgern im Parlament vertreten. Interessanterweise werden aber nur die Gewerkschaftler, nicht aber andere Verbandsvertreter statistisch offiziell von der Bundestagsverwaltung ausgewiesen.

Diese Ausführungen zeigen, daß die Implikation des Hinweises auf die starke quantitative Repräsentanz der Gewerkschaften im Bundestag höchst problematisch sind. Die Praxis beweist, daß die Gewerkschaftsmitglieder in den drei Fraktionen nicht als 'Interessenblock' auftreten, sondern sich entsprechend ihrer Parteizugehörigkeit verhalten. Für eine 'überparteiliche Gewerkschaftsfraktion' finden sich (bedauerlicherweise) keinerlei Hinweise.[51]

Was die aktuellen *Verflechtungen zwischen Unternehmertum und Bundestag* angeht, so sind diese durch folgende Daten charakterisiert: Von den 518 Abgeordneten des 7. Bundestages sind etwa 130 dem Unternehmerblock zuzuordnen. Das macht ein Viertel aller Abgeordneten aus. Alle diese Abgeordneten sind vielfältig mit verschiedenen Unternehmerverbänden verbunden. Jeder kaufmännisch selbständige Abgeordnete ist zumindest Mitglied der Industrie- und Handelskammer, zumeist aber auch noch im Arbeitgeber- und in einem Wirtschaftsverband organisiert.

Die nachstehende Übersicht sagt nichts über die diversen Querverbindungen der Abgeordneten aus. Die meisten der unter die jeweilige Sparte fallenden Abgeordneten sind nicht nur Vorstandsmitglieder von

Firmen, Inhaber von Aufsichtsratspositionen oder Funktionsträger in Unternehmerverbänden, sondern gehören zugleich den parteioffiziellen Kapitalorganisationen (CDU-Wirtschaftsrat, Mittelstandsvereinigungen usw.) an. Diese Verbindungen schaffen und sichern einen zusätzlichen Kapitaleinfluß auf die Politik der Bundestagsparteien und somit weiterwirkend auf das Verhalten der gesetzgebenden Organe.

Unternehmer oder sonstige Kapitalvertreter im 7. Deutschen Bundestag	CDU/CSU	SPD	FDP	Gesamt
Selbständige aus dem Bereich Industrie, Banken, Versicherungen, Handel, Handwerk und Landwirtschaft	51	4	5	60
Ehemalige oder noch amtierende Vorstandsmitglieder, Geschäftsführer, Direktoren und leitende technische Angestellte aus Industrie, Handel und dem Dienstleistungssektor (ohne Arbeitsdirektoren)	17	7	5	29
Mitglieder in Aufsichts- oder Beiräten der Privatwirtschaft (ohne Arbeitnehmervertreter)	14	8	3	25
Ehemalige oder noch amtierende Mitarbeiter von Unternehmerverbänden, sofern sie nicht schon oben erfaßt sind (Primärfunktion für das Einkommen war für die Zuordnung ausschlaggebend)	13	—	4	17
Gesamt	95	19	17	131

Bei diesen Zahlen ist außerdem zu bedenken, daß sie auf der Grundlage der offiziellen Angaben im Bundestagshandbuch ermittelt wurden. Sie sagen nur einen Teil über den Einfluß der Kapitalorganisationen im Bundestag aus, da informelle und ideologische Zugehörigkeiten zum Unternehmertum statistisch nicht erfaßbar sind.

Was die *Ausschußarbeit* angeht, so ist die Konzentration von Verbandsvertretern in bestimmten Ausschüssen besonders augenfällig. Einige Ausschüsse werden dementsprechend als »Verbandsinseln« bezeichnet. Der BDI z. B. interessiert sich vornehmlich für die Arbeit des Wirtschaftsausschusses, obwohl seiner Interessenlage auch die im Außenhandels- und im Finanzausschuß behandelten Fragen entsprechen. In allen bisherigen Legislaturperioden war der BDI am stärksten u. a. durch Einschaltung seiner Unterorganisationen im Wirtschaftsausschuß vertreten. Das gilt auch für die gegenwärtige Wahlperiode.

Verflechtungen zwischen Wirtschaftsausschuß und Unternehmertum

1. Ordentliche Mitglieder

   a) CDU/CSU-Fraktion

Philipp von Bismarck, ordentliches Vorstandsmitglied der Kali-Chemie AG, Hannover; Mitglied des Verwaltungsrates der Provinzial-Lebensversicherung Hannover; Von 1967 bis 1971 Präsident der Industrie- und Handelskammer Hannover; Mitglied des Vorstandes des DIHT; Vorsitzender des Wirtschaftsrates der CDU e.V.

Friedrich-Wilhelm Freiwald, seit 1950 Hauptgeschäftsführer des Hauptverbandes der Papier, Pappe und Kunststoffe verarbeitenden Industrie.

Göke D. Frerichs, ordentliches Vorstandsmitglied der pharmazeutischen Großhandlung Andreae-Noris Zahn AG, Frankfurt/Main. Von 1951 bis 1969 tätig als Abteilungsleiter und Geschäftsführer des Bundesverbandes des Deutschen Groß- und Außenhandels; Mitglied des Bundesvorstandes der Mittelstandsvereinigung der CDU/CSU.

Heinrich Gewandt, Verlagskaufmann und Unternehmensberater. Vorsitzender des Beirates der Verlags- und Werbegesellschaft GmbH, freiberufliche Tätigkeit als Berater beim Bauer-Verlag; Präsident des Verbandes Deutscher Drogisten; Präsident der Conföderation der Europäischen Drogistenverbände und Vorsitzender des Vereins zur Förderung der Wettbewerbswirtschaft, Stellvertretender Vorsitzender der Mittelstandsvereinigung der CDU/CSU u.a.m.

Karl Heinz Narjes, Mitglied des Beirats der Reedereien Deutsche Afrika Linie/Essberger; Mitglied des Vorstandes des Deutschen Instituts für Wirtschaftsförderung, Berlin.

Manfred Luda, stellvertretender Vorsitzender des Bundesausschusses für Wirtschaftspolitik der CDU; Mitglied eines Bezirksbeirates der Deutschen Bank AG.

Peter M. Schmidhuber, von 1970 bis 1971 als Abteilungsleiter in einem Industrieverband tätig; Mitglied des Bundesvorstandes der Mittelstandsvereinigung der CDU/CSU; geschäftsführender Vorsitzender der Studiengesellschaft für Mittelstandsfragen e.V., München, u.a.m.

Hermann Josef Umland, seit 1967 Hauptgeschäftsführer des Bundesverbandes Bekleidungsindustrie e.V.

Jürgen Warnke, von 1962 bis 1964 Geschäftsführer des Verbandes der Chemischen Industrie e.V., Landesverband Bayern; seitdem Hauptgeschäftsführer des Vereins der Keramischen Industrie e.V. in Selb.

b) SPD-Fraktion

Klaus von Dohnanyi, 1956 bis 1960 Leiter der Planungsabteilung der Ford-Werke, Köln; nach 1960 geschäftsführender Gesellschafter der Infratest, München, Institut für Marktforschung und Unternehmensberatung.

Adolf Scheu, 1941 bis 1945 Direktor der Espenlaub Flugzeugbau, Wuppertal; seit 1946 Inhaber eines Industrie- und Unternehmensberater-Büros.

c) FDP-Fraktion

Graf Otto Lambsdorff, zuletzt Generalbevollmächtigter einer Privatbank; Vorstandsmitglied der Victoria Lebensversicherungs AG u.a.m.

2. Stellvertretende Mitglieder

a) CDU/CSU-Fraktion

Werner Dollinger, Mitinhaber der Firma Dampfziegelei A. Dehn; von 1948 bis 1962 Vorsitzender des Industrie- und Handelsgremium Neustadt; seit 1970 ehrenamtlicher Vorsitzender des Wirtschaftsrates der CDU; seit 1972 ehrenamtlicher Präsident des Verbandes des Deutschen Nahrungsmittelgroßhandels; Mitglied des Beirates der Hamburg-Mannheimer Versicherung AG.

Herbert Köhler, ehemals Leiter der Konzernverwaltung der Ilseder Hütte, Peine; seit 1960 Hauptgeschäftsführer und geschäftsführendes Vorstandsmitglied der Wirtschaftsvereinigung Eisen- und Stahlindustrie, Düsseldorf; Mitglied des Board of Directors und des Executive Committee des International Iron and Steel Institute; Mitglied des Vorstandes der Wirtschaftsvereinigung der CDU, Landesverband Rheinland.

Egon Lampersbach, selbständiger Einzelhandelskaufmann; seit 1968 geschäftsführender Bundesvorsitzender der Mittelstandsvereinigung der CDU/CSU.

Ernst Müller-Hermann, seit 1971 Präsident des Kraftfahrzeughandels und Sprecher des Kraftfahrzeughandwerks.

Elmar Pieroth, Unternehmer — Pieroth Weingüter GmbH.

Karl Heinz Spilker, seit 1958 Prokurist und Direktor der Farbwerke Hoechst AG; seit 1964 im Vorstand der Kalle AG.

Gerd Springorum, ab 1970 Bergwerksdirektor bei der Ruhrkohle AG; vorher Vorstandsmitglied bei der Carolinenglück/Graf-Moltke-Bergbau AG; Vorstandsmitglied des Wirtschaftsausschusses und der Mittelstandsvereinigung Westfalen-Lippe.

Rudolf Sprung, 1952 bis 1953 Direktionsassistent in der Hauptverwaltung der Friedr. Krupp; 1958 bis 1963 stellvertretender Direktor der Europäischen Investitionsbank, Brüssel; seit 1963 persönlich haftender, alleinvertretungsberechtigter Gesellschafter der Firma Heinrich Hottenrott, Großhandlung, Goslar; Geschäftsführer der Firmen Hottenrott-Einzelhandel GmbH, Hottenrott-Bautechnik GmbH, Hottenrott-Planungs GmbH.

Lutz Stavenhagen, nach 1969 Geschäftsführer der Firma Knoll & Pregizer, Pforzheim, Schmuck- und Uhrenfabrikation.

b) SPD-Fraktion

Erwin Lange, Vorsitzender des Fachbeirates der Bundesarbeitsgemeinschaft 'Selbständige in der SPD'.

Erhard Mahne, seit 1970 Mitglied des Verwaltungsrates der Provinzial-Feuer- und Lebensversicherung in Münster.

Alex Möller, von 1945 bis 1969 Vorsitzender des Vorstandes der Karlsruher Lebensversicherungs AG; derzeitig noch stellvertretender Aufsichtsratsvorsitzender der Karlsruher Lebensversicherungs

AG; Vorsitzender des Aufsichtsrates der Bavaria Atelier GmbH, München; Mitglied des Kuratoriums des Instituts 'Finanzen und Steuern' des DIHT u. a. m.

c) FDP-Fraktion

Richard Wurbs, Vizepräsident des Zentralverbandes des Deutschen Handwerks; Präsident der Handwerkskammer Kassel.

Von den 27 Mitgliedern des Wirtschaftsausschusses gehören 13 der SPD, 12 der CDU/CSU und 2 der FDP an. Von den Ausschußmitgliedern der Unionsparteien kann man neun als der Industrie nahestehend einordnen, von denen wiederum sechs direkt aus Kapitalverbänden kommen. Nur zwei Unionsmitglieder gehören den Sozialausschüssen und einer Gewerkschaft an.

Interessanterweise behaupten alle 13 in diesem Ausschuß sitzenden Sozialdemokraten, Mitglied einer Gewerkschaft zu sein. Wie wenig aber auch diese Zahl im Sinne eines tatsächlichen gewerkschaftlichen Einflusses aussagefähig ist, geht daraus hervor, daß auch die Ausschußmitglieder Klaus von Dohnanyi, Exmanager und Mitinhaber eines Unternehmens, sowie Adolf Scheu, Inhaber eines Industrie- und Unternehmensberater-Büros, sich als 'Gewerkschaftler' bezeichnen.

Von den zwei freidemokratischen Ausschußmitgliedern ist Graf Lambsdorff, ehemaliger Generalbevollmächtigter einer Privatbank, eindeutig dem Kapitalflügel zuzuordnen. Durch alle Parteien hindurch besteht die zahlenmäßige Repräsentanz der Wirtschaft und ihrer Verbände in diesem Ausschuß somit aus 12 Vertretern.

Vergleicht man diese und die den Bundestag insgesamt betreffenden sozialstatistischen Daten mit dem numerischen Anteil des Unternehmertums, beziehungsweise die bevölkerungsmäßige Winzigkeit der Monopolbourgeoisie mit dem numerischen Anteil an der Gesamtbevölkerung, so zeigt sich, daß dieser Block im Bundestag und in dessen Ausschüssen deutlich überrepräsentiert ist. Während die Beamten mit 163 und der Arbeitgeberblock mit 130 Parlamentariern die stärksten Gruppen darstellen, umfaßt der Berufsstand der Arbeiter nur sieben Abgeordnete. Jedoch meint die amtliche Statistik, daß diese Zahl im Sinne der Erwerbsstellung wenig aussagekräftig sei, da es sich in den meisten Fällen um weit zurückliegende Ausgangsberufe handelt.[52] Setzt man diese Zahl ins Verhältnis zum numerischen Anteil der Arbeiter an der Gesamtbevölkerung — 12 Millionen Arbeitnehmer befinden sich im arbeits- und versicherungsrechtlichen Status der Arbeiter —, so ergibt sich, daß der 7. Bundestag offensichtlich eine auf den Kopf gestellte soziale Pyramide der Gesamtbevölkerung darstellt.

4. Institutioneller Einbau der Unternehmerverbände in das Staatsgefüge

Nicht nur durch eine starke personelle und zumeist informelle Repräsentanz, sondern auch offiziell haben sich die Unternehmerverbände in den Besitz wichtiger politischer Schaltstellen gebracht. Diese Besitzergreifung wurde durch die zunehmende Krisenanfälligkeit und Labilität des bundesrepublikanischen Kapitalismus begünstigt, die eine engere institutionelle Zusammenarbeit zwischen Wirtschaft und Staat »notwendig« machte. Staatliche und außerstaatliche Sektoren befinden sich seitdem in einem Prozeß der zunehmenden institutionellen Verschmelzung.

Insbesondere die SPD bemühte sich um eine Legalisierung der Mitarbeit der wirtschaftlich relevanten Gruppen durch verstärkte institutionelle Zusammenarbeit. Unter ihre Verantwortung fällt beispielsweise die Einrichtung der *Konzertierten Aktion,* der *Sozialpolitischen Gesprächsrunde beim Bundesarbeitsminister* und — im Rahmen der kleinen Parlamentsreform — die Einführung von *Hearings.*

Obwohl sich auch die Gewerkschaften zur Mitarbeit in diesen halbstaatlichen Spitzengremien bereit erklärt haben, besteht heute ein Konsensus darüber, daß insbesondere die Konzertierte Aktion die Gewerkschaften zu kapitalkonformem Verhalten zwingen soll. Auch wenn der damalige Wirtschaftsminister Karl Schiller die Konzertierte Aktion »eine flexible Methode« nennt, »um den organisierten Gruppen eine Mitwirkung an der Vorformung der Wirtschaftspolitik zu ermöglichen«,[53] ändert das nichts an der Tatsache, daß nur die Wirtschaftsverbände gegenüber den Gewerkschaften über genügend Machtmittel verfügen, eine bestimmte Wirtschaftspolitik durchzusetzen oder aber zu verhindern. Die wachsende Unzufriedenheit an der Mitarbeit der Gewerkschaften in der Konzertierten Aktion ist ein Indikator dafür, daß sie viel für die Arbeitgeber, aber nur wenig für die Arbeitnehmer gebracht hat.

Mitarbeit der Kapitalverbände in Beiräten und Sachverständigenausschüssen des Staatsapparats

Neben diesen halbstaatlichen Spitzengremien, die zur institutionellen Verfestigung der Beziehungen zwischen Kapitalverbänden und Staat beitragen, sind nahezu alle Bundesministerien von einem Kranz von beratenden Ausschüssen, Beiräten und Arbeitskreisen umgeben, die maßgeblich von Verbandsvertretern mitgetragen werden. Wie Wilhelm Hennis meint, »hat unsere Verfassungsordnung auch in den Beiräten seit langem eine allgemein anerkannte Form der Interessensrepräsentation gefunden; sie gehören so sehr zur Regierungsmaschinerie wie der Bundesrat und die Finanzämter«.[54] Die Juristin Brigitte Conradi meint sogar, daß die Beteiligung von Interessenvertretern zur »Erhaltung und Erweckung der bürgerlichen Mitverantwortung« in Verwaltungsausschüssen und -beiräten sich nach Häufigkeit und Tragweite im Laufe der Zeit zu einer Art »politischer Selbstverwaltung«[55] entwickelt hat.

Die Bedeutung dieser Gremien liegt u. a. darin, daß sie sowohl an vorbereitenden Arbeiten zur Gesetzesgebung beteiligt sind als auch an der Rechtssetzung durch nachträgliche Ausführungsvorschriften zu diesen Gesetzen. »Unübersehbar ist die Zahl der Fälle, in denen Verbände beim Erlaß von Verwaltungsakten, Verwaltungsvorschriften und Satzungen zur Mitwirkung herangezogen werden.«[56] Mit der zunehmenden Kompetenzverlagerung zur Exekutive als Zentrum staatlicher Aktivität hat die Rechtssetzung im Verordnungswege unter Einschaltung von halbstaatlichen Beiräten ständig an Bedeutung gewonnen. Nicht selten ist es den Wirtschaftsverbänden auf diese Weise gelungen, ein ihnen ungünstig erscheinendes Gesetz durch von ihnen beeinflußte Durchführungsvorschriften zu verwässern. Völlig zu Recht weist der Verfassungsrechtler Ernst Forsthoff darauf hin, daß diese Übertragung von Rechtsbefugnissen auf Exekutivorgane eine Negation des Prinzips der Gewaltenteilung darstellt.[57]

Die Kapitalverbände haben sich insbesondere im Bereich des *Bundesministeriums für Wirtschaft* etabliert. Dort sind sie in etwa 50 Fachausschüssen vertreten; ferner beim Bundesamt für gewerbliche Wirtschaft, beim Bundesaufsichtsamt für das Versicherungs- und Bausparwesen, bei der Bundesstelle für Außenhandelsinformation und bei der Bundesanstalt für Bodenforschung.[58] Was den Bereich der

Außenwirtschaft angeht, so meint der Verbandsforscher Kurt P. Tudyka, daß die »gesellschaftlichen Einflüsse auf diesem Feld . . . weniger durch Parteien und Parlament als durch neue Interaktionsformen von Großverbänden und staatlicher Administration vermittelt«[59] werden. Tudyka stellte fest, daß Parlament und Parteien weitgehend vom Entscheidungsprozeß zu Fragen außerwirtschaftlicher Beziehungen ausgeschlossen blieben, während die Unternehmerverbände desto mehr beteiligt wurden, je mehr die ökonomische Komponente die Außenpolitik zur Außenwirtschaftspolitik machte. »Ressortreferate und Verbandsausschüsse bzw. Sekretariate wirken arbeitsteilig zusammen. Konzentration und Formulierung der Interessen liegen bei den Verbänden, deren Interpretation durch Erlasse, Verordnungen, Gesetzentwürfe etc. bei den Ministerialreferaten.«[60]

Den für eine solche Arbeitsweise erforderlichen hohen Grad an Kohärenz zwischen amtlichen und nichtamtlichen Bürokratien belegt Tudyka am Beispiel einer Selbsteinschätzung, die der Leiter der Außenhandelsabteilung des BDI einmal abgab: ». . . Diese handelspolitische Linie vertritt der Bundesverband auch bei seiner Mitarbeit an der Vorbereitung von Handelsvertragsverhandlungen. Der enge Kontakt, den der Bundesverband und die industriellen Fachverbände mit dem Bundeswirtschaftsministerium und dem Auswärtigen Amt halten, schafft die Voraussetzungen dafür, daß die aus dem praktischen Geschäft gewonnenen Erfahrungen und Empfehlungen der Exportindustrie bei dem Abschluß von Handelsverträgen berücksichtigt werden.«[61] Als besonders gravierend wertet Tudyka in diesem Zusammenhang, daß es auf diesem Sektor kaum zu einer konkurrierenden Einflußnahme mehrerer in ihrer Interessenlage entgegengesetzter Verbände, wie z. B. zwischen Gewerkschaften und Arbeitgeberverbänden, im Bereich des Arbeitsministeriums kommt: »Die Einwirkung erweist sich durch eine 'log-rolling-Praxis' eher als supplementäre Addition von Interessen weniger — ökonomischer — Gruppen. Denn anders als in gesellschaftlichen Bereichen, wie z. B. der Sozial-, Verkehrs- oder Kommunalpolitik, divergieren Richtung und Dimension der präsenten Interessen doch nicht derart, daß sie Korrektivfunktionen ausüben könnten.«[62]

Eine recht starke Repräsentanz agrarwirtschaftlicher Interessen besteht beim *Ministerium für Ernährung, Landwirtschaft und Forsten.*

Hier haben sich 26 Beratungsgremien institutionalisiert, in denen mehrheitlich Vertreter von Wirtschaftsverbänden den Gewerkschaftsdelegierten gegenübersitzen.[63]

Im Bereich des *Verkehrsministeriums* sind die Unternehmerverbände in verschiedenen halbstaatlichen Gremien vertreten; u. a. im Seeverkehrsbeirat, in der Bundesanstalt für Flugsicherung, beim Luftfahrtbundesamt und bei der Binnenschiffahrtsverwaltung.[64]

Die umfassendste außerstaatliche Vertretung findet sich beim *Ministerium des Inneren*. Hier haben sich 25 Beiräte, Ausschüsse und Kommissionen etabliert, denen 50 weitere Gremien nachgeordnet sind. Auch hier ist der Kapitalblock sehr stark vertreten.[65]

Nach eigenen Worten bedarf das *Bundesministerium für Bildung und Wissenschaft* ». . . um mit einer verhältnismäßig kleinen Zahl von Mitarbeitern auszukommen, der sachverständigen Beratung nicht nur der Wissenschaft, sondern auch der Wirtschaft.«[66]

Was das *Ressort Arbeits- und Sozialordnung* angeht, so sind dort insbesondere die Arbeitgeberverbände als sozialpolitische Vertretungsorgane des Kapitals in etwa 25 Gremien vertreten. Im Gegensatz zu anderen Ministerien ist hier eine etwas stärkere Repräsentanz der Gewerkschaften festzustellen. Jedoch meint der Jurist Dagobert Völpel, der den Einfluß der Wirtschaftsgruppen auf die Staatsgestaltung untersucht hat, daß ». . . in den einzelnen Gremien das Stimmenverhältnis dieser beiden Gruppen (Arbeitgeber/Gewerkschaften, A.d.V.) recht unterschiedlich (ist). Von einer paritätischen Besetzung kann darum keine Rede sein.«[67]

Was die quantitative Dimension des unterschiedlichen Proporzes der gesellschaftlich divergierenden Kräfte in den halbstaatlichen Institutionen angeht, so ist es interessant zu wissen, daß nach einer Auskunft der Bundesregierung im Jahre 1969 genau 206 Beiräte bei Ministerien mit insgesamt 4 368 Mitgliedern bestanden. Da dieser Personenkreis zumeist wegen seines aus der Verbandsarbeit resultierenden 'Sachverstandes' berufen wurde, kann unbesorgt angenommen werden, daß der größte Teil dieser 'Sachverständigen' aus dem Wirtschaftsbereich und den dort angesiedelten Verbänden kommt. Hierfür spricht, darauf wurde schon im Abschnitt über die rechtlichen Grundlagen des Einbaus der Unternehmerverbände in den Staatsapparat hingewiesen, daß sie aufgrund ihrer Beziehungen zu den wirtschaftlichen Entscheidungszentren über gesellschaftlich relevante Informationen verfügen. Außerdem werden sie auch hier nur solche Informationen einfließen lassen, die ihnen nützlich erscheinen, und jene zurückhalten, von denen sie meinen, sie könnten der Wirtschaft schaden. Es ist fraglich, ob die Vertreter der Gewerkschaften in den halbstaatlichen Institutionen über ein solches Informationsangebot und die daraus entspringenden Verhaltensalternativen verfügen.

Der Nutzen dieser institutionellen Verflechtungen zwischen Unternehmerverbänden als den »unbezahlten Hilfskräften der Verwaltung« und den Staatsbehörden dürfte u. a. auch darin liegen, daß die Verbände ». . . aus der ständigen Zusammenarbeit mit den staatlichen Verwaltungsstellen . . . tiefere Einblicke in die Arbeitsweise und den Aufbau der Behörden« gewinnen. Daher verwundert es auch nicht, daß ». . . schon heute . . . die Hauptgeschäftsstellen der Spitzenverbände in der Regel wie die Bundesministerien gegliedert«[68] sind. Diese Art der Verflechtung mit staatlichen Gremien hat nach Aussage der Frankfurter Rundschau zur Folge, daß die Gesetzgebung außerhalb und neben dem Parlament auf der Ebene der mit den Kapitalverbänden kooperierenden Regierungs- und Ministerialbürokratie »ausgehandelt« wird: »Die wichtigsten Referentenentwürfe für geplante Gesetzesvorhaben werden in den Studierzimmern der Verbandsbürokraten, Fachausschüsse und Studienkommissionen der Verbände bereits durchberaten, auseinandergenommen, in ihrer Wirkung berechnet und mit Änderungsvorschlägen versehen, bevor die Abgeordneten überhaupt ahnen, daß es sie gibt.«[69]

Institutionell legalisierte Mitarbeit in Bundestagsausschüssen (Hearings)

Um dem zunehmenden Unbehagen an dem sich hinter den Kulissen der Ministerialbürokratie vollziehenden Verbandseinfluß zu begegnen und um damit zugleich dem Bundestag als legislativem Zentralorgan mehr Funktionscharakter zu verleihen, wurden seit Bestehen der sozialliberalen Koalition einige 'Reform'maßnahmen ergriffen, die zu einer verstärkten institutionell legalen Teilhabe der Verbände an der legislativen Arbeit beitragen sollen. Im Rahmen der Kleinen Parlamentsreform von 1969 wurde die durch § 73 (2) der Geschäftsordnung des Deutschen Bundestages vom 6. Dezember 1951 rechtlich sanktionierte Mitwirkung der Verbände an der parlamentarischen Arbeit verstärkt. Sie betrifft die offizielle Teilnahme von Verbänden an öffentlichen Informationssitzungen der Bundestagsausschüsse, sogenannte 'Hearings', die von Zeit zu Zeit bei politisch bedeutungsvollen Vorhaben durchgeführt werden. Obwohl das Instrument der öffentlichen Anhörung schon seit 1951 vorgesehen ist, fanden im 1. Bundestag keine, im 2. und 3. je eine und im 4. sechs solcher Sitzungen statt. Erst in der 5. Legislaturperiode stieg die Zahl auf 58 und in der (verkürzten) 6. sogar auf 80 Hearings.

Der Zweck solcher Hearings soll nach der herrschenden Rechtsauslegung darin liegen, zu einer besseren Information der Öffentlichkeit und damit zur Ausweitung der parlamentarischen Publizität beizutragen. Aber auch die Sachaufklärung der Parlamentarier soll mit diesem Instrument verbessert werden. »Es dient der Information des Ausschusses *und* der Öffentlichkeit«.[70]

Obwohl diese Hearings durch die institutionelle Integration von Sachverstand eine Verbesserung der Informationsmöglichkeiten der Abgeordneten bewirken und damit politische Entscheidungen transparenter, kontrollierbarer und rationaler machen sollten, stießen sie in der sozialwissenschaftlichen Diskussion eher auf Kritik als auf Anerkennung. Ein Teil der Kritik betrifft die mangelnde Parität der geladenen Sachverständigen. So wurden beispielsweise bei einem der ersten politischen gravierenden Hearings, der Sitzung zum Stabilitätsgesetz im Oktober 1966, insgesamt 12 Wirtschaftsvertreter gegenüber nur je einem Abgesandten von DGB und DAG geladen. Die beiden Gewerkschafter wurden dabei auch nur für Fragen der Tarifpartnerschaft als Sachkundige bezeichnet, und das auch nur in Verbindung mit dem Vertreter der BDA. Caspar Schirmeister erblickt in dieser Mitwirkung der Gewerkschaften zugleich den Zweck, potentiell antimonopolistische Kräfte in das System des scheindemokratischen Parlamentarismus zu integrieren.[71]

Ein anderer Kritikpunkt berührt die Öffentlichkeit der »Öffentlichkeit« der Informationssitzungen. So berichtet F. W. Appoldt in seiner Dissertation zum Thema Hearings, daß nur über Sitzungen mit Unterhaltungs- und Sensationswert in Funk, Fernsehen und Presse entsprechend informiert wurde. Sie berichten und kommentieren »einigermaßen ausführlich über die Hearings zur Reform des Sexualstrafrechts vom 23.—25. 11. 1970, während die ähnlich bedeutsamen Anhörungen etwa zum Numerus clausus oder zum Städtebauförderungsgesetz . . . eine vergleichsweise kursorische Beachtung fanden«.[72] Hier wurde weiterhin zunehmend Kritik an der beschränkten Öffentlichkeit durch Nichtausgabe von Zuhörerkarten, an der unzulänglichen Ankündigung von Anhörungsterminen und an der selektiven Auswahl der »Öffentlichkeit« geäußert.

Das Instrument des Hearings verliert auch dadurch an Wert, daß »die Methode eines intensiven, hartnäckigen Kreuzverhörs letztlich gerade in kontroversen Fällen nicht durchführbar (ist), da die Abgeordneten gegenüber privaten Auskunftspersonen keinerlei Rechte haben, sondern in der Rolle von Bittstellern auf deren freiwillige Kooperation angewiesen sind«.[73]

Die Bedeutung öffentlicher Anhörungen kann auch dadurch gemindert werden, daß die anwesenden Exekutivvertreter durch ihr jederzeitiges Rederecht die Verhandlungsinitiative an sich reißen, so daß die Auskunftspersonen »sich dann gelegentlich gar nicht mehr bewußt (sind), daß die Beratung im Hearing sich im Machtbereich des Parlaments vollzieht«.[74] Hinzu kommt, daß die »Ausschußsekretariate und wissenschaftlichen Hilfsdienste des Bundestages . . . nach wie vor personell und materiell unterbesetzt (sind), so daß . . . nur eine sehr begrenzte Zahl von Hearings optimal vorbereitet werden kann«.[75]

Für die Unternehmerverbände liegt die Bedeutung der Hearings weniger in der politischen Einflußnahme als in der Publizität von Standpunkten. Da in den Sitzungen ohnehin längst bekannte Auffassungen deklamatorisch wiederholt werden, dienen sie der Wirtschaft in erster Linie zur Imagepflege. So sehr die zugrundeliegende Idee zu begrüßen ist, so wenig sind aber Hearings unter den Bedingungen des staatsmonopolistischen Kapitalismus geeignet, die tatsächlichen Einflußmechanismen aufzudecken oder diese gar zu beseitigen. »Bei aller Chance, die in solchen Auseinandersetzungen liegen könnte, ist die Alibifunktion dieser 'Gespräche' und 'Diskussionen' leicht durchschaubar«.[76]

Übertragung staatlicher Vollmachten auf die Kapitalverbände

»Weithin unbekannt ist . . . das Phänomen, daß Verbände ihre Macht auf Dritte richten, auf Bürger, die bei ihnen nicht Mitglied sind, also in gar keinem Gewaltverhältnis zu ihnen stehen. In solchen Fällen wurden die Verbände ähnlich wie der staatliche Gesetzgeber, wie staatliche Verwaltungsbehörden und Gerichte tätig, und zwar völlig aus eigener Machtvollkommenheit . . .«[77] Am Beispiel der Industrie- und Handelskammern wurde vorstehend schon aufgezeigt, wie weit das quasi-staatliche Kompetenzvolumen der öffentlich-rechtlichen Kapitalverbände geht. Aber auch die bürgerlich-rechtlichen Unternehmerverbände sind Träger zahlreicher Aufgaben, die eigentlich in den Handlungsbereich des Staates fallen.

Der Rechtswissenschaftler Fritz Nicklisch illustriert einen solchen Fall am Beispiel des *Gütezeichenwesens* (z. B. VDI- und VDE-Norm, Deutsches Weinsiegel usw.), das durch den noch heute bestehenden Reichsausschuß für Lieferbedingungen beim Deutschen Normenausschuß e. V. (RAL) wahrgenommen wird. Dieser Verband bezeichnet sich selbst als »das zentrale Selbstverwaltungsorgan der deutschen Wirtschaft für das Gütezeichenwesen«. Dieses Gütezeichenwesen hat er »wie ein *Gesetzgeber* geregelt — er nennt sein 'Gesetz' 'Grundsätze für Gütezeichen' — und daß er zum anderen wie eine *staatliche Verwaltungsbehörde* an Hand dieser Grundsätze über konkrete Einzelfälle befindet — dies nennt er 'RAL-Anerkennungsverfahren'«.[78]

Obwohl zum Erlaß eines allgemein verbindlichen Gütezeichengesetzes und für die Einsetzung einer Verwaltungsstelle allein das Parlament legitimiert ist, regelt der RAL das gesamte Gütezeichenwesen, »wobei weder bei seinen normsetzenden noch bei seinen verwaltenden Akten die Möglichkeit besteht, diese gerichtlich überprüfen zu lassen«.[79] Ein negativ beschiedener Gütezeicheninteressent hat also weder Rechtsschutz noch kann er sich beschwerdeführend an eine Aufsichtsbehörde wenden. Daß die Tätigkeit des RAL, der organisatorisch hauptsächlich von den Spitzenorganisationen der Wirtschaft getragen wird, als quasi staatliche Tätigkeit zu betrachten ist, geht daraus hervor, daß die vom RAL anerkannten Gütezeichen im Bundesanzeiger bekanntgemacht werden.

Als anderes Beispiel der Übertragung staatlicher Vollmachten auf die Kapitalverbände bietet sich die *Außenwirtschaftspolitik* an. Das an die Verbände in diesem Bereich delegierte Kompetenzvolumen erklärt sich aus der besonderen Rolle, die der industrielle Export für die bundesrepublikanische Wirtschaft spielt. Doch auch der Verlauf der Nachkriegsgeschichte ist hierbei von Einfluß gewesen. So wurde den besetzten Zonen von den Alliierten zwar eine Außenwirtschaftspolitik, jedoch keine eigenhoheitliche Außenpolitik gestattet. Da diese erst fünf Jahre nach Kriegsende möglich wurde, hatte sich die vorwiegend von Wirtschaftspraktikern getragene Außenwirtschaftspolitik zu einem gleichrangigen Faktor neben der von Ministerialbeamten gesteuerten Außenpolitik etabliert.[80]

Auch die Politik der Nichtanerkennung der DDR brachte den Kapitalverbänden hoheitsbezogenen Funktionszuwachs, und zwar als Folge der Hallstein-Doktrin, durch die der BRD an allen Handelsplätzen, an denen die DDR politisch und wirtschaftlich vertreten war, die handelspolitische Isolation drohte. Der Ausweg wurde durch die Ausstattung der Verbände mit handelspolitischen Vollmachten gefunden. So firmierte beispielsweise die für die Außenwirtschaftsbeziehungen zur DDR zuständige Behörde 20 Jahre lang als Organ des DIHT. Damit sollte der völkerrechtliche Charakter staatlicher Außenhandelsbeziehungen mit der sozialistischen DDR umgangen werden.

Weitestgehende Vollmachten wurden auch dem *Ost-Ausschuß der Deutschen Wirtschaft* übertragen. Da auch er als Hilfskonstruktion zur Umgehung der Hallstein-Doktrin konzipiert war, nannte ihn der Verfassungsrechtler Gerhard Wittkämper euphemistisch »einen Notamtsträger im Bereich der Auswärtigen Beziehungen, d. h. im gesamten völkerrechtlichen Verkehr«.[81] Dieser Ausschuß war auf Empfehlung der Bundesregierung im Jahre 1952 von den wichtigsten Verbänden, u. a. dem BDI und DIHT, gegründet worden. Die Regierung erkannte ihn als »alleinige Vertretung der Gesamtwirtschaft der BRD für Fragen des West-Ost-Handels«[82] an. Über das vielfältige hoheitliche Aufgabenspektrum dieses Ausschusses schreibt der schon erwähnte Tudyka: »Der Ostausschuß arbeitet nicht nur als Informations-, Dokumentations- und Beratungshilfe der Regierung . . . Tatsächlich wurde der Ostausschuß der deutschen Wirtschaft durch seine amtliche Legitimation als Vertreter der Bundesrepublik gegenüber staatlichen Organen und amtlichen Delegationen osteuropäischer Länder und Chinas tätig. Er verhandelte mit den osteuropäischen und chinesischen Abordnungen anläßlich der Genfer Konferenzen der UN-Wirtschaftskommission für Europa; er begann Gespräche über Handelsabkommen zwischen Rumänien, der UdSSR, China und der Bundesrepublik und beschloß auch 1954 ein Waren- und Zahlungsabkommen mit der rumänischen staatlichen Außenhandelsgesellschaft Agroexport und 1957 nach Verhandlungen in Bern, Ostberlin und Peking eine Vereinbarung über den Warenaustausch mit dem China-Committee for the Promotion of International Trade ab. Schließlich errichtete der Ostausschuß im Einvernehmen mit der rumänischen Regierung eine eigene Vertretung in Bukarest. Der Ostausschuß stellte auch die deutschen Mitglieder in der 'gemischten Kommission für den deutsch-rumänischen Warenverkehr', die für die Abwicklung des Waren- und Zahlungsabkommens zuständig ist. Der Vorsitzende des Ostausschusses verhandelte auf Informationsreisen in Bulgarien, Rumänien, Ungarn und Polen mit den zuständigen Außenhandelsministern und anderen Regierungsvertretern, er erschien als Repräsentant der Bundesrepublik auf den Industriemessen in Brünn und Posen, wo er auf dem 'Deutschen Tag' die offizielle Ansprache hielt. Die Geschäftsführung bzw. Vertreter des Ostausschusses gehörten auch Delegationen an, die unter der formellen Führung des Bundesministeriums für Wirtschaft oder des Auswärtigen Amtes standen, sie konnten sich auch an den Regierungsverhandlungen beteiligen, die in Bonn, Genf, Wien oder den jeweiligen osteuropäischen Ländern stattfanden.«[83]

Es stellt sich die Frage, inwieweit das staatlich-hoheitliche Kompetenzvolumen der Kapitalverbände durch die Aufnahme diplomatischer Beziehungen zu den sozialistischen Staaten gemindert wurde. Tudyka dazu: »Aktivität, Initiative und Einfluß des Ostausschusses . . . wird nicht gemindert durch die Tatsache, daß er nach Aufnahme von amtlichen Beziehungen zu den osteuropäischen Ländern die Verhandlungs- und Delegationsführung an Vertreter der Bundesregierung abgab«.[84] Daß er mit dieser Meinung recht hat, wurde erst jüngst wieder durch zwei Beispiele bekräftigt. So hat die Zweite Konferenz zur Förderung der (West-)berliner Wirtschaft, die im Juni 1975 unter dem Vorsitz von Bundeskanzler Helmut Schmidt tagte, die Einrichtung eines *Ost-West Kooperationszentrums mbH* beschlossen, als deren Gesellschafter der BDI, der DIHT und die Westberliner Industrie- und

Handelskammer fungieren. Nicht etwa der Westberliner Senat, sondern diese Verbandsgesellschaft ist für die handelspolitischen Kontakte zu den sozialistischen Staaten zuständig. Auch hierbei scheint es sich um eine Hilfskonstruktion zu handeln, die verhindern soll, daß Westberlin als eigenstaatliches Gebilde regierungsamtlich gegenüber anderen Staaten auftritt. Damit würde man sich die Blöße geben, zuzugeben, daß Westberlin kein Bestandteil der Bundesrepublik Deutschland ist.

Daß Verbandsvertreter offizielle Mitglieder von Regierungsdelegationen sind, wurde auch im November 1975 wieder deutlich. So gehörte der BDA-Präsident Hanns Martin Schleyer einer von Bundesaußenminister Genscher angeführten Regierungsdelegation nach Brasilien an, die sich zu Gesprächen mit der brasilianischen Regierung über das deutsch-brasilianische Nuklearabkommen traf.

5. Formen der funktionellen Beziehungen zwischen Unternehmerverbänden, Parteien und Staat

Mit dem Begriff funktionelle Beziehungen sind jene Formen staatsmonopolistischer Verflechtungen gemeint, die aus methodischen Gründen den vorstehenden Abschnitten über personelle und institutionelle Beziehungen zwischen Verbänden und Staat nicht zugeordnet wurden. In der politischen Praxis gehen aber die verbandlichen Einflußmechanismen ineinander über, sie durchdringen und ergänzen sich. Jede Einflußform enthält in sich Elemente einer anderen. Darum ist es notwendig, die Bedeutung der politischen Rolle der Unternehmerverbände stets in ihrer Totalität und Komplexität zu begreifen.

System der Eingaben, Stellungnahmen und Gutachten

Die funktionellen Beziehungen realisieren sich insbesondere in Form des institutionellen Vorschlagswesens durch Eingaben, Stellungnahmen und Gutachten der Kapitalverbände. Die quantitative Dimension dieses Systems der Einflußnahme wird aus folgenden Zahlen ersichtlich. In den Jahren 1950 bis 1963 richtete alleine der BDI etwa 2500 Eingaben an verschiedene ministerielle, parlamentarische und sonstige staatliche Organe, »... von denen die Mehrzahl in Gesetzen und Verordnungen ihren Niederschlag fanden und häufig sogar wörtlich übernommen wurden«.[85] Aufgrund der Angaben in den Jahresberichten des BDI kann man schätzen, daß jährlich etwa zwischen 200 bis 250 »wichtige« (so der BDI) Eingaben gemacht werden, wobei die »unwichtigen« unerwähnt blieben. Der 1974er Jahresbericht der BDA enthält eine Aufstellung über die soziale Gesetzgebung für den Zeitraum vom 1. Oktober 1973 bis 31. September 1974. Dort werden rund 500 soziale Gesetzgebungsakte aufgeführt, auf die auch die BDA zum großen Teil eingabe- oder gutachtermäßig reagiert haben wird. So jedenfalls ist die Tatsache zu interpretieren, daß diese Gesetze und Verordnungen im Jahresbericht dieses Verbandes erwähnt werden.

Mit solchen gutachterlichen Verbandsvorlagen versuchen die Unternehmerverbände, unmittelbar in die praktische Regierungsarbeit einzugreifen. Inwieweit ihnen dieses gelingt, geht aus einem Vergleich hervor, der folgende Gesichtspunkte umfaßt: einmal die prozentuale Verteilung der vom BDI bei Bundesregierung, Bundestag und Bundesrat mengenmäßig unterschiedlich eingereichten Eingaben, Stellungnahmen usw.; andererseits die prozentual mengenmäßig unterschiedlichen Gesetzesaktivitäten und -initiativen dieser drei Staatsorgane. So gingen im Zeitraum von drei Legislaturperioden, und zwar von 1961 bis 1972, genau 1157 Gesetzesinitiativen von der Bundesregierung aus, von denen 961 als Gesetz beschlossen wurden. Vom eigentlichen Gesetzgebungsorgan, dem Bundestag, kamen dagegen nur 643 Gesetzesinitiativen, die nur in 229 Fällen zur Verabschiedung kamen. Der Bundesrat machte 77 Gesetzesvorschläge, die in 23 Fällen gesetzesmäßig realisiert wurden.[86] In Prozenten umgerechnet, ergibt sich für die Bundesregierung eine Erfolgsquote von 83%, die sich deutlich von der des Bundestages mit 35,6% und der des Bundesrates mit 29% abhebt.

Diese Diskrepanz der quantitativ unterschiedlichen Gesetzesaktivitäten der Staatsorgane und deren voneinander abweichende Erfolgsquoten müssen im Zusammenhang gesehen werden mit dem bevorzugten Weg, den die Kapitalverbände für ihre Eingaben wählen. Den Jahresberichten des BDI zufolge werden etwa 80 Prozent aller Eingaben, Stellungnahmen, Gutachten und Memoranden direkt an die Ministerien gerichtet. An das Parlament gehen nur etwa 10 Prozent. Im Verbandsgeschäftsjahr vom 15. April 1971 bis 14. April 1972 machte beispielsweise der BDI 254 »wichtige« Eingaben (unwichtige blieben wieder unberücksichtigt), von denen sich 182 an die Bundesregierung, 30 an den Bundestag, 4 an den Bundeskanzler, 3 an den Bundesrat und 30 an sonstige Behörden richteten.[87] Dabei ist zu berücksichtigen, daß sich Zahl und Gewicht dieser »wichtigen« Eingaben dadurch erhöhen, daß sie häufig an mehrere Bundesministerien zugleich sowie zusätzlich bei Länderbehörden und der EWG eingereicht werden. Der DIHT gab 1972 insgesamt 72 Stellungnahmen gegenüber verschiedenen Bundesorganen ab, von denen 65 an Ministerien und das Bundeskanzleramt adressiert waren.[88] Durch die gleichzeitige Eingabe gegenüber mehreren Exekutivbehörden erhöht sich hier die Zahl der tatsächlichen Stellungnahmen auf 87.

Vergleicht man diese Zahlen aus der Eingabenstatistik der Verbände, in der Stellungnahmen gegenüber den Bundesministerien eindeutig dominieren, mit der Gesetzesinitiativ- und Gesetzeserfolgsstatistik der verschiedenen Staatsorgane, so wird hier auf eine vielsagende Weise der Funktionsmechanismus des staatsmonopolistischen Kapitalismus deutlich.

System der persönlichen Unterredungen und direkten Absprachen

Das vorstehend dargestellte System der Eingaben steht in enger und komplementärer Beziehung zur Praxis der direkten Absprachen und persönlichen Kontakte zwischen Verbands- und Staatsvertretern. Zu dieser Art der Zusammenarbeit schreibt Herbert Schneider, als außenstehender Betrachter gewinne man fast den Eindruck, als ob eine gewisse Kameraderie zwischen Verbänden und Regierung bestehe. »Man kennt sich und schätzt den Rat und Sachverstand des anderen . . Auch besteht eine Art von diplomatischem Protokoll für die Gespräche zwischen den Verbandsvertretern und den Inhabern staatlicher Macht: der Bundeskanzler führt Gespräche mit dem Verbandspräsidenten, der Staatssekretär mit dem Hauptgeschäftsführer, der Ministerialdirektor mit dem Abteilungsleiter, der Ministerialrat mit dem Referenten.«[89] Dabei übersieht keiner der von Amts wegen Beteiligten vollständig, inwieweit die Verbände ihren Einfluß ausüben werden oder schon ausgeübt haben. »Die Referenten des Ministeriums wissen nicht, ob der fertige Gesetzentwurf durch die Rücksprache einer Verbandsabordnung beim Minister hinfällig wird; der Minister weiß nicht, ob seine vom Kabinett gebilligte Gesetzesvorlage nach einem Gespräch mit dem Bundeskanzler zurückgezogen oder wesentlich verändert wird.«[90]

Bei sehr wichtigen oder kontroversen Entscheidungsvorlagen versuchen die Kapitalverbände schon im Stadium der Gesetzesvorbereitung, die von ihnen gewünschte Entscheidung durch unmittelbare Absprachen mit dem Bundeskanzler herbeizuführen. Ihr Interesse an persönlichen Spitzenkontakten zum *Bundeskanzleramt* entspringt der Richtlinienkompetenz dieses »zivilen Generalstabes« für die Politik der BRD. Im § 1 der Geschäftsordnung der Bundesregierung heißt es wie folgt: »Der Bundeskanzler bestimmt die Richtlinien der inneren und äußeren Politik. Diese sind für die Bundesminister verbindlich . . . In Zweifelsfällen ist die Entscheidung des Bundeskanzlers einzuholen.«

Der frühere FDP-Bundestagsabgeordnete Dresbach hat die Praxis solcher »Gipfelkonferenzen« zwischen Verbands- und Regierungsspitze einmal folgendermaßen glossiert: »Wer etwas auf sich hält, geht schon nicht mehr zum Ressortminister, geschweige denn zum Parlamentsausschuß — dessen Mitglieder werden bestenfalls zu einer nachträglichen Aussprache in Verbandsgebäude mit anschließendem Imbiß geladen . . .« (Er geht) »zum Immediatvortrag beim Kanzler«.[91] So war beispielsweise der frühere BDI-Präsident Fritz Berg nach eigenen Angaben fast jede Woche einmal bei Bundeskanzler Adenauer. Dieser Bundeskanzler war es auch, der den BDI wiederholt zur Vorbereitung von Regierungserklärungen heranzog, so 1955, um mit diesem Verband im Rücken ein Gegengewicht zu zwei Ministerien herzustellen. Seine Konjunkturgespräche im Jahre 1960 führte er in Abwesenheit des Wirtschaftsministers, allein mit Unternehmern und Verbänden — die Gewerkschaften wurden gar nicht erst befragt.

Die Bedeutung solcher Kontakte in Form von Spitzengesprächen liegt darin, daß sie weniger Unsicherheitsfaktoren in sich bergen als Verhandlungen auf unterer Ebene. Die Macht des Präsidenten eines unternehmerischen Dachverbandes scheint auszureichen, um beim Bundeskanzler wirksam gegen bestimmte politische Vorhaben intervenieren zu können. Fritz Berg brüstete sich in der Aufwertungsdiskussion des Jahres 1960 einmal mit dem vielsagenden und später heißdiskutierten Satz: »Ich brauche nur zum Kanzler zu gehen, um die Aufwertung und deren steuerpolitisches Surrogat vom Tisch zu wischen.«

Auch unter der *SPD/FDP-Regierung* wurde die Praxis der persönlichen Kontakte zwischen Verbands- und Regierungsvertretern, insbesondere in Form der »Gipfeltreffen«, beibehalten. So traf sich Bundeskanzler Willy Brandt am 9. Oktober 1969 mit dem gerade zum BDA-Präsidenten gewählten Otto A. Friedrich, um mit ihm die sozialliberale Regierungserklärung durchzusprechen. Und auch der gegenwärtig amtierende Bundeskanzler Helmut Schmidt, Mitglied der Gewerkschaft ÖTV, bekennt: »Ich habe eine große Zahl von Unternehmensleitern als regelmäßige Gesprächspartner.«[92] Dazu »Der Spiegel«: Krupp-Chef Ernst Wolf Mommsen oder Dresdner-Bank-Boß Jürgen Ponto zieren sich nicht, als Kanzlerberater zu gelten.[93] Helmut Schmidt gibt offen zu, »daß eine Reihe von Bankiers, von kleineren Privatbankiers bis hin zu Vorstandsvorsitzenden der Großbanken mit einem gewissen Recht von sich sagen können, daß sie (sein) Denken im Laufe der Jahre beeinflußt haben . . .«[94]

Wie sehr sich Helmut Schmidt (»Es könnte mir Spaß machen, mich in der Leitung eines großen Unternehmens zu betätigen.«) den Großunternehmen verbunden fühlt, geht auch daraus hervor, daß er bei einem von der Friedrich-Ebert-Stiftung veranstalteten Treffen mit führenden in- und ausländischen Monopolvertretern diesen einen »Knigge für Konzerne« empfahl. »Mit großem Verständnis«, so der Diskussionsleiter des vertraulichen Dialogs, Ernst Wolf Mommsen, hätten die Repräsentanten der US- und BRD-Konzerne eine Anregung von Bundeskanzler Schmidt aufgenommen, einen »Wohlverhaltens-Kodex« zur »Hebung ihres Images« zu verwirklichen.[95] Während Helmut Schmidt mit Spitzenmanagern von Esso, Dupont, Mobil Oil, IBM, Siemens, VW, BASF, Henkel, Deutsche Bank u. a. plauderte, blieb das Kuratoriumsmitglied der einladenden Friedrich-Ebert-Stiftung, der Präsident des Bundeskartellamtes, Prof. Eberhard Günther, ausgeschlossen. Dazu SPD-Schatzmeister Alfred Nau und Ernst Wolf Mommsen: »Wenn der dabei ist, kann man nicht offen über das Thema reden.«[96]

Offenheit aber paßt weder den Kapitalverbänden noch der Sozialdemokratie ins politische Konzept. So haben die Geschäftsführer des

BDI und seiner 39 Mitgliedsverbände mit den Wirtschafts-, Finanz-, Steuer- und Mitbestimmungsexperten der SPD-Bundestagsfraktion laufende vertrauliche Kontakte vereinbart. Mehrfach traf sich 1975 die BDI-Riege unter der Leitung ihres Hauptgeschäftsführers Fritz Neef in dem nahe bei Bonn gelegenen Nobel-Hotel Schloß Auel mit den SPD-Bundestagsabgeordneten Herbert Ehrenberg, Antje Huber, Helmut Lenders und Hermann Rappe, um mit diesen vertrauliche Einzelheiten zum »SPD-Orientierungsrahmen '85« zu besprechen. Fritz Neef über die Vertraulichkeit dieser Treffs: »Wir haben uns vollständiges Stillschweigen versprochen, sonst ist das Pflänzchen tot.«[97]

Klassischer Lobbyismus

Die klassische Wandelhallentätigkeit der Lobbyisten im Vorraum des Parlaments hat mit der zunehmenden Zentralisierung der Staatsgewalt auf die Exekutive an politischer Bedeutung verloren. Auch der durch die Geschäftsordnung der Bundesministerien legalisierte Zugang der Verbandsvertreter zur Ministerialbürokratie minimierte das politische Gewicht der Lobbytätigkeit. So berichtete der Westberliner Politiker Otto Suhr auf einer Konferenz der westdeutschen Landtagspräsidenten im Jahre 1954, die sich mit der Behandlung von Gesetzesvorlagen im vorparlamentarischen Raum beschäftigte, daß nach seinen Erfahrungen die Lobbyisten in Bonn zwei bis drei Stunden wöchentlich im Bundestag, aber zehn Stunden täglich bei den Referenten der Ministerien verbringen.[98] Auch die personelle Repräsentanz der Spitzen- und Dachverbände in Regierung und Parlament machte den »hinter einer Säule auf seinen Abgeordneten wartenden« Lobber überflüssig. Diese Form der Einflußnahme ist nur für solche Verbände notwendig, die ohne eigene Vertretung im Bundestag sind.

Trotz des politischen Gewichtsverlustes residieren in Bonn aber noch immer 1625 Lobbyisten, von denen 275 eine eigene Dependance unterhalten.[99] Bei den meisten dieser Lobbyhöhlen handelt es sich um Außen- oder Verbindungsstellen von Unternehmerverbänden. Daneben besteht eine große Zahl von Vertretungsbüros von Monopolunternehmen.

Neben der direkten politischen Einflußnahme obliegt diesen »Kulissenschiebern« die indirekte Einwirkung mittels verbandlicher Imagepflege. So kommt es nicht selten vor, daß Abgeordnete zu Großwildjagden oder ähnlichen gesellschaftlichen Ereignissen von den Kapitalverbänden eingeladen werden. Der Bonner Lobber der Esso AG, Regierungsrat a.D. Hans Forstmeier, hat beispielsweise ». . . zur Kurzweil der Abgeordneten und Beamten im Keller seines Hauses einen Schießstand eingerichtet; zu nettem Geplausch und fröhlichem Bierchen.«[100]

Aufgrund des Formenwandels der klassischen Lobbytätigkeit wird der Terminus 'Lobby' im sozialwissenschaftlichen Sprachgebrauch zunehmend allgemeiner gebraucht. Er bezeichnet heute das gesamte Bündel von Einflußmechanismen, mit denen gesellschaftliche Gruppen und Klassen versuchen, staatliche Entscheidungen zu ihren Gunsten zu beeinflussen. Darum sind auch alle zuvor in diesem Kapitel dargestellten staatsmonopolistischen Wirkungsformen unter dem Gesamtbegriff des kapitalistischen Lobbyismus zu subsumieren.

Finanzielle Beziehungen zwischen Bundestagsparteien und Kapitalverbänden

Auf die Problematik finanzieller Zuwendungen an politische Parteien und der damit verbundenen Einflußnahme auf das Staatsgeschehen hatte schon Max Weber in »Wirtschaft und Gesellschaft« hingewiesen: »Wirtschaftlich ist die Partei-Finanzierung eine für die Art der Einflußverteilung und der materiellen Richtung des Parteihandels zentrale Frage...«[101] Die Parteifinanzen sind nach seiner Meinung eines der wichtigsten Kapitel der Parteigeschichte, zugleich aber auch das am wenigsten durchsichtige.

Die *Bundestagswahl von 1972* hat das Problem der finanziellen Zuwendungen an bürgerliche Parteien erneut in den Blickpunkt des öffentlichen Interesses und der öffentlichen Kritik gerückt. Die Ursache dafür lag bei den »heimlichen Wahlhelfern« der CDU/CSU, die weit über 100 Millionen Mark aufgebracht haben sollen, um einen Wahlsieg der Unionsparteien herbeizuführen.[102] Der größte Teil dieses Geldes bestand aus Spenden sogenannter »Postfach-Wählerinitiativen« und anonymer Einzelmäzene, vornehmlich aus der Industrie. Aber auch die unternehmerischen Dachverbände traten als Geldgeber zugunsten von CDU und CSU in Erscheinung. Schon im Vorwahlkampf gab die BDA etwa 800 000 Mark für eine Anzeigenkampagne gegen die SPD/FDP-Regierung aus. Der Bundesverband Deutscher Banken ließ sich eine Anzeigenserie zur Unterstützung der CDU/CSU knapp eine halbe Million Mark kosten. Die Industriellen Arbeitgeberverbände Nordrhein-Westfalens zogen mit 1,5 Millionen Mark nach.[103]

Die Kapitalverbände fungieren aber nicht nur als »finanzielle Feuerwehr« zu Wahlkampfzeiten. Sie entrichten regelmäßig ihre Tantiemen an die Bundestagsparteien, vornehmlich an CDU und CSU. Zu diesem Zweck wurde ein regelrechtes Organisationssystem in Form sogenannter *Förderergesellschaften* geschaffen.

Die Gründung solcher Förderergesellschaften war im Jahre 1952 bei einem Treffen zwischen dem Präsidenten des Bundesverbandes Deutscher Banken sowie Vertretern von BDI, BDA und DIHT mit dem damaligen Bundeskanzler und CDU-Vorsitzenden Konrad Adenauer beschlossen worden. Die Parteienfinanzierung durch diese Förderergesellschaften sollte durch ein Zentralkuratorium, namentlich durch die *Staatsbürgerliche Vereinigung e.V.*, koordiniert werden. In den Vorstand dieser »finanziellen Verpflegungs-Sammelstelle« wurden die amtierenden Vorsitzenden und Präsidenten des Gemeinschaftsausschusses der Deutschen Gewerblichen Wirtschaft, des BDI, der BDA und des DBD gewählt. Auch der Hauptgeschäftsführer des BDI und ein geschäftsführendes Vorstandsmitglied des DIHT erhielten Sitz und Stimme im Leitungsorgan der Staatsbürgerlichen Vereinigung.

Wie sehr diese Förderergesellschaften mit den Kapitalverbänden verflochten sind, drückt sich u. a. darin aus, daß beide zumeist unter gleichem Dach firmieren. So sind Büro und Personal der Staatsbürgerlichen Vereinigung in Niedersachsen e.V. identisch mit der Landesvereinigung der Niedersächsischen Arbeitgeberverbände. Von dort kamen 1969 und 1970 im Bundesanzeiger offiziell veröffentlichte Spenden zugunsten der Unionsparteien in Höhe von etwa einer Million Mark.[104]

Unter gleichem Dach sind auch die Staatspolitische Vereinigung Schleswig-Holstein e.V. und die Landesvereinigung der Schleswig-Holsteinischen Arbeitgeberverbände beheimatet. Die Bayrische Staatsbürgerliche Vereinigung wird durch das BDI- und BDA-Vorstandsmitglied Rolf Rodenstock präsidiert. Von dort erhält die CSU jährlich etwa zwei Millionen Mark an offiziellen Spenden. Auch die FDP wurde aus dieser Quelle 1971 offiziell mit 210 000 Mark gespeist.[105]

Aber auch ein Teil der Fixkosten der Parteiapparate wird durch die Staatsbürgerliche Vereinigung übernommen. Durch Indiskretion wurde 1957 bekannt, daß die Förderergesellschaften rund vier Fünftel der Kosten der Bonner CDU-Zentrale trugen.[106]

Neben diesen Förderergesellschaften, Einzelspenden von Großunternehmen und erhöhten Abonnementgebühren für Parteizeitungen dienen auch andere unternehmerische Organisationsgebilde zum Einsammeln von Unternehmensgeldern. Nicht nur die Wirtschaftsräte von CDU und CSU, auch die von den CDU-Bundestagsabgeordneten Ernst Müller-Hermann und Heinrich Gewandt geleitete *Gesellschaft zum Studium strukturpolitischer Fragen e.V.* bat ». . . von der Benzin-Gesellschaft Aral über BMW bis zu Siemens kräftig zur Spendenkasse«.[107] Obwohl der Zweck dieser Gesellschaft laut Satzung in der »wissenschaftlichen Bearbeitung strukturpolitischer Fragen« liegt, wurden »in Wirklichkeit aber . . . mit den eingesammelten Geldern vorwiegend die CDU-Mittelstandspolitik und ihre Funktionäre finanziert«.[108] Durch Heinrich Gewandts »gewandte« Verquickung von Partei- und Privatgeschäften wurde 1975 zufällig bekannt, daß einige Jahre zuvor beispielsweise der Bundesverband des Deutschen Güterfernverkehrs dem CDU-Diskussionskreis Mittelstand mit 26000 Mark unter die Arme gegriffen hatte.

»Die Auseinandersetzung um die Geldquellen der Parteien stellt sich, soweit sie zwischen CDU und FDP stattfindet, wesentlich als ein Wettbewerb um die Gunst der Unternehmerverbände dar, der das Gewicht der Verbände im Laufe der Zeit verstärkt hat.«[109] Doch im Gegensatz zu den regelmäßigen Geldüberweisungen an die Unionsparteien unterlagen die *Zuwendungen an die Freidemokraten* je nach der politischen Wetterlage und Koalitionskonstellation gewissen Schwankungen. Regierungsbündnisse mit der SPD wurden im allgemeinen mit einer Minderung der finanziellen Zuwendungen beantwortet. In der ersten Zeit nach der sozialliberalen Koalitionsbildung 1969 sah es für die FDP finanziell recht trübe aus, so daß der Schatzmeister dieser Partei, Hans Wolfgang Rubin, sogar drohte, daß er, wenn die Verbände nicht weiterzahlten, die Spendenpraxis der Industrie eines Tages aufdecken werde.[110] Doch schon bald wurde die politische Bremserrolle der FDP gebührend von der Industrie und ihren Verbänden honoriert. Dazu der Journalist Dieter Piel: »Durch ihre

Haltung in diesen und anderen Fragen, die auf den sozialdemokratischen Koalitionspartner zweifellos frustrierend wirkt, steuert die FDP einen Kurs, der sie nach den Worten Genschers 'heute generell sympathischer' gemacht hat. Das gilt vor allem bei denen, die außer Wählerstimmen auch Geld zu vergeben haben.«[111]

Im BDI sind es Rolf Rodenstock und der Bosch-Generaldirektor Hans Merkle, die auf die Karte der FDP setzen, indem sie »über die Adressen von Verbänden und unverfänglichen 'staatsbürgerlichen Vereinigungen', zuweilen aber auch über Privatpersonen dafür (sorgen), daß der FDP die Vorliebe für freies Unternehmertum erhalten bleibt«.[112] Man schätzt, daß die Freidemokraten zu etwa 20 Prozent durch die Mitglieder der oberen BDI-Gremien unterstützt werden. Die restlichen 80 Prozent gelten als eingefleischte CDU/CSU-Sympathisanten. Nur im Ost-Ausschuß der Deutschen Wirtschaft sammelt sich eine stärkere freidemokratisch gesinnte Kapitalfraktion.[113]

Obwohl Geld nicht als monokausaler Faktor das Partei- und Staatshandeln determiniert, wird es von Zeit zu Zeit als politisches Druckmittel eingesetzt. Als beispielsweise 1960 die Aufwertung der Deutschen Mark von der christdemokratischen Bundesregierung gegen den erklärten Willen des BDI beschlossen wurde, stellte dieser seine monatliche 100 000-Mark-Zahlung für den Unterhalt der CDU-Hauptgeschäftsstelle ein.[114] Das Niedersächsische Institut der Wirtschaft kritisierte im Jahre 1969 den Landesverband der FDP wegen seiner »zu großen Rücksichtnahme« gegenüber den Jungdemokraten und drohte, den jährlichen Zuschuß an die FDP-Landesorganisation in Höhe von 55 800 Mark zu sperren. Diese gab dem Druck nach und trennte sich von ihrem Juniorenverband.[115]

Da die *SPD* von den finanziellen Zuwendungen durch die Förderergesellschaften bisher ausgeschlossen war, versuchte sie selbst, solche zu gründen; entsprechende Versuche mißlangen aber.[116] Jedoch erfreute sich auch diese Partei eines gewissen Wohlwollens der Wirtschaft, die ihr außerhalb der Förderergesellschaften z. B. 1969 etwa 13 Millionen Mark zukommen ließ.[117] In Hinblick auf die Bundestagswahl 1972 favorisierten die Unternehmen und Verbände jedoch die Unionsparteien, so daß sich der Geldfluß zur SPD verringerte. Für SPD-Schatzmeister Alfred Nau und Klaus von Dohnanyi war dies ein Grund, sich vor der Wahl mit Bettelbriefen an die Industrie zu wenden. Damit wurde an eine Praxis aus dem Jahre 1961 angeknüpft, als die Sozialdemokratie ebenfalls per Brief versucht hatte, 12000 Industrielle zur Zahlung von insgesamt einer Million Mark zu bewegen.[118]

Etwas problemloser gestalten sich die finanziellen Beziehungen zwischen der Wirtschaft, Verbänden und der SPD in den Städten und Ländern, die von sozialdemokratischen Magistraten und Regierungen geführt werden. So zierte sich die Hamburger SPD vor einigen Jahren nicht, ausgerechnet vom Axel-Springer-Konzern eine Wahlspende anzunehmen. In Frankfurt stellte ein libanesischer Großspekulant die südhessische Parteiorganisation in das Licht der Korruption. Dafür, daß er als Pächter des Parkdecks am Rhein-Main-Flughafen zugelassen worden war — oder sich dieses Geschäft »erkauft« hat —, zahlte er der Frankfurter SPD eine kleine Dankesspende in Höhe von 200 000 Mark. Obwohl das Parteiengesetz vorschreibt, daß größere Einzelspenden offiziell zu deklarieren sind, verschwand dieser Betrag in den geheimen Büchern der Parteibuchhaltung. Seitdem müssen sich die verantwortlichen Geheimniskrämer den Vorwurf gefallen lassen, daß sie mit diesem Geld den rechten Parteiflügel finanzstark machen wollten. Dieses und die vorstehenden Beispiele sozialdemokratischer »Unbestechlichkeit« lassen angesichts der SPD-Kritik an den finanziellen Transaktionen zwischen Wirtschaft, Verbänden und Unionsparteien den Eindruck einer sehr zwiespältigen Moral der sozialdemokratischen Führung entstehen.

In diesem Zusammenhang erscheint eine abschließende Bemerkung zu der Behauptung notwendig, daß die SPD von den Gewerkschaften finanziell bezuschußt werde. Sicher ist, daß der SPD finanzielle Leistungen aus dem Unternehmensbereich der Gewerkschaften zukommen. Eine direkte Finanzierung der Sozialdemokratie durch die Einzelgewerkschaften oder den DGB ist aber aufgrund des einheitsgewerkschaftlichen Charakters der deutschen Nachkriegs-Gewerkschaftsbewegung nicht vorstellbar. Die damit verbundenen finanziellen Ströme würden von den christdemokratischen Proporzvertretern in den Spitzengremien des DGB und der Einzelgewerkschaften sofort bemerkt werden.

Während also der DGB aufgrund seiner einheitsgewerkschaftlichen Parteineutralität gehindert ist, etwa die SPD oder gar die DKP finanziell zu unterstützen, besteht ein solches Hindernis nicht für unternehmerische Zuwendungen an die CDU/CSU und andere bevorzugte Parteien. Mit aller Offenheit konnte BDI-Präsident Fritz Berg 1962 im Zusammenhang mit der Aufnahme der staatlichen Parteienfinanzierung erklären: »Es kann der Industrie nur recht sein, wenn die Parteien vom Staat finanziert werden. Dann können wir viel Geld sparen und den in vielen anderen Ländern üblichen Weg gehen und uns die nötige Zahl von Abgeordneten einfach kaufen.«[119] In ähnlichem Sinne äußerte sich sein geschäftsführendes Präsidialmitglied, der CDU-Bundestagsabgeordnete Gustav Stein, daß nämlich die Unternehmer ihre Geldzuwendungen an die Parteien weniger als Spende, denn als »Investition« betrachten.[120]

Obwohl die finanziellen Bezuschussungen der Parteien und Abgeordneten durch Wirtschaft, Verbände und Einzelunternehmen kein ausschließlicher Faktor zur Erklärung eines bestimmten Partei- oder Abstimmungsverhaltens sind, sondern eher eine flankierende Rolle in Verbindung mit anderen Einflußmechanismen spielen, ist einem der Senioren der deutschen Publizistik, nämlich Paul Sethe, zuzustimmen, der einmal erklärte, daß das Geld ein Stück Verfassung sei, mächtiger als mancher vielsagende Artikel des Grundgesetzes.[121]

Anmerkungen:

1) BDI: Jahresbericht 1952/53, zitiert nach Stein, Gustav: Der Unternehmer nach 1945, in: Fünf Jahre BDI, Bergisch-Gladbach 1954, S. 28 f.
2) Industriekurier, 19. 2. 1966.
3) Bulletin des Presse- und Informationsamtes der Bundesregierung, Bonn, Nr. 88, 15. 6. 1972, S. 1205.
4) Marx/Engels: Werke, Band 21, Berlin (DDR) 1973, S. 165 (Hervorhebungen durch den Verfasser dieses Buches).
5) Ebenda, S. 166.
6) Marx/Engels Werke: Band 4, a.a.O., S. 464.
7) Entstehung und Wirkungsmechanismen des staatsmonopolistischen Kapitalismus können hier nur im Ansatz erfaßt werden. Vgl. detailliertere Ausführungen in: S. L. Wygodski, Der gegenwärtige Kapitalismus, Köln 1972; Autorenkollektiv des ZK der KPF, Der staatsmonopolistische Kapitalismus, Berlin (DDR) 1972; Autorenkollektiv, Politische Ökonomie des heutigen Monopolkapitalismus, Berlin (DDR) 1972.

8) Vgl. Schirmeister, Caspar: Zur Rolle der Unternehmerverbände bei der Formierung der politischen Herrschaft des Finanzkapitals in Westdeutschland, in: DWI-Berichte, Nr. 12, Berlin (DDR) 1969, S. 12.

9) So Werner Weber anläßlich eines vom BDI im Jahre 1957 veranstalteten Gesprächs. Vgl. Beuter, G., u. a.: Der Staat und die Verbände, Heidelberg 1958, S. 21.

10) Wittkämper, Gerhard W.: Grundgesetz und Interessenverbände, Köln—Opladen 1963, S. 133.

11) Scheuner, Ulrich: Politische Repräsentation und Interessenvertretung, in: Die Öffentliche Verwaltung, Nr. 17 u. 18/1956, S. 577.

12) Ebbighausen, Rolf: Parlamentarismus und organisierte Interessenpolitik in der Bundesrepublik, in: Gegenwartskunde, Nr. 3/1970, S. 240.

13) Bernholz, Peter: Einige Bemerkungen zur Theorie des Einflusses der Verbände auf die politische Willensbildung in der Demokratie, in: Kyklos, Basel 1969, S. 283.

14) 'Hintergrund' — Archiv- und Informationsmaterial der dpa Hamburg, 14. 6. 1962 (dpa-Archiv/HG/1260).

15) Memorandum von Wirtschaftswissenschaftlern 'Für eine wirksame und soziale Wirtschaftspolitik', vorgelegt am 4. November 1975 in Bonn, abgedruckt in: Blätter für deutsche und internationale Politik, Nr. 11/1975.

16) Vgl. Hennis, Wilhelm: Verfassungsordnung und Verbandseinfluß. Bemerkungen zu ihrem Zusammenhang im politischen System der Bundesrepublik, in: Politische Vierteljahresschrift, Nr. 2/1961, S. 27.

17) Braunthal, Gerard: Wirtschaft und Politik: Der Bundesverband der Deutschen Industrie, in: Varain, Heinz Josef (Hrsg.): Interessenverbände in Deutschland, Köln 1973, S. 287.

18) Capital, Nr. 4/1971, S. 30.

19) Vgl. Engelmann, Bernt: Bilderbuch-Boß Hanns Martin Schleyer, in: Konkret, Nr. 6, 28. 5. 1975.

20) Vgl. Capital, Nr. 1/1970, S. 45.

21) Vgl. ebenda.

22) Hagemeyer, Jan-Gert: Bleibt für einen Dollar, in: Die Zeit, Nr. 37, 15. 9. 1972.

23) Capital, Nr. 4/1971, S. 28.

24) Ebenda, S. 32.

25) Ebenda, S. 24.

26) Hagemeyer, Jan-Gert: a.a.O.

27) Vgl. Capital, Nr. 1/1970, S. 44.

28) Miliband, Ralph: Der Staat in der kapitalistischen Gesellschaft, Frankfurt/M., 1972, S. 172.

29) Vgl. Weber, Max: Wirtschaft und Gesellschaft, Tübingen 1972, S. 126 u. 551.

30) Vgl. Eschenburg, Theodor: Der Beamte in Partei und Parlament (Broschüre ohne weitere Angaben und Erscheinungsjahr).

31) Derselbe: Herrschaft der Verbände?, Stuttgart 1955, S. 16.

32) Vgl. derselbe: Der Staat und die Verbände, Heidelberg 1957, S. 31.

33) Vgl. Schneider, Herbert: Die Interessenverbände, 3. Aufl., München 1966, S. 106.

34) Der Spiegel, 3. 7. 1972.

35) IPW-Heft, 6/1973.

36) BDI-Jahresbericht 1953, S. 22.

37) Zitiert nach Rehbein, Max: Dokumentation über den BDI; ausgestrahlt von der ARD am 6. 3. 1964.

38) Zitiert nach Frankfurter Rundschau, 16. 10. 1974.

39) Thayer, Charles: Die unruhigen Deutschen, Bern, Stuttgart, Wien 1958, S. 284.

40) Vgl. Flechtheim, Ossip K.: Die Parteien der BRD, Hamburg 1973, S. 534 f.

41) Bauer, Petra: Expertenkartelle in Verbänden und Parteien. Verbandseinflüsse und innerparteiliche Demokratie, in: Gegenwartskunde, 3/1971, S. 258.

42) Capital, Nr. 9/1966, S. 51 f.

43) Ebenda.

44) Ebenda.

45) Ebenda.

46) Ebenda.

47) Frankfurter Rundschau, Nr. 199, 29. 8. 1972.

48) Völpel, Dagobert: Rechtlicher Einfluß von Wirtschaftsgruppen auf die Staatsgestaltung, in: Schriften zum Öffentlichen Recht, Band 198, Westberlin 1972.

49) Capital, Nr. 9/1966, S. 51.

50) Schneider, Herbert: Die Interessenverbände, 4. Aufl., München 1975, S. 129.

51) Vgl. hierzu Böhm, Walter: Gewerkschafter im Deutschen Bundestag, in: Zeitschrift für Parlamentsfragen, Heft 1, März 1974.

52) Vgl. Deutscher Bundestag (Verwaltung): Berufsstatistik der Mitglieder des Deutschen Bundestages (Stand 11. 7. 1974), hektografiertes Material.

53) Zitiert nach Steinberg, Rudolf: Das Verhältnis der Interessenverbände zu Regierung und Parlament, in: Zeitschrift für Rechtspolitik, Nr. 9/1972, S. 209.

54) Hennis, Wilhelm: a.a.O.

55) Conradi, Brigitte: Die Mitwirkung außerstaatlicher Stellen beim Erlaß von Rechtsverordnungen, Diss., Heidelberg 1962, S. 21.

56) Vgl. ebenda, S. 17.

57) Forsthoff, Ernst: Lehrbuch des Verwaltungsrechts, I. Band, München 1958, S. 124.

58) Vgl. Masberg, Winfrid: Die Unternehmerverbände in der öffentlichen Verwaltung, Diss., Göttingen 1959, S. 112.

59) Tudyka, Kurt P.: Ökonomische Dimensionen auswärtiger Beziehungen, in: Atomzeitalter, Zeitschrift für Sozialwissenschaften und Politik, Nr. 6 und 7/1968, S. 339.

60) Ebenda, S. 344.
61) Ebenda.
62) Ebenda, S. 339.
63) Vgl. Völpel, Dagobert: a.a.O., S. 96 f.
64) Vgl. ebenda, S. 104 f.
65) Vgl. ebenda, S. 110 f.
66) Ebenda, S. 113 f.
67) Ebenda, S. 118.
68) Kröger, Klaus: Staat und Verbände — Zur Problematik des heutigen Verbandseinflusses, in: Aus Politik und Zeitgeschichte, 9. 2. 1966, S. 10.
69) Frankfurter Rundschau, 12. 12. 1964.
70) Appoldt, Friedrich Walter: Die Öffentlichen Anhörungen ('Hearings') des Deutschen Bundestages, Diss., Westberlin 1971, S. 48.
71) Vgl. Schirmeister, Caspar: Verbände des Finanzkapitals, IPW-Forschungsheft, Nr. 4, Berlin (DDR) 1972, S. 47.
72) Appoldt, Friedrich Walter: a.a.O., S. 58.
73) Ebenda, S. 115.
74) Ebenda, S. 56.
75) Ebenda, S. 115.
76) Jaeggi, Urs: Kapital und Arbeit in der BRD, 11. Aufl., Frankfurt/M. 1973, S. 173.
77) Nicklisch, Fritz: Gesetzgebung und Verwaltung durch Verbände, in: Zeitschrift für Rechtspolitik, Nr. 2/1968, S. 36.
78) Ebenda, S. 37.
79) Ebenda.
80) Vgl.: Tudyka, Kurt P.: a.a.O.
81) Zitiert nach: ebenda.
82) Ebenda.
83) Ebenda.
84) Ebenda.
85) Institut für Gesellschaftswissenschaften beim ZK der SED: Imperialismus heute, Berlin (DDR) 1968, S. 189.
86) Vgl. Archiv des Deutschen Bundestages: Hektografiertes Material, ohne Jahresangabe.
87) Vgl. BDI-Jahresbericht 1971/72, S. 193 ff.
88) Vgl. DIHT-Jahresbericht 1972, S. 181 ff.
89) Schneider, Herbert: a.a.O., S. 113.
90) Kröger, Klaus: a.a.O., S. 12.
91) Der Bundeskanzler und die Verbände, in: Frankfurter Allgemeine Zeitung, 27. Februar 1960.
92) Capital, März 1975; hier zitiert nach Unsere Zeit, 1. 3. 1975.
93) Der Spiegel, Nr. 44, 27. Okt. 1975.
94) Capital, a.a.O.
95) Vgl. Deutsche Volkszeitung, Nr. 49, 5. Dez. 1974.
96) Ebenda.

97) Der Spiegel, Nr. 11/29. März 1975, S. 16.
98) Vgl. Hennis, Wilhelm: a.a.O.
99) Siehe Capital, Nr. 6, Juni 1975.
100) Capital, Nr. 9, 1966, S. 54.
101) Weber, Max: a.a.O., S. 168 f.
102) Vgl. Presseausschuß der Demokratischen Aktion (Hrsg.): Das schwarze Kassenbuch, Köln 1973, S. 97 f.
103) Vgl. ebenda, S. 27 f.
104) Vgl. ebenda, S. 28.
105) Vgl. ebenda.
106) Vgl. Beyme, Klaus von: Interessengruppen in der Demokratie, München 1974, S. 142.
107) Stern, Nr. 19, 30. April 1975, S. 154.
108) Ebenda.
109) Breitling, Rupert: Das Geld in der deutschen Parteipolitik, in: Politische Vierteljahresschrift, Köln 1961, Heft 2, S. 361.
110) Vgl.: Wen die Industrie liebt, in: Die Zeit, 15. Oktober 1971.
111) Piel, Dieter: Honorar für die Bremser, in: Die Zeit, 26. März 1971.
112) Ebenda.
113) Braunthal, Gerhard: a.a.O., S. 280.
114) Vgl. Jaeggi, Urs: a.a.O., S. 116.
115) Vgl. Hoffmann, W.: Die Finanzen der Parteien, München 1973, S. 152.
116) Vgl. ebenda, S. 142.
117) Vgl. ders.: Teurer Kampf in Bonn, in: Die Zeit, 22. Sept. 1972, S. 25.
118) Vgl. Braunthal, Gerhard: a.a.O., S. 281.
119) So in einem Gespräch mit Wilhelm Backhaus, zitiert nach: Hamburger Abendblatt, 5. Juli 1962.
120) Vgl. Der Spiegel, Nr. 45, 4. Nov. 1959.
121) Vgl. Die Welt, 10. Aug. 1957, S. 1.

Bundesverband der Deutschen Industrie e.V.

MITGLIEDSVERBÄNDE

Verband der Automobilind. e.V. Frankfurt a. M.	Verband der Dtsch. Feinmech. u. Opt. Industrie e.V. Köln	Mineralöl-wirtschaftsverb. e.V. Hamburg 1
Hauptverband der Deutschen Bauindustrie e.V. Frankfurt a. M.	Wirtschaftsverband Gießerei-Industrie Düsseldorf	Wirtschaftsvereinig. NE-Metalle e.V. Düsseldorf
Bundesverband Bekleidungs-industrie e.V. Bad Godesberg	Bundesverband Glasindustrie e.V. Düsseldorf	Hauptverb. d. Papier u. Pappe ver-arbeitend. Ind. e.V. Frankfurt a. M.
Wirtschaftsvereinig. Bergbau e.V. Bad Godesberg	Bundesvereinigung der Deutschen graph. Verbände e.V. Wiesbaden	Verband Deutscher Papierfabriken e.V. Bonn
Deutscher Brauer-Bund e.V. Bad Godesberg	Hauptverb. d. Dtsch. Holzindustrie e.V. Wiesbaden	Vereinig. Dtsch. Sägewerks-verbände e.V. Wiesbaden
Verband der Chem. Ind. e.V. Frankfurt a. M.	Arbeitsgemeinschaft Industriengruppe z. Z. Nürnberg	Verband Deutscher Schiffswerften e.V. Hamburg
Verband der Cigarettenindustrie Hamburg 1	Wirtschaftsverband d. dtsch. Kautschuk-industrie e.V. Frankfurt a. M.	Hauptverb. d. Dtsch. Schuhindustrie e.V. Düsseldorf
Wirtschaftsverband Eisen, Blech u. Metall verarb. Industrie e.V. Düsseldorf	Arbeitsgemeinschaft Keramische Ind. e.V. Frankfurt a. M.	Wirtschaftsverband Stahl- u. Eisenbau Köln
Wirtschaftsvereinig. Eisen- u. Stahlind. Düsseldorf	Gesamtverb. Kunst-stoffverarb. Ind. e.V. Frankfurt a. M.	Wirtschaftsverband Stahlverformung Hagen-Emst
Zentralverband der Elektrotechn. Ind. e.V. Frankfurt a. M.	Verband d. Dtsch. Lederindustrie e.V. Frankfurt/M.-Höchst	Bundesverband Steine u. Erden e.V. Wiesbaden
Wirtsch.-Verband Erdölgewinnung e.V. Hannover	Verband d. Dtsch. Lederw.- u. Kofferindustrie e.V. Offenbach a. M.	Gesamtverband der Textilindustrie e.V. Frankfurt a. M.
Bundesvereinig. d. Dtsch. Ernährungs-industrie e.V. Bonn	Bundesverb. d. Dtsch. Luft- u. Raumfahrt-industrie e.V. Bad Godesberg	Wirtschaftsvereinig. Ziehereien u. Kalt-walzwerke Düsseldorf
Verb. der Fahrrad- u. Motorradind. e.V. Bad Soden i.T.	Verein Deutscher Ma-schinenbau-Anstalten e.V. Ffm.-Niederrad 1	Verein der Zuckerindustrie Hannover

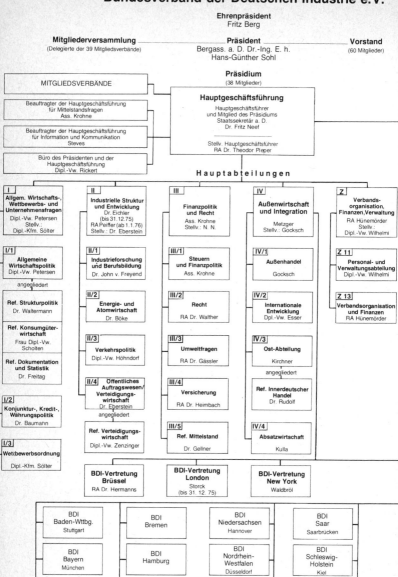

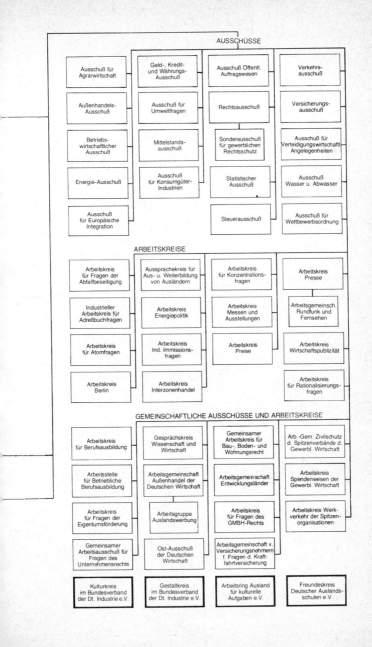

Personenregister

Abendroth, W. 81, 89
Abs, H. J. 77, 135
Adenauer, K. 37, 52, 135, 204, 208
Agartz, V. 61, 87
Alten-Nordheim, O. v. 179
Altmann, R. 134, 156, 171
Amerongen, O. W. v. 85, 128, 136
Appoldt, F. W. 196, 215
Augstein, R. 152

Bachmann 52
Badstübner, R. 52, 55
Balke, S. 121, 171
Ballin, A. 21
Banaschak, M. 88, 110, 131
Bargen, R. v. 145
Barzel, R. 136, 176
Bauer, G. 31
Bauer, P. 83, 89, 175, 214
Baum, G. H. 179
Becker, J. 36
Becker, K. 179
Berg, F. 50, 51, 82, 107, 174, 204, 212
Bernholz, P. 166, 213
Bethmann, J. P. v. 77, 122, 136
 (s. auch Bethmann-Bankhaus)
Beutler, W. 50, 68
Bewerunge, K. 179
Beyme, K. v. 216
Biedenkopf, K. 135, 174
Birnbaum, H. 77
Bismarck, O. v. 15, 41
Bismarck, Ph. v. 76, 179, 187
Bleichröder 21
Blüm, N. 63
Blumfeld, E. 77, 179
Blumrath, F. 55
Bock 52

Bockelberg, H. v. 179
Bockelmann 176
Böckler, H. 52, 53
Böger, R. 179
Böhm, W. 214
Böhret, C. 36, 54
Bölkow, L. 106
 (s. auch Messerschmidt-Blohm-Bölkow)
Borch, H. v. 173
Borsig, E. v. 36, 39
Bosch, K. F. 33, 46
 (s. auch Bosch-Konzern)
Boullion, E. 135
Brandt, W. 78, 160, 205
Braunthal, G. 143, 157, 169, 213, 216
Bredl, W. 62, 88
Breitling, R. 216
Bremm, K. 180
Briefs, G. 12
Broicher, P. 122
Brüning, H. 40, 41
Brunner, H. 104
Büchler, H. 180
Bueck, A. 21
Buchholz, E. 81, 87, 89
Bujard, H. 74
Bund, K.-H. 72, 104, 117
Burckhardt, H. 72
Burgard, H. 117
Burgbacher, F. 180
Buz 25

Christians, H. 152
Chmelnizkaja, J. 61, 87
Clay, L. 48, 49
Cobler, W. 72
Conradi, B. 192, 214
Conzelmann, P. 89
Cuno, W. 35, 36

Dahlgrün, R. 169
Delden, R. v. 180

Dietz, F. J. 72ff., 77
Dingwort, C. W. 152
Dingwort-Nussek, J. 152
Dittberner, J. 78, 88
Dohnanyi, K. v. 170, 188, 190, 210
Dollinger, W. 180, 188
Dorn, W. 176
Dresbach 204
Duisberg, C. 33, 35, 38, 40
Dürrmeyer, H. 145
Dyckerhoff, H. 104

Ebbighausen, R. 165, 213
Eberle, W. 137
Eckardt, F. 105
Ehrenberg, H. 206
Ehrlich, St. 9, 12
Eichler, W. 138
Eigen, K. 180
Eilers, J. 180
Engelmann, B. 132, 213
Engelmann, E. 54, 157
Engels, F. 110, 131, 160, 161, 212
Erdmann, E. G. 121, 141
Erdmann G. 114, 115, 120, 131, 132
Erhard, L. 48, 49
Eschenburg, Th. 171, 213, 214
Esser, O. 72, 104, 121
Etzel, F. 169
Eversmann, R. W. 121
Ey, R. 180

Fischer, W. 17, 21, 54
Flach, K. H. 78
Flechtheim, O. 214
Flick, F. 47, 116
 (s. auch Flick-Konzern)
Forsthoff, E. 192, 214
Forstmeier, H. 207
Freiwald, F.-W. 180, 187
Frentzel, G. 30, 54, 124, 126, 132, 153
Frerichs, G. 177, 180, 187
Freudenfeld, B. 121, 137

Friderichs, H. 169
Friedrich, O. A. 115, 117, 121, 136, 205
Früh, I. 180

Gärtner, E. 106
Gallus, G. 181
Gehlen, A. 120
Geisseler, G. 121
Genscher, H.-D. 201, 210
George, H. 78, 137
Gerstenmeier, E. 176
Gewandt, H. 176, 181, 187, 209
Göring, H. 46
Gradl, J. B. 181
Graff, C. 181
Gross, R. 181
Grüner, M. 169, 181
Grünewald, H. 121
Günther, E. 205
Guschka, A. O. 69, 88

Haase, H. 28
Hagemeyer, J. G. 213
Hallmann, A. 77, 104
Hamm, E. 36
Hansen, K. 75, 76, 104
Hardach, F. W. 86, 89
Hartwig, H. 127
Hauser, H.-H. 181
Hellwig, F. 77
Heintzeler, W. 77, 123
Hennis, W. 167, 192, 213, 214, 216
Herchenröder, K. H. 65
Herrmann, W. 49, 51, 55, 88
Hertl, R. 88
Heuß, Th. 48
Heydt, v. d. 16
Hindenburg, P. v. 41
Hirsch, B. 181
Hitler, A. 40, 41, 45, 46
Hoffmann, W. 88, 216
Horstmeier, M. 181
Huber, A. 206
Hübsch, W. 143

Hugenberg, A. 20, 29, 33, 36, 41
Huppert, W. 12, 46, 55, 61, 65, 86, 87, 88, 89

Jacobi, M. 177
Jaeggi, U. 89, 215, 216
Jäkel, E. 54, 126, 132
Jencke 20
Jendretzky, H. 55
Josten, J.-P. 181

Käckenhoff, G. 154
Kaempf, J. 20
Kastl 40
Kiechle, I. 181
Kirdorf, E. 36, 39, 41
Klass, G. v. 54, 55
Klein, F. 54
Kley, G. 76
Klötzer, O. 72
Knieper, W. 104
Koch, R. 88
Köhler, H. 182, 189
Koubek, N. 88, 158
Kraak, W. 105
Kraemer 40
Kristinus, F. 105
Kröger, K. 215
Krüger, H. F. 26, 54
Krupp, G. v. Bohlen und Halbach 21, 42, 43, 44, 45, 46, 47 (s. auch Krupp-Konzern)
Kuczynski, J. 54
Küster, A. 55

Lambsdorff, O. Graf 188, 190
Lampersbach, R. 182, 189
Lange, E. 182, 189
Langmann, H. J. 104
Legien, C. 31
Lehmann, F. 105
Lenders, H. 206
Lenin, W. I. 17, 19, 20, 29f., 54, 69, 88, 168
Lindner, W. D. 122

Linsenhoff, Fr. 51
List, F. 13
Logemann, F. 182
Luda, M. 188
Lücker, H.-A. 182
Luther, H. 54

Mänken, E. 123, 131, 132
Mahne, E. 189
Marx, K. 131, 156, 158, 161, 212
Masberg, W. 214
Mauchenheim, E. v. 154
Meeteren, U. v. 137
Menges, D. W. v. 76, 127
Menne, W. A. 51, 60, 105
Merkle, H. L. 105, 210
Messerschmidt, F. 47
Meyer-Ronnenberg 177
Miliband, R. 213
Milz, P. 182
Möller, Adolf 20
Möller, Alex 170, 182, 189
Möller, A. E. 88
Moll, J. 173
Mommsen, E. W. 138, 170, 171, 205
Mühlbradt, W. 131, 132
Münchmeyer, A. 72, 76, 128
Müller-Haeseler, W. 157
Müller-Hermann, E. 182, 189, 209
Müller, W. 137
Mulvany 18

Narjes, K.-H. 188
Nau, A. 77, 205, 210
Naumann, F.-A. 141
Neef, F. 141, 171, 206
Neumeister, H. 182
Neven duMont 144
Nicklisch, F. 215
Niegel, L. 182
Niemeyer, A.-D. 106
Nimtz, K. 143
Noske, G. 32

Oeckl, A. 146
Oehme, W. 152
Oetker, A. 105
 (s. auch Oetker-Konzern)
Oettingen-Wallerstein, K. F. 136
Overbeck, E. 105, 140
Opitz, R. 182

Panitzki, W. 173
Papen, F. v. 41
Paul, Th. 137
Paulini, G. 87
Paulsen, H.-C. 47
Pieroth, E. 177, 189
Piel, D. 209, 216
Plettner, B. 105
Plessner, E. H. 135
Pöhl, K. O. 169
Pohle, E. 88, 126, 132
Pohlmann, E. 183
Ponto, J. 205
Prentzel, F. A. 76
Prittie, T. 107, 131

Quester, H. 128

Raffert, J. 176
Rappe, H. 206
Rathenau, W. 29, 36
Raymond, W. 48
Rehbein, M. 157, 214
Reinig, A. 106
Reusch, H. 47, 50, 51
Richter, H. 52
Ries, F. 117
Riffel, P. 121
Ritgen, G. 183
Ritz, B. 183
Robertson 48
Rodenstock, R. 72, 105, 106, 107, 117, 121, 141, 146, 208, 210
 (s. auch Rodenstock-Optische Werke)
Roetger, M. 20, 27
Röhner, P. 183
Rohwedder, J. 169

Rosenthal, Ph. 171, 183
Rubin, H. W. 209
Rupf, H. 107

Sauter, F. 183
Schacht, H. 28, 36, 40
Schäfer, D. 53
Schäffer, F. 169
Scheid, J. M. 135
Scheidemann, P. 32
Schell, W. 184
Scheu, A. 188, 190
Scheuner, U. 165, 213
Schiller, K. 154, 171, 191
Schirmer, W. 106
Schirmeister, C. 163, 196, 213, 215
Schleyer, H. M. 60, 70, 74, 75, 76, 83, 108, 113, 115ff., 117, 121, 146, 147, 169, 201
Schmidt, H. 150, 170, 200, 205
Schmidhuber, P. 184, 188
Schmitt, C. 44, 45, 55
Schmitt, M. 76, 149
Schmitz, H.-P. 183
Schmölders, G. 87, 89
Schmücker, T. 105
Schneider, E. 128
Schneider, H. 173, 178, 203, 214, 215
Schnez, A. 173
Schöfberger, R. 183
Schöllhorn, J. B. 171
Schröder, D. 183
Schröder, H. 183
Schröder, H. R. v. 128
Schürer-Wagner, S. 147
Schulz, G. 19, 21, 54
Schwabe, W. 183
Schweighoffer 33
Schwörer, H. 184

Sethe, P. 212
Shirer, W. L. 55
Sick, W.-P. 184
Siemens, K. F. v. 33, 46

Siemens, P. v. 76, 140
  (s. auch Siemens-Konzern)
Sörgel, W. 44, 45
Soetbeer 16
Sohl, H. G. 47, 75, 83, 105, 106, 107 ff., 136
Sohn, K. H. 170
Solke, E. 184
Sonnenfeld, H. 144
Sorge, K. 33, 35
Spethmann, D. 77, 105, 121
Spilker, K. H. 189
Springorum, G. 184, 189
Sprung, R. 189
Starke, H. 184
Starke, H. 169
Stavenhagen, L. 189
Stein, G. 87, 212
Steinberg, R. 214
Stinnes, H. 31, 33, 35
  (s. auch Stinnes-Konzern)
Strasser, G. 41
Strauß, J.-J. 117, 136, 159
Stresemann, G. 22, 23, 26, 28, 35, 36, 37, 39, 165
Suhr, O. 206
Susset, E. 184

Tamm, P. 137
Thälmann, E. 40
Thalheim, K. C. 120
Thayer, Ch. 175, 214
Thomas, G. 45
Thyssen, F. 36, 39, 40, 41, 46
  (s. auch Thyssen-Konzern)
Tudyka, K. P. 193, 198, 200, 214, 215

Umland, H. J. 184, 188

Varain, J. 54, 55, 143, 154, 213
Vaupel, L. 121
Vehar, M. 184
Voegelin, E. 8, 12
Völpel, D. 178, 194, 214, 215
Vohrer, M. 184

Wagner, H. 64, 88, 121
Wagner, L. 176
Waldthausen, H. 127
Warnke, J. 185, 188
Weber, A. 38
Weber, H. H. 170
Weber, M. 171, 207, 213, 216
Weber, W. 164, 213
Weidert, O. 146
Westerich, H. 127
Wienand, K. 176
Wittke 39
Wittkämper, G. W. 89, 164, 199, 213
Wurbs, R. 185, 190
Wygodski, S. L. 212

Zahn, J. 60, 74, 76, 105, 106
Zeitel, G. 185
Zempelin, H.-G. 135
Zibura, G. 53
Zimmermann 176

Sachregister

Abend, Der 144
AEG 29, 36, 76, 127, 149
Ämterpatronage 172
Afrika-Verein 57
Agrarverbände
 (s. Landwirtschaftliche
 Verbände)
Aktiv 143 f.
Albingia 117
Alldeutscher Verband 19, 41
Allgemeine Kreditver-
 sicherungs AG 128
Allgemeiner Deutscher Gewerk-
 schaftsbund 31, 32, 37
Allgemeiner Deutscher
 Eisenbahnerverein 25
Allianz-Versicherungs AG
 106, 117, 121, 127, 128, 170
Aluminiumwerke Singen 127
Aral 209
Arbeiterklasse 14, 16, 23, 28, 38,
 42, 43, 172
Arbeitgeber 110
Arbeitgeberring Nahrung
 und Genuß 106
Arbeitgeberverband Deutscher
 Versicherungsunternehmen 34
Arbeitgeberverband für die Eisen-
 und Metallindustrie des
 rheinisch-westfälischen
 Industriebezirks 48
Arbeitgeberverband
 Hamburg-Altona 24
Arbeitgeberverband
 Lüdenscheid 148
Arbeitgeberverbände 16, 23 ff.,
 28, 29, 34, 35, 38, 43, 48 f., 52,
 57, 58, 60, 62, 64, 67, 68, 69, 76,
 79, 111 ff., 148
Arbeitsgemeinschaften der IHK'n
 122

Arbeitsgemeinschaft der IHK'n
 des Vereinigten Wirtschafts-
 gebietes 48
Arbeitsgemeinschaft der indu-
 striellen und gewerblichen
 Arbeitgeber und Arbeitnehmer
 Deutschlands 31, 37, 52, 53
Arbeitsgemeinschaft der
 Keramischen Industrie 91, 183
Arbeitsgemeinschaft Deutscher
 Verkehrsflughäfen 70
Arbeitsgemeinschaft Deutscher
 Werkredakteure 146
Arbeitsgemeinschaft Eisen und
 Metall 50, 51
Arbeitsgemeinschaft
 Entwicklungsländer 69
Arbeitsgemeinschaft
 Industriengruppe 91
Arbeitsgemeinschaft Selb-
 ständiger in der SPD 76, 180,
 182, 189
Arbeitsgemeinschaft Selbstän-
 diger Unternehmer 56, 64, 184
Arbeitsgemeinschaft Zivilschutz
 der Spitzenverbände der
 Gewerblichen Wirtschaft 69
Arbeitskreis Berufsausbildung
 69
Arbeitskreis Gesellschaftspolitik
 137
Arbeitskreis zur Förderung der
 Aktie 57
Arbeitsministerium 194
Arbeitsrecht 110
Argumente für Wirtschaftsfragen
 142
Argumente zu Unternehmer-
 fragen 142
Argumentationshilfen 142
Argumentationsseminare 141
Artikeldienst 151
Audiovisionszentrale 141, 142
Ausschüsse
 (s. Verbands- und Bundestags-
 ausschüsse)

Ausschuß für Wirtschaftsfragen
  industrieller Verbände 51
Ausschuß zur Koordinierung der
  Lohn- und Tarifpolitik 113
Außenhandel 193, 198
Außenhandelskammern
  122, 123, 126, 151
Auswärtiges Amt 193

Badischer Handelstag 15
Bankenverband Hamburg 183
BASF 77, 121, 147, 205
Bauernverband Schleswig-
  Holstein 180
Bauernverband Württemberg-
  Baden 181
Bauer-Verlag 176, 187
Baustoff-Union 127
Bayer AG 75, 104, 106, 117,
  121, 137
Bayernwerk AG
Bayerische Vereinsbank
  117, 128, 136
Bayrischer Bauernverband 183
Beamtentum 36, 172 f., 190
Beamtenverbände 66, 67
Beiräte 192 ff.
  (s. auch Ausschüsse)
Beraterverträge 176 f.
Bergbaulicher Verein 39
Berufsausbildung 123, 124, 150
Besatzungsmacht, sowjetische 53
Besatzungsmächte, westliche
  47, 48, 49, 50, 52, 172, 199
Bestechungen 176 f., 207 f., 212
Bethmann, Gebr. Bankhaus
  77, 136
Beyerstorf AG 128
Bildungsarbeit 119
Blockade 16
Blohm & Voss 128
Board of Directors 182, 188
Börsenverein der Deutschen
  Buchhändler 14

Borsig 36, 39
Bosch-Konzern 33, 46, 105, 107
  210
BP 77, 104, 152
Braunkohlen-Industrieverein
  106
Brinckmann AG 105
Bürokratie
  (s. Ministerialbürokratie)
Business and Industry Committee
  109, 122
Bund der Industriellen
  22 ff., 26, 28, 33
Bund der Steuerzahler 57
Bundeskanzleramt 204 f.
Bundestag 165, 168, 174 ff., 195,
  202
Bundestagsabgeordnete
  (s. Bundestag)
Bundestagswahl 1972
  136 f., 143, 207 f.
Bundesministerien
  (s. auch Ministerien)
Bundesministerium des Inneren
  194
Bundesministerium der Verteidi-
  gung (s. auch militär.-ind.
  Komplex) 173
Bundesministerium für Bildung
  und Wissenschaft 194
Bundesministerium für Ernäh-
  rung, Landwirtschaft und
  Forsten 168, 172, 193
Bundesministerium für Finanzen
  169, 172
Bundesministerium für Verkehr
  194
Bundesministerium für
  Wirtschaft 73, 74, 154, 168,
  169, 172, 192, 193, 209
Bundesministerium für wirt-
  schaftliche Zusammenarbeit
  73, 170
Bundesverband Bekleidungs-
  industrie 90, 184, 188

Bundesverband der Deutschen
 Industrie 11, 19, 47, 49, 50, 51,
 57, 60, 63, 64, 65, 68, 69, 70, 72,
 75, 76, 77, 82, 84, 85, 86, 87,
 90 ff., 113, 121, 122, 135, 136,
 137, 139, 141, 143, 148 f., 151,
 153, 156, 160, 166, 171, 174,
 175, 179, 183, 187, 193, 199,
 200, 201, 202, 204, 205, 208, 210
Bundesverband der Deutschen
 Luft- und Raumfahrtindustrie
 91, 104, 106, 173
Bundesverband der Deutschen
 Volksbanken und Raiffeisen-
 kassen 57
Bundesverband des Deutschen
 Groß- und Außenhandels
 57, 73, 74, 177, 180, 187
Bundesverband des Deutschen
 Güterfernverkehrs 209
Bundesverband Deutscher
 Banken 57, 72, 121, 128, 169,
 170, 208
Bundesverband Deutscher
 Zeitungsverleger 145, 148
Bundesverband Druck
 90, 145, 148
Bundesverband Glasindustrie 91
Bundesverband junger Unter-
 nehmer 56
Bundesverband jüdischer
 Gewerbetreibender 56
Bundesverband Steine und Erden
 91, 104
Bundesvereinigung der
 Deutschen Arbeitgeber-
 verbände 11, 47, 49, 63, 64, 70,
 72, 75, 76, 77, 79, 83, 84, 86,
 90, 144 ff., 145, 146, 150, 151,
 153, 156, 169, 171, 179, 196,
 202, 205, 207, 208
Bundesvereinigung der
 Deutschen Ernährungs-
 industrie 91, 105, 106

Bundesvereinigung Deutscher
 Zeitschriftenverleger 147
Bunte Illustrierte 145

CDU 76 ff., 135 ff., 143, 163,
 174 ff., 187 f., 207 f.
CDU-Mittelstandsvereinigung
 76, 188
CDU-Sozialausschüsse 78
CDU-Wirtschaftsrat 69, 73,
 76 ff., 108, 121, 136 f., 179, 188
CDU-Wirtschaftsvereinigung
 189
Centralverband Deutscher
 Handelsvertreter- und
 Handelsmakler-Verbände 58
Centralverband Deutscher
 Industrieller zur Beförderung
 und Wahrung nationaler
 Arbeit 19 ff., 25 f., 28, 33
Centre International du
 Commerce de Gros 73
Centre Européen des Relations
 Publique 147
Christlicher Gewerkschaftsbund
 66, 178
Commerzbank 107, 152
Complan-Agentur 136 f.
Complex-Gesellschaft für
 Kommunikation 154
Conföderation der Europäischen
 Drogistenverbände 181, 187
Continental-Gas 107
Continental-Gummi-Werke AG
 106
Crimmitschauer Streik 25 f.
CSU 143, 159, 176, 179 f., 187 f.,
 207 f.
CSU-Wirtschaftsrat 143

Daimler-Benz AG 60, 74, 76,
 105 f., 116, 121
 (s. auch Flick-Konzern)

Degussa 77, 117, 127
Dehn, A., Dampfziegelei 188
Demag 107
Demokratie
 (s. Verbandsdemokratie)
Deutsche Afrika-Linie 188
Deutsche Allgemeine Zeitung
 41, 55
Deutsche Angestellten-
 Gewerkschaft 66, 178, 196
Deutsche Arbeitsfront 43
Deutsche Bank 47, 73, 77, 117,
 127f., 135f., 151, 188, 205
Deutsche Bunsen-Gesellschaft
 59
Deutsche Demokratische Partei
 36
Deutsche Edelstahlwerke 106
Deutsche Gesellschaft für
 Wehrtechnik 173
Deutsche Industriebank 128
Deutsche Industriefilmzentrale
 141
Deutsche Kolonialgesellschaft 19
Deutsche Kommunistische Partei
 211
Deutsche Maizena 128
Deutsche Olympische
 Gesellschaft 73
Deutsche Presseagentur 152, 165
Deutsche Public-Relations-
 Gesellschaft 147
Deutsche Statistische
 Gesellschaft 140
Deutsche Volkspartei 35
Deutscher Bauernverband 179
Deutscher Brauer-Bund 90, 105
Deutscher Flottenverein 19
Deutscher Gewerkschaftsbund
 52, 66, 68, 111, 131, 143, 155,
 178, 196, 211
Deutscher Gießereiverband
 63, 91, 105
Deutscher Handelstag
 15f., 20ff., 30f.

Deutscher Handels- und
 Gewerbeverein 13
Deutscher Handwerks-
 kammertag 58
Deutscher Hotel- und
 Gaststättenverband 57
Deutscher Industrierat 28, 32f.
Deutscher Industrie- und
 Handelstag 10ff., 30f., 33, 36,
 48, 58, 63f., 70, 72f., 76f., 83,
 85, 90, 121ff., 134, 136, 150f.,
 156, 171, 179, 182, 187, 199f.,
 203, 208
Deutscher Industrie- und
 Handelstag-Auslandsbrief 150
Deutscher Instituts-Verlag 141f.
Deutscher Landwirtschaftsrat 18
Deutscher Presserat 154
Deutscher Sparkassen- und
 Giroverband 57, 181
Deutscher Zollverein 14
Deutsches Atomforum 59
Deutsches Industrieinstitut
 135, 137ff.
Deutsches Institut für
 Wirtschaftsförderung 188
Deutschnationale Volkspartei 36
Dresdner Bank 20, 28, 36, 106,
 117, 128
Düsseldorfer Industrieklub 41
Dupont 205
Dyckerhoff-Zementwerke
 104, 121

Edition agrippa 141f.
Eingaben 104ff., 201ff.
 (s. auch Gutachten)
Enka (s. Glanzstoff)
Ermächtigungsgesetz 39
Eschweiler Bergwerksverein 72
Espenlaub Flugzeugbau 188
Essberger, Joh. T., Reederei
 127, 188
Esso 106, 117, 128, 152, 202, 207

Europäische Investitionsbank 189
Europäische Wirtschaftsgemeinschaft 64, 109, 123
Express 145

Faschismus 42f.
Felten & Guilleaume AG 105, 117
Fernsehseminare 141
FIBAG 176
Finanzen (s. Verbandsfinanzen)
FK Messebau 136
Flick-Konzern 47, 59, 61, 116f., 121, 127 (s. auch Daimler)
Fondation Européenne pour l'Economie 135f., 138
Fonds der Chemie 59
Förderergesellschaft 208f.
Ford AG 170, 188
Freie Demokratische Partei 76, 160, 169, 176, 179f., 187f., 205, 208f.
Freie Demokratische Partei-Wirtschaftstag 78
Freie Wirtschaftliche Vereinigung 20
Freihandelsdiskussion 18
Führerprinzip 43, 45, 82

Gauwirtschaftskammern 47
Gefahrengemeinschaften 115
Gelsenberg AG 106, 117
Gemeinsame Geschäftsordnung der Reichsministerien 36, 165
Gemeinschaftsausschuß der Deutschen Gewerblichen Wirtschaft 58, 69ff., 73, 153, 208
Gemeinschaftsausschuß Wirtschaft und Arbeit 52
Generalanzeiger für Bonn und Umgebung 144
Generalrat der Deutschen Wirtschaft 46

Gerling-Konzern 41, 106, 117, 128
Gesamtverband der Textilindustrie 60, 91
Gesamtverband der Versicherungswirtschaft 57
Gesamtverband des Deutschen Steinkohlebergbaus 104, 117
Gesamtverband Kunststoffverarbeitende Industrie 91
Geschäftsordnung der Bundesministerien 80, 165ff.
Geschäftsordnung des Bundestages 80, 165, 195
Gesellschaft zum Studium strukturpolitischer Fragen 181f., 209
Gesetz über den vaterländischen Hilfsdienst 29
Gesetz über die Kriegsrohstoffbewirtschaftung 29
Gesetz zur Vorbereitung des organischen Aufbaus der deutschen Wirtschaft 44f.
Gesetz zur vorläufigen Regelung des Rechts der IHK'n 122, 124f.
Gesetzesvorbereitung 37
Gewerkschaften 23f., 27ff., 31f., 37f., 52f., 66f.
Gewerkschaften, gelbe 24, 43
Gewerkschaftsfraktion 178ff., 190
Gewerkschaftsreport 142
Gewerkschaftsstaat 8, 10, 142, 178f.
Glanzstoff AG 47, 116, 121, 127, 135
Grundgesetz 80, 125, 163f.
Gütezeichenwesen 198f.
Gutachten 201ff.
(s. auch Eingaben)
Gutehoffnungshütte 47, 51, 76, 117, 127

Hallstein-Doktrin 199
Hamburger Bank von 1861 127
Hamburger Landeszentralbank 128
Hamburger Sparkasse 128
Hamburg-Mannheimer Versicherung AG 188f.
Handelskammer Hamburg 63, 127, 151, 179
Handelskammern (Geschichte) 13ff., 19, 21, 30
Handelskapital 13, 130
Handelsrundschau 152
Haniel-Konzern 51, 127
Hansa-Bund 33
Hansa-Reederei 127
Hanse 13
Handwerkerverbände 181, 185
Handwerkskammern 58, 181
Hanomag-Henschel AG 106, 117, 176
Hapag 35f., 127
Harzburger Front 41
Hauptgemeinschaft des Deutschen Einzelhandels 34, 57, 127, 175
Hauptstelle der Deutschen Arbeitgeberverbände 26
Hauptverband der Deutschen Bauindustrie 90, 104
Hauptverband der Deutschen Holzindustrie 91
Hauptverband der Deutschen Schuhindustrie 72, 91
Hauptverband der Papier, Pappe und Kunststoff verarbeitenden Industrie 91, 180, 187
Hearings 191, 195ff.
HENKEL 135, 205
Henninger-Brauerei 73
Hermes Kreditversicherung 128
Hoechst-Konzern 59f., 61, 105, 116, 121, 135, 137, 189 (s. auch IG-Farben)
Hottenrot GmbH 189

Hütten- und Bergwerke Rheinhausen 86

IBM 205
Iduna-Versicherungsgesellschaft 127
IFO-Institut 140
IG-Farben 33, 35, 38, 50, 177
Ilseder-Hütte 189
Industriekreditbank 106, 117
Industriekurier 65, 149
Industrie- und Handelsgremium Neustadt 188
Industrie- und Handelskammern (IHK'n) 30, 47, 57ff., 60, 63f., 70, 122ff., 150, 198
IHK, Badische 116
IHK Detmold 179
IHK Düsseldorf 47, 128
IHK Essen 47, 127, 184
IHK Flensburg 184
IHK Frankfurt/Main 72, 84
IHK Hannover 179, 187
IHK Mainz 169
IHK Oberfranken 184
IHK Westberlin 72, 200
IHK-Zeitschriften 152f.
Industriegewerkschaft Bau, Steine, Erden 116
Industriegewerkschaft Metall 116
Industrieverein für das Königreich Sachsen 14
Informationen zur beruflichen Bildung 142
Informationsdienst des IW 141
Informationsdienste 141f., 147ff.
Informationsschau 151
informedia-verlags gmbh 143, 148
Infratest-Institut 170, 188
Institut der Deutschen Wirtschaft 69f., 121, 139ff., 145f., 148, 171
Institut Finanzen und Steuern

140, 182, 190
Institut für Marktforschung und Unternehmensberatung 188
Institut für Sozial- und Wirtschaftspolitische Ausbildung 64, 69
Institut Politik und Wirtschaft 173
International Advisory Comittee of Chase Manhattan Bank 127
Internationale Arbeitgeberorganisation 121
Internationale Arbeitsorganisation 121
Internationale Dokumentationsgesellschaft für Chemie 60
Internationale Handelskammer 73
Internationales Arbeitsamt 64
Iron and Steel Institute 108, 182, 189
ITT-SEL 169
iw-trends 142
iw-eil 141

Jahreszeitenverlags-Gesellschaft 152
Juniorenkreise der Deutschen Wirtschaft 151
Juniorenspiegel 151

Kali-Chemie AG 76, 187
Kammern 58, 62, 122ff. (s. auch IHK'n)
Kapitalverwertung 159ff.
Kieler Howaldtwerft 25
Klassenkampf 69
Klöckner-Humboldt-Deutz 117
Koalitionsfreiheit 164
Koalitionsfreiheit, negative 125
Kodak AG 106, 117, 128
Kölner Stadt-Anzeiger 145
Kollektivismus 59ff.
Kommunale Verbände 70, 180f., 183
Kommunistische Partei Deutschlands 38, 40f., 53
Kongreß der norddeutschen Landwirte 17
Konzertierte Aktion 72, 191
Krieg (s. Weltkrieg, imperialistischer u. faschistischer; s. auch Rüstungswirtschaft)
Kriegsausschuß der Deutschen Industrie 28
Kriegsbewirtschaftung 29, 45
Kriegswirtschaftsrat 46
Krupp-Konzern 20, 25, 27, 29, 33, 35, 42ff., 106f., 117, 170, 188
Kurz-Nachrichten-Dienst 147

Landesverband der bayrischen Industrie 143
Landwirtschaftliche Verbände 17f., 168, 172, 180ff.
Landwirtschaftskammer Hannover 179
Landwirtschaftskammer Rheinland-Nassau 180
Landwirtschaftskammer Westfalen-Lippe 179
Landwirtschaftskammern 58
Lenkungsverbände (militärische) 46
Lobbyismus 206
Lobbyliste 66f.

1. Mai 24
MAN 24, 117, 127
Management 81
Manifest der Kommunistischen Partei 161
Manipulation 134f.
Mannesmann-Konzern 47, 105, 117, 121, 140
Max-Planck-Gesellschaft 59
Medienspiegel 142
Merck, E., Konzern 72, 98, 104f., 117, 121

Messerschmidt-Blohm-Bölkow
 GmbH 47, 106
Metallgesellschaft 117, 127
militärische Rolle der Unter-
 nehmerverbände 52, 107f.,
 170, 173
militärisch-industrieller
 Komplex 173f.
Militarisierung 45
Mineralölwirtschaftsverband 91
Ministerialbürokratie 36, 167,
 171 ff., 195
Ministerien 165, 167 ff., 193f.
 (s. auch Ministerialbürokratie
 u. Bundesministerien)
Mitgliederversammlungen 86
Mitteilungen 152
Mobil Oil 205
Monopol 19, 34
Monopolverband 11, 19
Montanverbände 14, 16, 18

Nationalversammlung, deutsche
 14
Neue Linke 142
Neue Revue 145
Norddeutsche Kraftwerke 128
Norddeutsches Werbefernsehen
 152
Nordsee — Deutsche Hochsee-
 fischerei 128
 (s. auch Unilever)
Nordwestliche Gruppe des
 Vereins der Eisen- und
 Stahlindustrie 21
Novemberrevolution 1918 31
NSDAP 39 ff., 77

OECD 64, 109, 121
Öffentliche Liste über die
 Registrierung von Verbänden
 und deren Vertretern 66f.
Öffentlichkeitsarbeit 134 ff.
Oetker-Konzern 75, 105f., 117
Oppenheim, Sal. jr. & Cie.,
 Bankhaus 136
Organisation 62
Organisationsgrad 68, 113
Ost-Ausschuß der Deutschen
 Wirtschaft 199f.
Ost-West-Kooperations-
 zentrum mbH 200
Otto-Versand 136, 152

Paninternational-Fluggesell-
 schaft 176
Parlamentsreform, kleine 195
Parteien 36, 76, 80, 163f., 207f.
 (s. auch CDU/CSU,
 FDP u. SPD)
Pegulanwerke 117
Philips AG 127f.
Phönix-Gummiwerke 117
Plesse, Dr., Industriewerbung
 152
Polensky & Zöllner 104
Polizeigewerkschaft 66
Portland-Zementwerke 106
Position 150
Pressearbeit 136 ff.
Pressedienst Arbeitgeber 147
Preußisches Kammerrecht 13
Provinzial Versicherungs-AG
 189
Public Relations 135f., 147

Quelle-Versand 136
Querschnittverbände 56
Quick 146

Rat der Europäischen
 Industrieverbände 109, 122
Raymond, Walter, -Stiftung
 119f.
Redaktionsdienst 151
Reemtsma-Zigarettenfabriken
 128, 152
Reichsausschuß für Liefer-
 bedingungen beim Deutschen
 Normenausschuß 198

Reichsgründung 17
Reichsgruppen der Deutschen
  Wirtschaft 42 ff.
Reichsstand der Deutschen
  Industrie 42
Reichstagswahlen (1878) 20
Reichsverband der Deutschen
  Industrie 19, 32 ff., 38 ff., 42,
  44, 51, 170
Reichsverband des Deutschen
  Handwerks 33
Reichswirtschaftskammer 48
Reichswirtschaftsrat 37
Reuters Nachrichtenagentur 153
Revisionismus 28
Rheinische Kalksteinwerke AG
  106
Rheinische Stahlwerke 36
Rheinisch-Westfälische
  Elektrizitätswerke 106
Rheinstahl-AG 127
Rhenus AG 117
Ruhrkohle 72, 93, 106, 117, 128,
  189
Rodenstock-Konzern
  72, 105, 121, 141
  (s. auch Rodenstock, R.)
Rotary-Club 74
Rüstungswirtschaft 173 f.
  (s. auch militärische Rolle der
  Verbände u. Kriegswirtschaft)
Rundfunkspiegel 142
Rußlandausschuß der deutschen
  Wirtschaft 40

Sachverständigenausschüsse
  192 ff. (s. auch Beiräte)
Sachverständigenrat zur Begut-
  achtung der gesamtwirtschaft-
  lichen Lage 166
Sachverstand 165 ff., 194, 196
Salzgitter AG 77, 106
Schröder, Münchmeyer,
  Hengst & Co., Bank 128
Schützenpanzer HS 30 176

Schutzzolldiskussion 18, 20
Septemberstreiks 163
Shell AG 106
Siemens-Konzern 33, 46, 75 f.,
  105, 116, 128, 137, 140, 205,
  209
SNECMA 176
Sonderverbände 56
Sozialdemokratie 18, 23 f., 27 f.,
  32, 40, 170 f.
  (s. auch Sozialdemokratische
  Partei Deutschlands)
Sozialdemokratische Partei
  Deutschlands 31 f., 38, 41, 76,
  78, 136, 160, 163, 171 f., 176,
  178 f., 187 f., 191, 205 f., 211 f.
Sozialistengesetze 20, 23
Sozialistische Einheitspartei
  Deutschlands 53
Sozialistische Oktoberrevolution
  161
Sozialpolitische Verbände
  (s. Arbeitgeberverbände)
Sozialistisches Weltsystem 161
Sozialversicherung 25, 58, 110
Spee'sche Zentralverwaltung,
  Graf v. 136
Spiegel-Verlag 152
Spielbankaffäre 176
Springer-Konzern
  137, 146, 152, 211
Staat, kapitalistischer 159 f., 163
Staatliche Kreditanstalt für den
  Wiederaufbau 73
Staatsbürgerliche Vereinigungen
  69, 208 f.
Staatslehre, klassische
  deutsche 7
  (s. auch Verbändetheorie)
Staatsmonopolistischer
  Kapitalismus 10, 29 f., 42, 45,
  127, 159 f., 161 f., 203
Stahlhelm 41
Starfighter 176
Stern 146

Stinnes-Konzern
  33, 35, 47, 117, 128
Streikkassen 24, 59, 113
Streikversicherungsgesellschaften 24
Stumm-Konzern 127
Studiengruppe der Unternehmer in der Gesellschaft 135
Studio Hamburg 152
Süddeutsche Zeitung 145
Südwestbank AG 117

Tarifhoheit 34
Tarifpolitik 110, 113
Tarifträgerverbände 113f.
Tarifverträge 29, 34, 59
Textilverbände 60, 80, 91, 180
Theorie 7ff., 163f.
  (s. auch Verbändetheorie)
Thyssen-Konzern 36, 39, 40f., 46, 75, 77, 105f., 108, 117, 121, 128, 138, 170
Transmissionsriemen 162
Trinkaus, C. G., & Burkhardt, Bankhaus 129

Unilever 128, 152
Union des Industries de la Communauté Européenne 109, 122
Université Européenne des Affaires 135
Unternehmerimage 134, 137
Unternehmer-Kontakt-Gruppen 147
Unternehmerverband Ruhrbergbau 115
Unterrichtshilfen 142
Unterstützungsfonds 114
  (s. auch Streikkassen)

Valvo 127
VDO 51
Veba 117, 127
Verbände, ständische 56

Verbände Freier Berufe 67
Verbändestaat 164
Verbändetheorie 8f., 163f.
Verband Berliner Metallindustrieller 24
Verband der Automobilindustrie 84, 90, 105
Verband der Chemischen Industrie 60, 90, 104, 105, 185, 188
Verband der Cigarettenindustrie 90, 105
Verband der Deutschen Binnenschiffhäfen 70
Verband der Deutschen Feinmechanischen und Optischen Industrie 91
Verband der Deutschen Lederindustrie 91
Verband der Deutschen Lederwaren- und Kofferindustrie 91
Verband des Deutschen Nahrungsmittelgroßhandels 180, 188
Verband der Deutschen Uhrenindustrie 169, 181
Verband der Fahrrad- und Motorradindustrie 91
Verband der Landwirtschaftskammern 58
Verband der Pfälzischen Industrie 79
Verband der Pharmazeutischen Industrie 60
Verband der Postbenutzer 57
Verband Deutscher Drogisten 181, 187
Verband Deutscher Maschinenbauanstalten 63, 91
Verband Deutscher Papierfabriken 91
Verband Deutscher Reeder 58, 77, 79
Verband Deutscher Schiffswerften 91, 106

Verband Deutscher Werks-
 bibliotheken 146
Verband für Markenartikel 57
Verband Sächsischer
 Industrieller
Verbandsausschüsse
 64, 69, 109, 119, 130
Verbandsdemokratie 80f.
Verbandsexperten 63, 81
Verbandsfinanzen 64f., 68
Verbandsfusionen 79f.
Verbandsmitarbeiter,
 ehrenamtliche 63, 130, 151
Verbandspersonal 62f., 67, 130
Verbandssäulen 57ff.
Verbraucherverbände 67
Verein der Bayrischen
 Chemischen Industrie 60
Verein der Deutschen Arbeit-
 geberverbände 26
Verein der Keramischen
 Industrie 183, 185, 188
Verein der Zuckerindustrie 91
Verein für die bergbaulichen
 Interessen im Oberbergamts-
 bezirk Dortmund 16
Verein für Meerestechnik 57
Verein für Sozialpolitik 140
Verein zum Schutz gegen die
 Ansprüche von verlotterten
 Gehilfen 16
Verein zur Förderung des
 Gewerbefleißes in Preußen 14
Verein zur Wahrung der gemein-
 samen wirtschaftlichen Inter-
 essen in Rheinland und West-
 falen (langnamenverein)
 18, 20f.
Verein zur Wahrung der Inter-
 essen der chemischen Industrie
 Deutschlands 22, 28
Verein zur Förderung der
 Wettbewerbswirtschaft
 181, 187
Vereinigung der Arbeitgeber-
 verbände in Bayern 143
Vereinigung der Deutschen
 Arbeitgeberverbände
 27, 29, 33f., 38f., 42, 49
Vereinigung Deutscher
 Sägewerksverbände 84, 91
Vereinigung Sächsischer
 Spinnereibesitzer 14
Vereinigung von Unter-
 nehmerinnen 56
Vereinigte Stahlwerke 107f.
Vereinigte Wirtschaftsdienste
 153ff.
Vereinsbank Hamburg 128, 152
Verflechtungen der Verbände
 68f.
Verflechtungen Verbände/Staat
 167ff.
Veritas Vermögensgesellschaft
 128
Versailler Vertrag 38
VFW-Fokker 104
Victoria Lebensversicherungs-AG
 188
Voith-Werke 107
Volkmann & Co. 143
Volkswagen AG 105, 204
Vollmachten, staatliche 198
Vorschlagwesen 201ff.
 (s. auch Eingaben/Gutachten)
Vortragsreihe 142
Vorwerk & Co. 135

Wacker-Chemie 60
Wahlfonds 20
Warburg-Bank 107
Wehrwirtschaftsführer 47, 107
Weimarer Republik 35ff.
Weltkrieg, faschistischer
 (1939/45) 45f.
Weltkrieg, imperialistischer
 (1914/18) 27ff.
Werksbüchereien 146
Werkszeitschriften 146
WIKÜ 151

Wirtschaft im Unterricht 142
Wirtschaftliche Vereinigung
  Zucker 73
Wirtschaftsausschuß 187 ff.
Wirtschaftskrise 40 f.
Wirtschaftspolitischer
  Bericht 151
Wirtschaftsverbände (wirtschaftspolitische Verbände)
  19 ff., 26 f., 38, 49 f., 57, 59, 62, 68 ff., 79, 86, 90 f.
Wirtschaftsverband der chemischen Industrie in der Britischen Zone 50
Wirtschaftsverband der Deutschen Kautschukindustrie 91, 106
Wirtschaftsverband Eisen, Blech und Metall verarbeitende Industrie 63, 90
Wirtschaftsverband Erdölgewinnung 91
Wirtschaftsverband Stahlbau- und Energie-Technik 91, 106
Wirtschaftsverband Stahlverformung 91
Wirtschaftsvereinigung Bergbau 90
Wirtschaftsvereinigung Eisen- und Stahlindustrie 91, 105, 108, 181 f., 189
Wirtschaftsvereinigung Metalle 91
Wirtschaftsvereinigung Ziehereien und Kaltwalzwerke 91
Wolff, Otto, AG 117, 127

Zeitschriften
  (s. Öffentlichkeitsarbeit)
Zeitungen
  (s. Öffentlichkeitsarbeit)
Zentralausschuß der Unternehmerverbände 33 f.
Zentralbüro der Industrie für Böhmen und Mähren 116
Zentralismus 85 f.
Zentralsekretariat der Arbeitgeber des Vereinigten Wirtschaftsgebietes 48
Zentralstelle für das deutsche Transport- und Verkehrsgewerbe 34
Zentralverbände des Bankgewerbes 33
Zentralverband der Deutschen Haus- und Grundeigentümer 137
Zentralverband der Deutschen Seehafenbetriebe 57
Zentralverband der Elektrotechnischen Industrie 61, 63, 86, 105
Zentralverband des Deutschen Großhandels 33
Zentralverband des Deutschen Handwerks 57, 185, 190
Zentralverband des Mechanikerhandwerks 175
Zentralverein der Deutschen Binnenschiffahrt 70
Zentralverein zur Wahrung der gemeinsamen Interessen der Aktiengesellschaften in Rheinland-Westfalen 15
Zentrum 36
Zollvereinsländischer Eisenhüttenverein für den Bereich Rheinland-Westfalen 16
Zuckerverbände 73 f.

Nachweise

Seite 67
Aufschlüsselung der Öffentlichen Liste über die Registrierung von Verbänden und deren Vertreter beim Deutschen Bundestag
Aus: Sonderdruck der Beilage zum Bundesanzeiger Nr. 16
vom 24. Januar 1974

Seite 71
Die Organisation der gewerblichen Wirtschaft
Aus: Zahlenbilder, Erich Schmidt Verlag, Berlin

Seite 93 bis 103
Verzeichnis der wichtigsten Eingaben
Aus: BDI-Jahresbericht 1974, S. 177—189

Seite 114
Mitglieder der Bundesvereinigung der Deutschen Arbeitgeberverbände
Aus: Arbeitgeber. Jahresbericht der BDA, Köln 1975, S. 178

Seite 130
Deutscher Industrie- und Handelstag
Aus: DIHT (Hrsg.): Aufgaben und Ziele. Die Industrie- und Handelskammern in der Bundesrepublik Deutschland, Bonn 1972

Seite 144
Gliederung des Instituts der deutschen Wirtschaft (IW)
Aus: Institut der deutschen Wirtschaft, Broschüre, Köln o. J.

Seite 217 bis 219
Bundesverband der Deutschen Industrie e.V.
Aus: BDI-Jahresbericht, verschiedene Jahrgänge

Blätter für deutsche und internationale Politik

Die „Blätter" sind die auflagenstärkste und meistabonnierte politisch-wissenschaftliche Monatsschrift in deutscher Sprache. Sie analysieren und kommentieren wesentliche Fragen der Politik und Gesellschaft in der BRD, im westlichen und östlichen Ausland sowie in der Dritten Welt.

Die „Blätter" brachten u. a.:
Abendroth · Habilitations- und Berufungspolitik
Albrecht · Rüstung und Inflation
Boris/Ehrhardt · Perspektiven Chiles
Braczyk/Herkommer · Leitende Angestellte als „dritte Kraft"?
Däubler/Gollwitzer/Müller/Preuß/Ridder/Stuby · Kritik der Berufsverbote
Gamm · Parteilichkeit als Bildungsprinzip
Inosemzew · Fragen der europäischen Sicherheit
Jens/Obermair/Rendtorff/Wesel u. a.: Hochschulpolitik
Krause-Vilmar/Schmitt · Politische Arbeit in der Schule
Kühnl · Bedingungen für den Sieg des Faschismus
Neuhöffer/Opitz · Sozialliberale oder demokratische Politik
Opitz · Liberalismuskritik und Zukunft des liberalen Motivs
Schwamborn/Schmitt · Wehrkunde im Unterricht
Wolfinger/v. Freyberg · Zur Situation der Frauen in der BRD und DDR

Einzelheft DM 5,–, im Abonnement DM 3,50
für Studenten, Wehrpflicht- und Ersatzdienstleistende DM 3,–

Pahl-Rugenstein